MATTEO WEGENER

MATTEO WEGENER

7/8

▶ *Startklar!*

Wirtschaft · Berufs- und Studienorientierung

Erarbeitet von
Jürgen Kochendörfer

Oldenbourg Schulbuchverlag, München

Wirtschaft · Berufs- und Studienorientierung

Der Band wurde erarbeitet von Dr. Jürgen Kochendörfer, Aichwald

Redaktion:	Klaus Pflügner, Jürgen Grabowski
Umschlaggestaltung:	Corinna Babylon
Layout und technische Umsetzung:	Stephan Hilleckenbach, Berlin
Illustration:	Matthias Pflügner, Berlin
Kartenherstellung und Grafik:	Erfurth Kluger Infografik, Berlin

www.oldenbourg.de

Die Webseiten Dritter, deren Internetadressen in diesem Lehrwerk angegeben sind, wurden vor Drucklegung sorgfältig geprüft. Der Verlag übernimmt keine Gewähr für die Aktualität und den Inhalt dieser Seiten oder solcher, die mit ihnen verlinkt sind.

Die Mediencodes enthalten zusätzliche Unterrichtsmaterialien, die der Verlag in eigener Verantwortung zur Verfügung stellt.

1. Auflage, 1. Druck 2017

Alle Drucke dieser Auflage sind inhaltlich unverändert und können im Unterricht nebeneinander verwendet werden.

© 2017 Cornelsen Verlag GmbH, Berlin

Das Werk und seine Teile sind urheberrechtlich geschützt. Jede Nutzung in anderen als den gesetzlich zugelassenen Fällen bedarf der vorherigen schriftlichen Einwilligung des Verlages. Hinweis zu den §§ 46, 52 a UrhG: Weder das Werk noch seine Teile dürfen ohne eine solche Einwilligung eingescannt und in ein Netzwerk eingestellt oder sonst öffentlich zugänglich gemacht werden. Dies gilt auch für Intranets von Schulen und sonstigen Bildungseinrichtungen.

Druck: Mohn Media Mohndruck, Gütersloh

ISBN 978-3-63-701626-2 (Schülerbuch)
ISBN 978-3-63-701627-9 (E-Book)

Schülerbrief

Liebe Schülerinnen und Schüler,

wie euch die Bezeichnung „Wirtschaft/Berufs- und Studienorientierung" (WBS) vermuten lässt, ist der Themenbereich des Fachs breit gefächert. Ihr erwerbt nicht nur Kompetenzen, die ihr als „mündige Wirtschaftsbürger" benötigt, sondern bekommt auch Anregungen, die euch die spätere Suche nach einem Ausbildungs- oder Studienplatz erleichtern. Das ist dringend notwendig. Manche Unentschlossene flüchten sich aus Angst vor der Berufspraxis in überflüssige schulische Warteschleifen. Das ist auch für die Ausbildungsbetriebe ärgerlich, die händeringend nach geeigneten Bewerbern suchen.

Im WBS-Unterricht der Klassen 7 und 8 versetzt ihr euch jeweils in unterschiedliche Rollen, etwa in die von Verbrauchern, Sparern, Kreditnehmern, Bewerbern um einen Ausbildungsplatz oder Arbeitnehmern. Ihr berücksichtigt dabei die Interessen von denjenigen, mit denen ihr es dann jeweils zu tun habt, und ihr bekommt einen Einblick in gesetzliche Vorgaben, die solche Wirtschafts- oder Berufsbeziehungen regeln.

Der Band I von „Startklar" für die Klassen 7 und 8 ist wie folgt strukturiert:

Auftaktdoppelseiten

Jedes Kapitel wird mit einer Bilddoppelseite eröffnet. Ein großformatiges Foto ermöglicht euch zusammen mit einem kurzen Übersichtstext eine Einstimmung auf das Thema des Kapitels.

Themendoppelseiten

Sie bilden den Schwerpunkt des Bandes. Jedes Kapitel wird in überschaubare Einzelthemen gegliedert. Die große Überschrift auf der linken Seite zeigt euch an, worum es geht. Verfassertexte wechseln mit Materialien, die mit **M** gekennzeichnet sind. Dies können Abbildungen, Textquellen, Schaubilder, veranschaulichende Skizzen oder Karikaturen sein.

Auf den Themendoppelseiten findet ihr auf einigen Themenseiten Webcodes (z.B. **Webcode:** SK016262-001). Gebt den Code auf der Internetseite www.cornelsen.de in das Feld „Webcode" ein. Hier findet ihr zusätzliche Angebote zum jeweiligen Thema.

Arbeitsaufträge

Sie stehen am Ende jeder Doppelseite. Ihr differenzierter Schwierigkeitsgrad ist jeweils mit einem, zwei oder drei Punkten gekennzeichnet. Fragen mit Fragezeichen findet ihr nur selten. Stattdessen werden Operatoren verwendet. Das sind Verben, die zu einer bestimmten Tätigkeit auffordern, z.B. erläutert, beschreibt, begründet.

Randspalte

Viele Doppelseiten enthalten Randspalten mit Worterklärungen oder Auszügen aus Gesetzestexten. Sie beziehen sich auf Textstellen, die mit einem Sternchen* gekennzeichnet sind.

Methodenseiten

Sie beschreiben Arbeitsmethoden und Arbeitstechniken, die euch bei der Erschließung eines konkreten Themas helfen.

Checkup-Seiten

Am Ende eines jeden Kapitels findet ihr die Seiten „Das kann ich ...". Dort werden wichtige Inhalte in Form von Schaubildern zusammengefasst. Außerdem könnt ihr mit dem Wissens-Check überprüfen, ob ihr alle Inhalte verstanden habt.

Glossar

Schwierige Begriffe aus der wirtschaftlichen und arbeitsrechtlichen Fachsprache sind im Anhang des Buches alphabetisch geordnet und werden erklärt.

Register

Mit dem Stichwortverzeichnis am Ende des Buchs könnt ihr herausfinden, auf welchen Seiten ein bestimmter Sachverhalt behandelt wird.

Schülerbrief 3

Kapitel 1

Verbraucher und Märkte

Motive für wirtschaftliches Handeln 8
Wir alle müssen wirtschaften 10
Produktionsfaktoren 12
Gegen „hirnlosen" Konsum 14
Wirtschaften – mit Rücksicht auf Natur und
Umwelt 16
Methode: Einen Fragebogen auswerten........... 18
Ein Haushaltsplan hilft euch beim Wirtschaften... 20
Der Wirtschaftskreislauf schafft Einsichten...... 22
Der erweiterte Wirtschaftskreislauf 24
Auf Märkten begegnen sich Anbieter und
Nachfrager 26
Viele unterschiedliche Märkte 28
Wie entstehen die Preise auf einem
Wochenmarkt? 30
„Externe Kosten" fehlen bei vielen Marktpreisen.. 32
Rechtsgeschäfte im Alltag 34
Ein Mofa für Jana? 36
Kaufverträge – wir schließen sie fast jeden Tag ab 38
Verbraucher haben Rechte, auch bei Online-Käufen 40
Sich informieren und beraten lassen 42
Warenkennzeichnungen helfen Verbrauchern........ 44
Das kann ich 46

Kapitel 2

Ersparnisse richtig anlegen

Sparen soll sich lohnen 50
Ein Girokonto eröffnet viele Zahlungswege........ 52
Rechnungen online bezahlen 54
Sparen – warum und wie? 56
Auch die Börse ist ein Markt 58
Geld anlegen in Aktien und Fonds? 60
Das kann ich 62

Kapitel 3

Kredite – Ursachen und Folgen

Schon Jugendliche geraten in die Schuldenfalle.... 66
Rechnungen, Mahnungen und dann?............. 68
Hohe Schulden – was nun? 70
Kredite für Verbraucher 72
Wohneigentum oder Miete?...................... 74
Das kann ich 76

Kapitel 4

Wahl eines geeigneten Berufs

Begabungen und Neigungen bestimmen die
Berufswahl.. 80
Ausbildungsberufe – eine Auswahl................ 82
Steigende berufliche Anforderungen 84
Berufe im Handwerk – eine Auswahl 86
Ausbildung in Betrieb und Schule 88
Das Berufsausbildungsverhältnis................... 90
Aufstieg im Beruf 92
Studieren in Baden-Württemberg 94
Hochschulen – die Auswahl ist groß 96
Methode: Eine Betriebsbesichtigung vorbereiten
und durchführen................................... 98
Sich richtig bewerben 100
Die Bewerberauswahl 102
„Go" und „No-Go" bei Bewerbungen 104
Berufsorientierung – ein Praktikum als Einstieg ... 106
Die Arbeitswelt im Wandel 108
Roboter verändern die Arbeit..................... 110
Der technische Wandel verändert die
Berufsausbildung 112
Das kann ich 114

Kapitel 5

Arbeitnehmer haben Rechte

Arbeiten – warum und wofür? 118
Arbeitnehmer und Unternehmer – Partner oder
Gegner? 120
Der Arbeitsvertrag begründet das
Arbeitsverhältnis.................................. 122
Die Bedeutung von Tarifverträgen................. 124
Tarifverträge ergänzen den Arbeitsvertrag......... 126
Wie können Arbeitsverträge gekündigt werden? .. 128
Rechte und Pflichten aus dem Ausbildungsvertrag 130
Die Bedeutung des Dualen Systems................ 132
Methode: Einen Wirtschaftstext analysieren 134
Das kann ich 136

Glossar 138
Register 142
Bildquellenverzeichnis 144

KAPITEL 1

Verbraucher und Märkte

Offene Läden bis in den Abend, verkaufsoffene Sonntage und Angebote im Internet ermöglichen es euch, jederzeit einzukaufen. Vielen macht Einkaufen Spaß – etwa in einem Einkaufszentrum wie auf dem Foto. Manche lassen sich aber auch schnell zum Kauf verführen. Marktteilnehmer brauchen einen kühlen Kopf, sie wollen für sich das Beste herausholen. Verkäufer streben nach dem höchstmöglichen Gewinn, Kunden nach niedrigen Preisen und trotzdem nach einer hohen Qualität.

Aber deshalb sind nicht alle Verbraucher und alle Anbieter Egoisten. Den Kunden ist es wichtig, dass es ihren Mitmenschen und der Umwelt gut geht. Deshalb kaufen sie auch einmal teurere Produkte, die für die Natur weniger schädlich sind. Es gibt auch immer mehr Unternehmer, die nicht bereit sind, Waren, z. B. T-Shirts oder Jeans, in Fabriken nähen zu lassen, die niedrigste Löhne bezahlen, den Arbeitsschutz missachten und sogar Kinder beschäftigen.

Im diesem Kapitel erfahrt ihr vieles über wirtschaftliche Entscheidungen von Verbrauchern, über das Verhalten von Anbietern, über die Entstehung von Marktpreisen und über rechtliche Aspekte bei Käufen.

Motive für wirtschaftliches Handeln

M 1 Lisa und David beim Frühstück

Lisa und David sitzen am Wochenende gemeinsam beim Frühstück. Dabei blättern sie die Werbebroschüren durch, die in ihrem Briefkasten lagen. Ihre Wohnung ist immer noch nicht fertig eingerichtet. David hätte sehr gerne ein Fernsehgerät mit großem Monitor, das als Sonderangebot zu haben ist. Lisa dagegen würde stattdessen lieber noch einige Tage Urlaub machen und eine Flugreise nach England buchen.

Sachgüter
Gegenstände wie Fahrzeuge, Smartphones oder Möbelstücke, die von Handwerks- und Industriebetrieben hergestellt werden. Auch landwirtschaftliche Erzeugnisse wie Obst und Gemüse sind Sachgüter.

Dienstleistungen
Sie werden u. a. von Handwerkern, Banken, Versicherungen, Rechtsanwälten, Ärzten oder Friseuren erbracht. Es geht also um Reparaturen, Beratungen oder Behandlungen. Wenn ein Handwerker ein Fenster einbaut, ist das Fenster ein Sachgut, der Einbau eine Dienstleistung.

Kaufkraft
In privaten Haushalten das monatliche für Konsumzwecke verfügbare Einkommen, also derjenige Betrag, der vom Einkommen übrigbleibt, nachdem alle regelmäßig wiederkehrenden Zahlungsverpflichtungen, z. B. Wohnungsmiete, Versicherungsbeiträge, abgezogen sind.

Bedürfnisse

Ihr könnt sicherlich den Konflikt von Lisa oder David verstehen. Wie diese beiden haben alle Menschen Wünsche, doch kaum einer kann sie alle gleichzeitig erfüllen. Wünsche wie die von Lisa und David werden auch als Bedürfnisse bezeichnet. Sie geben einen Mangel an, den Menschen gegenüber bestimmten Sachgütern* oder Dienstleistungen* empfinden. Sind sie in der Lage, ein Bedürfnis durch den Kauf eines Sachgutes oder einer Dienstleistung zu befriedigen, müssen sie das Geld dazu haben, also über die notwendige Kaufkraft* verfügen.

Wir alle haben das Bedürfnis nach Nahrung, nach Kleidung und Wohnung. Solche Grundbedürfnisse sind notwendig zum Leben. Wie Lisa und David haben die meisten Menschen weitere Bedürfnisse, z. B. nach anspruchsvoller Unterhaltung oder nach einer besonders schönen Wohnungseinrichtung. Diese Kulturbedürfnisse machen unser Leben angenehmer. Die Grenzen zwischen Kultur- und Luxusbedürfnissen sind fließend. Je anspruchsvoller die Bedürfnisse werden, umso mehr werden sie zu Luxusbedürfnissen.

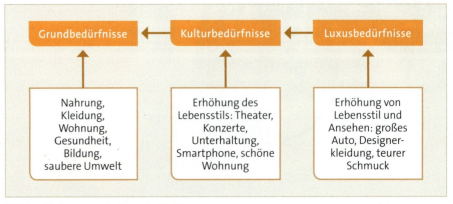

M 2 Bedürfnisse nach Dringlichkeit

Rangordnung der Bedürfnisse

Nicht alle menschlichen Bedürfnisse lassen sich mit Geld befriedigen. Freundschaft, Geborgenheit oder Liebe sind menschliche Bedürfnisse, die wichtiger sind als z.B. Designerkleidung. Vor über 50 Jahren hat sich der amerikanische Psychologe Abraham Maslow Gedanken über die Bedürfnisse der Menschen gemacht und ein recht einfaches Modell entwickelt: eine Pyramide der Wichtigkeit von Bedürfnissen. Nach seiner Theorie versuchen Menschen zuerst die Bedürfnisse der niedrigen Stufe zu befriedigen. Sobald eine Stufe erreicht ist, streben sie nach der nächsthöheren.

Die Bedürfnisse von Jugendlichen unterscheiden sich oft deutlich von denen Erwachsener:

M 4 Das Auto als Statussymbol?

Für junge Menschen wird es zunehmend unwichtiger, ein eigenes Auto zu besitzen. Eine größere Rolle spielen Computer und Smartphones. Das hat eine Umfrage des internationalen Beratungsunternehmens Prophet ergeben. Der Markenberater hat insgesamt 1000 deutsche Bürger im Alter von 18 bis 34 Jahren zu ihrer Einstellung zum Thema Auto befragt. Das Ergebnis der aktuellen Studie: Das Auto als Statussymbol verliert unter jungen Leuten zunehmend an Bedeutung. Vielmehr sehen sie es als reines Fortbewegungsmittel an. Der Besitz hochwertiger Technik wie PCs, Laptops oder Smartphones sei bereits heute vielen wichtiger als der Besitz eines eigenen Autos.
Insgesamt 41 Prozent der Befragten stimmten der Aussage zu, dass das Auto seine Bedeutung als Statussymbol verloren habe. Mehr als die Hälfte bezeichnen es sogar als reines Werkzeug, das der Fortbewegung von A nach B diene. Ein Drittel der 18- bis 34-Jährigen findet, dass Carsharing eine gute Alternative zum eigenen Auto sei. Dabei fanden die Forscher heraus, dass der eigene Pkw immer unwichtiger wird, je höher der Bildungsstand der Befragten ist.

Junge Menschen setzen andere Prioritäten, auto motor sport online, 6.3.2014 [Text gekürzt], in: www.auto-motor-und-sport.de (Zugriff: 5.2.2016)

* **Selbstverwirklichung**
Umfassende Ausschöpfung der Fähigkeiten mit dem Ziel, eigene Sehnsüchte und Neigungen zu verwirklichen. Dabei soll die eigene Person zur Entfaltung gebracht werden.

M 3 Rangordnung der Bedürfnisse nach Abraham Maslow

1. Spielt die Situation von M 1 in einem Rollenspiel nach.
2. Nennt die drei Arten von Gütern nach Dringlichkeit (M 2) und ergänzt sie durch drei eigene Beispiele.
3. Fasst die Aussage von M 4 in eigenen Worten zusammen.
4. Ordnet die folgenden Bedürfnisse jeweils den Rangstufen nach Maslow (M 3) zu:
   – Klarheit über den weiteren Lebensweg
   – Lob von Lehrern
   – ein warmer Pullover

Wir alle müssen wirtschaften

Knappe und freie Güter

Wirtschaftsgüter, die nicht in beliebigem Umfang an jedem Ort zu jeder Zeit zur Verfügung stehen, und ebenso alle Dienstleistungen, die ihr nachfragt, gelten als knapp. Sie stehen euch nicht kostenlos zur Verfügung. Nur wenige Güter, sog. freie Güter, stellt uns die Natur im Überfluss zur Verfügung. Beispiele hierfür sind Sand in der Wüste, Luft zum Atmen, Wasser im Meer. Aber selbst diese wenigen freien Güter sind nicht immer so beschaffen, wie wir sie brauchen. Luft in den Großstädten ist oft mit Feinstaub belastet, das Meerwasser ist verschmutzt oder mit Plastikmüll belastet.

Auktionen, z. B. bei eBay

Besonders knapp sind Güter, die nur einmal oder nur in wenigen Exemplaren zur Verfügung stehen. Ein Beispiel: Wie ihr wisst, bekommen am Ende jedes Schuljahres Schülerinnen und Schüler mit guten Leistungen zusätzlich zu ihren Zeugnissen Preis- oder Belobigungsurkunden. Vor allem in Württemberg gab es seit dem 17. Jahrhundert bis zum Ersten Weltkrieg an einigen Schulen zusätzlich zu den Urkunden geprägte Medaillen aus Silber oder Bronze. Der Dichter Friedrich Schiller bekam während seiner Schulzeit in Stuttgart fünf solcher Preismedaillen. Heute gibt es Sammler für alte Schulmedaillen – sicherlich sind manche davon Lehrerinnen und Lehrer. Im Dezember 2015 versteigerte ein Stuttgarter Auktionshaus eine gut erhaltene Silbermedaille der ehemaligen „Realanstalt" in Heilbronn (**M 1**) für 100 Euro.

Bei solchen Medaillen handelt es sich um besonders knappe Güter. Sie wurden jedes Jahr nur in geringer Zahl geprägt. Bei sehr knappen Gütern wie Antiquitäten oder Kunstgegenständen sind Auktionen eine erfolgreiche Möglichkeit zur Ermittlung von Marktpreisen. Für Versteigerungen gibt es Auktionshäuser, die sich meist auf bestimmte Warengruppen spezialisiert haben, z.B. auf Münzen oder Gemälde. Solche Kultur- oder Luxusgüter sind oft teuer.

Aber auch ihr habt vielleicht schon einmal mithilfe eurer Eltern ein Internet-Auktionsportal genutzt; das bekannteste ist eBay. Dort könnt ihr Waren einstellen, die ihr nicht mehr benötigt und die ihr gern verkaufen wollt – oder ihr nutzt das Portal, um selbst etwas zu ersteigern.

Aber Achtung: Bei Internetauktionen müsst ihr vorsichtig sein, denn anders als traditionelle Auktionshäuser gewähren die Anbieter keine Qualitätskontrollen. Fotos sind oft so geschickt aufgenommen, dass ihr Fehler nicht erkennt. Und bei Privatanbietern gibt es, sofern nicht bewusst getäuscht wurde, kein Rückgaberecht. Außerdem besteht die Gefahr, dass die Anbieter über zusätzliche Internetadressen selbst mitbieten, um die Preise hochzutreiben.

Einteilung von Gütern

Nehmen private Haushalte Güter, also Sachgüter, aber auch Dienstleistungen in Anspruch, werden diese als Konsumgüter bezeichnet (z.B. Nahrungsmittel, Hausrat, privater Pkw). Werden sie von Unternehmen zur Herstellung anderer Güter und Dienstleistungen eingesetzt (z.B. Maschinen, Werkzeuge, Strom, der zum Betreiben der Maschinen benötigt wird), sind es Produktionsgüter. Gebrauchsgüter wie Maschinen oder Möbel dienen der langfristigen Nutzung. Verbrauchsgüter sind z.B. Strom oder Heizöl.

M 1 Preismedaille einer Realschule, um 1880 (Durchmesser 30 mm)

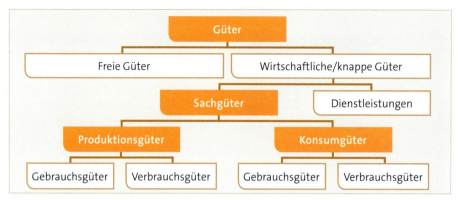

M 2 Einteilung von Gütern

Zwang zum Wirtschaften

Leider ist es so, dass sich nicht alle eure Bedürfnisse nach Gütern befriedigen lassen. Euch fehlt dazu das notwendige Geld, die notwendige Kaufkraft. Ihr müsst deshalb eure Einnahmen und Ausgaben planen und aufeinander abstimmen. Das bedeutet: Ihr müsst wirtschaften, also mit eurem Geld haushalten. Handelt ihr wirtschaftlich, richtet ihr euch nach dem wirtschaftlichen Prinzip. Es wird auch ökonomisches Prinzip* genannt. Dieses gibt es in zwei Ausprägungen, dem Maximal- und dem Minimalprinzip (M 3).

* **Ökonomisches Prinzip**
Ein bestimmter Nutzen soll mit dem geringsten (Geld-) Einsatz erreicht werden (= Minimalprinzip), oder mit einem bestimmten (Geld-) Einsatz soll ein maximaler Nutzen erreicht werden (= Maximalprinzip).

M 3 Ökonomisches Prinzip: links Maximalprinzip, rechts Minimalprinzip

1 Nennt Arten von Gütern, die sowohl Konsum- als auch Produktionsgüter sein könnten (Text, M 2). Ordnet die folgende Güter M 2 zu:
Kochtopf, Schmiermittel, Fräsmaschine, Stromverbrauch ablesen.

2 Unterscheidet bei den folgenden Beispielen, ob das Ökonomische Prinzip in der Ausprägung des Minimalprinzips oder des Maximalprinzips vorliegt (Text, M 3):
– Herr Müller hat sich zum Kauf eines VW Golf Sportsvan entschieden. Er sucht mehrere Händler auf und erkundigt sich, welchen Preis er für sein Wunschauto nach Abzug möglicher Preisnachlässe zu bezahlen hat.
– Ein Fliesenlegermeister organisiert den Arbeitseinsatz seiner fünf Beschäftigten so, dass an einem Werktag möglichst viele Fliesen verlegt werden können.
– Bei der Weiterentwicklung von Fahrzeugmotoren achten die Hersteller darauf, bei gleichbleibender Leistung den Kraftstoffverbrauch zu senken.

Produktionsfaktoren

M1 Bäckermeisterin Christine Groß

Bäckermeisterin Christine Groß bäckt Brot. Dazu nutzt sie Getreide bzw. Mehl. Dies ist ein Rohstoff, der aus dem Produktionsfaktor „Boden" gewonnen wird. Sie setzt ihre Arbeitskraft ein, um das Brot zu formen, sie nutzt also den Produktionsfaktor „Arbeit". Und sie braucht ein Rührwerk für den Teig und einen Backofen, also den Produktionsfaktor „Kapital". Mit Kapital meint man nicht Geld, sondern Betriebsmittel wie Gebäude, Maschinen und Werkzeuge.

Man kann also grundsätzlich drei Produktionsfaktoren unterscheiden:

M2 Einteilung der Produktionsfaktoren

Neben Boden, Arbeit und Kapital wird heute oft noch der Faktor „Wissen" genannt. Die Bäckermeisterin plant, organisiert und kontrolliert den Produktionsprozess bis hin zur Berechnung der Kosten und sie organisiert den Verkauf der Ware. Sie ist also für die richtige Kombination der drei Produktionsfaktoren verantwortlich mit dem Ziel, ein gewünschtes Produktionsergebnis zu erzielen. Schon Robinson musste die Produktionsfaktoren auf seiner Insel kombinieren:

M3 Robinson, etwas abgewandelt

Robinson Crusoe lebt allein auf seiner Insel. Zum Leben und Überleben produziert er Güter. Das wichtigste Gut ist zunächst der Fischfang, den er mit bloßen Händen durchführt. Jeden Tag fängt er fünf kleine Fische, die er verzehrt. Robinson steht vor der Alternative, entweder alle Fische am Ende eines Tages zu konsumieren oder aber Konsumverzicht zu üben, indem er einen Teil der Fische über einem Lagerfeuer brät und dadurch haltbar macht. Wenn er nur vier Fische am Tag aufisst, hat er am fünften Tag vier Fische übrig. Er hat also weniger konsumiert und stattdessen gespart.
Das Sparen ermöglicht es Robinson einen Tag lang, nicht mit bloßen Händen zu fischen, sondern während dieser Zeit ein Netz zu knüpfen. Mit dem Netz steigert er seine Güterversorgung, weil er nun eine größere Zahl Fische fangen kann. Robinson kann durch die gewonnene Zeit anderen Dingen nachgehen, zum Beispiel ein Wohnhaus bauen, und so seinen Wohlstand mehren.
Das Netz stellt ein Produktions- oder Investitionsgut dar. Aus der Verbindung der Produktionsfaktoren Arbeit und Natur entsteht der neue Produktionsfaktor Kapital. Sparen bedeutet also Konsumverzicht. Es ist die Voraussetzung für Investitionen und demnach für die Anschaffung von Produktionsgütern.

Autorentext

M 4 Einkaufen in einem kleinen Lebensmittelgeschäft

Substitution der Produktionsfaktoren

Wird ein Produktionsfaktor durch einen anderen ersetzt (substituiert), geschieht dies meist mit der Absicht, die Wirtschaftlichkeit* des Produktionsprozesses zu erhöhen. Produktionsschritte, die bisher von Mitarbeitern erledigt wurden, werden von Maschinen übernommen, die dies kostengünstiger, schneller und genauer durchführen. Der Produktionsfaktor Arbeit wird durch den Produktionsfaktor Kapital, also durch Betriebsmittel ersetzt.

Maßnahmen, um bestehende betriebliche Regelungen und Abläufe zu verbessern, d.h. den Faktor Arbeit durch Maschinen zu ersetzen, bezeichnet man als Rationalisierung. Sie dient der Kostensenkung. Rationalisierungsmöglichkeiten ergeben sich in der Fertigung z.B. durch Automatisierung, also der Beschaffung leistungsfähigerer Maschinen oder Roboter. Weitere Maßnahmen sind die Vereinheitlichung von Teilen durch den Einsatz von Baukastensystemen, sodass bestimmte Bauteile kostengünstig in großen Stückzahlen für mehrere Erzeugnisse hergestellt werden können.

Dieser seit dem Industriezeitalter sich fortsetzende Trend in der Substitution von Arbeit durch Kapital ist aber auch umkehrbar. Die chemische Unkrautvernichtung in der Landwirtschaft wird immer häufiger aus Umweltschutzgründen auf Bio-Bauernhöfen durch eine mechanische Unkrautentfernung, teilweise mit Handarbeit, ersetzt. Die meisten Verbraucher nehmen es hin, dass das so erzeugte Obst und Gemüse etwas teurer ist.

* **Wirtschaftlichkeit**
Darunter versteht man die Erlöse (Umsätze) eines Unternehmens im Verhältnis zu dessen Kosten (z. B. Arbeitsentgelt, Material).

M 5 Rationalisierung – sogar beim Einkaufen?

1 Beschreibt die unterschiedlichen Produktionsfaktoren (Text, M 2).
2 Begründet, warum Robinson Konsumverzicht übt (M 3).
3 Charakterisiert die beiden Fotos M 4 und M 5. Wo macht Einkaufen mehr Spaß? Aber wie ist es mit der Wirtschaftlichkeit (s. Randspalte)?
4 Erklärt, wie mithilfe der Produktionsfaktoren Boden und Arbeit der Produktionsfaktor Kapital gebildet werden kann (M 2).

Gegen „hirnlosen" Konsum

M1 „Ich hab' schon alles."
Zeichnung: Woessner

Kaufen, ohne nachzudenken?

Geänderte Ladenschlusszeiten, verkaufsoffene Sonntage, Angebote über TV und Internet ermöglichen es euch, fast zu jeder Tages- und Nachtzeit einzukaufen. Manche von euch lassen sich wahrscheinlich auch schnell zum Kauf verführen. Sie wählen oft unkritisch einen Billiganbieter, um ihre Wünsche zu erfüllen. Und vielleicht gibt es in eurer Klasse sogar Mitschüler, die glauben, sie wären besonders gut angesehen, wenn sie das neueste Smartphone besitzen oder die teuerste Designerkleidung tragen. – Was für ein Irrtum!

M2 Einkaufen bei Primark. Eine 15-Jährige berichtet

Auch ich war schon mehrmals bei Primark und bin mit den Massen shoppen gegangen.

Natürlich weiß jeder, dass Primark angesichts so niedriger Preise nicht unter guten Bedingungen produzieren kann: ein Paar Schuhe für sieben Euro, ein Fünfer-Pack Socken für zwei Euro, ein bedrucktes T-Shirt für vier Euro oder eine mittelgroße Handtasche für neun Euro gibt es nicht umsonst. Man muss fast davon ausgehen, dass dafür Kinder arbeiten. Aber die Kinderarbeit sieht man ja nicht, wenn man gerade bei Primark einkauft, denken sich viele Kunden.

Allerdings muss man sich fragen, wo heute noch unter fairen Bedingungen produziert wird und ob es nicht eigentlich egal ist, wo man einkauft – die meisten Klamotten werden in Asien hergestellt. Für viele Jugendliche sind die billigen Preise das ausschlaggebende Kriterium und ich glaube, dass viele Jugendliche über die Produktionsweise in anderen Läden ähnlich denken wie ich.

Für alle, die jetzt noch gar nicht wissen, was Primark eigentlich ist: Es ist eine Textildiscounter-Kette, die ursprünglich aus Irland kommt. In diesem Laden kann man sich ein komplettes Outfit für unter 30 Euro kaufen. Das geht von allen möglichen Kleidungsstücken über Schuhe und Taschen bis hin zu Kosmetikartikeln. Das Geschäftsprinzip ist eindeutig „Masse statt Klasse". Die Teenager, die bei Primark einkaufen, wissen auch, dass es qualitativ Hochwertigeres gibt. Aber Leute in meinem Alter haben lieber zehn verschiedene Billig-Shirts, aus denen sie wählen können, als nur ein teures Stück. Shopping bei Primark ist ein Erlebnis.

Kristina Schnell: Einkaufen bei Primark, Stuttgarter Zeitung online v. 10.4.2014 (Text gekürzt), in: www.stuttgarter-zeitung.de (Zugriff: 5.2.2016)

Umweltschonende Produktion

Mit dem Klimawandel und der zunehmenden Umweltzerstörung wird die Frage immer wichtiger, welche ökologischen und sozialen Folgen euer wirtschaftliches Handeln verursacht. In eurem Streben nach Konsum dürft ihr nicht die Grundlagen des Lebens zerstören oder andere Menschen ausbeuten. Immer mehr Verbraucher wollen deshalb wissen, wer ihre Teeblätter gepflückt, ihr T-Shirt genäht oder ihr Smartphone zusammengelötet hat. Forderungen nach einer umweltschonenden Produktion werden immer häufiger gestellt.

M 3 „Hungerlöhne" – ein Zeitungsbericht

Als Hait Ladi ihr Heimatdorf verließ und als Haushaltshilfe für 40 Euro anheuerte, erschien der jungen Frau eine Anstellung in der boomenden Textilindustrie Kambodschas wie eine Verheißung. Denn inklusive Überstunden brachte sie nach einer Sechstagewoche mit durchschnittlich zehn Arbeitsstunden [monatlich] 60 bis 65 Euro nach Hause. Es dauerte nicht lange, bis die Fabrik am Stadtrand von Phnom Penh, wo sie anheuerte, sich eher als schlechter Traum entpuppte. Stromkosten von knapp 10 Euro im Monat, ihr Anteil an der Miete für die armselige Hütte, die als Unterkunft diente, und Lebenshaltungskosten fraßen angesichts steigender Preise große Teile des Einkommens auf. „Wir arbeiten ja nicht nur für uns", sagt Hait Ladi, „wir schicken Geld nach Hause für unsere Familien."
Ladis linker Oberarm wurde von zwei Kugeln zerschmettert, als die berüchtigte Sondereinheit 911 [...] am 2. Januar 2013 mit brutaler Gewalt gegen ihre streikenden Textilarbeiterkollegen vorging. Sie hat ihre Arbeit verloren. Nun liegt die ganze Last auf den Schultern ihrer 17-jährigen Schwester. Die arbeitet wieder für die kärglichen 60 Euro Monatslohn, die seit 2013 in Kambodscha gelten.

Willi Germund: Sklaven der Globalisierung, Stuttgarter Zeitung online, 30.6.2014 [Text gekürzt], in: www.stuttgarter-zeitung.de (Zugriff: 5.2.2016)

M 4 Ertragsanteile vom Preis eines T-Shirts aus Bangladesch, das in Deutschland für 29 Euro verkauft wird. Die meisten in Deutschland verkauften Kleidungsstücke werden in China gefertigt

1 Erklärt und besprecht die Karikatur (M 1).
2 Fasst die Argumente zusammen, die von der Schülerin (M 2) für und gegen den Kauf von Textilien bei Billiganbietern genannt werden. Recherchiert anschließend selbst nach Anbietern und Modemarken, die eine ähnliche Strategie verfolgen.
3 Ermittelt, wie viel Prozent des Verkaufspreises eines T-Shirts aus Bangladesch den Näherinnen oder Nähern zugutekommt (M 4).
4 Gebt den Text (M 3) mit eigenen Worten wieder. Macht Vorschläge, wie europäische Händler veranlasst werden könnten, die Arbeitsbedingungen ostasiatischer Textilhersteller zu verbessern.

Wirtschaften – mit Rücksicht auf Natur und Umwelt

M 1 Nachhaltig wirtschaften

Jens Brucker besitzt 120 Hektar Wald. Er hat sie von seinem Vater geerbt, dieser vom Großvater von Jens. Die Nadelbäume, vor allem sind es Tannen und Fichten, werden nach 60 Jahren geschlagen. Dann sind die Stämme dick genug für das Sägewerk. Die Familie Brucker lebt seit vielen Generationen von der Land- und Forstwirtschaft. Das soll auch in späteren Generationen so bleiben. Jens Brucker weiß natürlich, wie viel Holz er jedes Jahr schlagen darf, nämlich die Stämme, die auf zwei Hektar wachsen. Er muss dann sofort junge Bäume nachpflanzen – schließlich darf der Wald in seinem Bestand nicht bedroht sein. Jens Brucker wirtschaftet nachhaltig.

Nachhaltigkeit – was heißt das?

Der Begriff Nachhaltigkeit kommt, wie das Beispiel der Familie Brucker zeigt, aus der Forstwirtschaft. Heute versteht man darüber hinaus unter einer nachhaltigen Wirtschafts- und Umweltpolitik, dass die Lebenssituation der heutigen Generation nur unter der Bedingung verbessert werden darf, dass die Lebenschancen kommender Generationen nicht gefährdet sind. Wirtschaftliches Handeln darf nur mit Rücksicht auf Natur und Umwelt stattfinden. Im Mittelpunkt steht dabei die Vermeidung von Umweltschäden bei der Produktion. Dazu gehören auch das Wiederverwerten von Rohstoffen und der Einsatz erneuerbarer Energien, also von Solarenergie und von Windkraft mit dem Ziel der Verringerung der Treibhausgase*. Um dem Ziel der Nachhaltigkeit näherzukommen, beschloss die Bundesregierung 2010, bis zum Jahr 2050 Strom zu 80 Prozent aus erneuerbaren Energiequellen zu erzeugen. Jeder kann durch nachhaltigen Konsum* mithelfen.

* **Treibhausgase**
So werden Kohlendioxid (CO_2) und andere künstlich erzeugte Gase bezeichnet, die sich in der Atmosphäre ansammeln. Sie vermindern die Wärmerückstrahlung von der Erdoberfläche in das Weltall und speichern die entsprechende Energie in der Erdatmosphäre.

* **Nachhaltiger Konsum**
Dabei kaufen Verbraucher umwelt- und sozialverträglich hergestellte Erzeugnisse. Ein Beispiel dafür sind Kaufentscheidungen zugunsten fair gehandelter Produkte. Verbraucher kaufen etwas teurere Güter, um Erzeuger mit gerechten Arbeitsbedingungen zu unterstützen. Auch sonst ist für eine nachhaltige Kaufentscheidung ausschlaggebend, dass die Betriebs- und Folgekosten eines Produktes beachtet werden. Das gilt für den Energieverbrauch ebenso wie für die leichte Reparierbarkeit oder die Langlebigkeit der Produkte.

M 2 Schokolade, nachhaltig erzeugt

Ritter Sport verdoppelt den Anteil der verarbeiteten Kakaomasse aus nachhaltigem Anbau. Dazu schließt der Schokoladenproduzent aus Waldenbuch eine Liefervereinbarung. Der Kakao trägt das sogenannte UTZ-Zertifikat, das neben der Umweltverträglichkeit auch soziale Mindeststandards für die Arbeiter garantiert. Es wird möglich, die Herkunft des Kakaos bis zum einzelnen Erzeuger zurückzuverfolgen. Der Schokoladenhersteller arbeitet bereits seit 25 Jahren mit Kleinbauern aus Nicaragua zusammen. Diese Partnerschaften ermöglichen ihm, direkten Einfluss auf Produktions- und Arbeitsbedingungen auszuüben. Spätestens 2025 will Ritter Sport seine Produktion auf 100 Prozent nachhaltigen Kakao umgestellt haben.

Thomas Thieme: Ritter Sport setzt auf Zertifikate, Stuttgarter Zeitung vom 13. Oktober 2015, S. 13 [Text gekürzt]

M 3 Umwelttechnologien nehmen zu

Der Weltmarkt für Umwelttechnik und nachhaltige Rohstoffnutzung wird sich bis 2025 mehr als verdoppeln. Der Anteil der Umwelttechnologien an der deutschen Erzeugung von Sachgütern und Dienstleistungen wird bis zum Jahr 2025 voraussichtlich auf über 20 Prozent ansteigen. [...]
Kleine und mittlere Unternehmen sind mit einem Anteil von etwa 90 Prozent die entscheidenden Träger der Green Tech-Branche. Der Wachstumskurs der Branche

trägt auch auf dem Arbeitsmarkt in Deutschland Früchte – mit vermutlich einer Million zusätzlichen Arbeitsplätzen bis 2025. Demografische Entwicklung, zunehmende Industrialisierung der Schwellenländer, Ressourcenknappheit und Klimawandel [...] sind die Treiber für das Wachstum der grünen Zukunftsmärkte.

Nach: Pressemitteilung des Bundesumweltministeriums vom 10.9.2012

Energiesparen – ein Beispiel

Auch ihr habt viele Möglichkeiten, Strom zu sparen. Die von der Stiftung Warentest (s. S. 42) herausgegebene Verbraucherzeitschrift „test" zeigt dies am Beispiel von 1,5-V-Batterien (s. **M 5**). Solche Mikrozellen mit 10 mm oder Mignonzellen mit 14 mm Durchmesser, die ihr für Taschenlampen, Fernsteuerungen und viele andere Geräte verwendet, könnt ihr durch aufladbare Akkus ersetzen. Dadurch wird der Energieverbrauch zum Herstellen, Aufladen und Entsorgen verringert, es werden Abfälle vermindert und ihr könnt durch die Verwendung der Akkus sogar noch Geld sparen. Tester der Stiftung Warentest ermittelten, dass ihr mit einem Viererpack Akkus innerhalb von fünf Jahren um die 550 Einwegbatterien einsparen könnt. Das verhilft euch zu einhundert Euro mehr in der Tasche, erspart Rohstoffe bei der Herstellung und verringert Müll mit umweltschädlichen Stoffen. Für 150 Einwegbatterien muss rund sieben Mal mehr Energie zur Herstellung, zum Laden sowie zur Entsorgung aufgewendet werden als für einen Akku, der 150 Mal geladen wird. Allerdings müsst ihr ein Ladegerät besitzen. Der Preis dafür liegt zwischen 20 und 40 Euro.

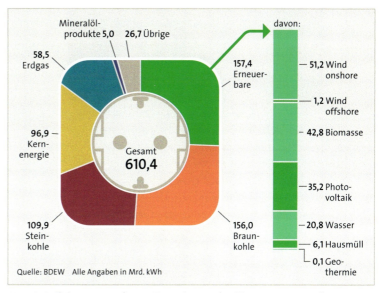

M 4 Anteil der erneuerbaren Energien an der Stromerzeugung in Deutschland 2014

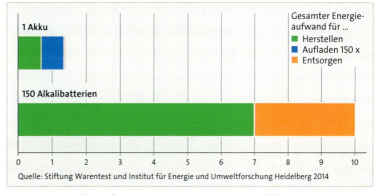

M 5 Energieverbrauch von 150 Batterien und eines Akkus

1. Fasst zusammen, welche nachhaltigen Ziele der Schokoladenhersteller (**M 2**) verfolgt. Warum verhält sich Ritter Sport so? Sucht anschließend im Internet nach weiteren Unternehmen, die auf nachhaltige Produktion setzen.
2. Berechnet die prozentualen Anteile der Kernernergie und der Windenergie an der gesamten Stromerzeugung in Deutschland (**M 4**).
3. Macht in der Klasse Vorschläge, wie in eurer Schule Energie eingespart werden könnte.
4. Gebt den Text von **M 3** in eigenen Worten wieder.
5. Beschreibt das Schaubild **M 4**.
6. Erklärt die Möglichkeit der Energieeinsparung durch aufladbare Akkus (Text, **M 5**).

Einen Fragebogen auswerten

M 1 Taschengeld für teure Mode?

„Sparen ist wieder in Mode" – ein Zeitungsbericht: Die Schülerzeitung „Klammer" in Esslingen hat Jugendliche befragt, wie sie mit ihrem Geld umgehen. 50 junge Leute haben ihre Meinung gesagt – und auch wenn die Umfrage nicht repräsentativ ist, dürften die Ergebnisse manchen überraschen: Mehr als die Hälfte der Befragten spart regelmäßig, mehr als 60 Prozent geben ihr Geld für teure Marken- und Prestigeprojekte aus.

Die Vorlieben für Jungen und Mädchen unterscheiden sich: Die Mehrheit der Jungs steckt ihre Ersparnisse in Elektronik, Handys, Spiele und Filme, bei den Mädchen steht Mode mit Abstand an erster Stelle. Mehr als die Hälfte der deutschen Jugendlichen zwischen 14 und 17 Jahren erhält nach Untersuchungen des deutschen Bankenverbandes ein monatliches durchschnittliches Taschengeld von 30 Euro. Dieser Betrag bestätigte sich auch bei der Umfrage in Esslingen. Die Umfrage ergab weiter, dass vier von fünf Heranwachsenden regelmäßig Geld längerfristig zur Seite legen, ein Wert, der überrascht. Für viele Jugendliche stehen der Führerschein, das eigene Auto oder Reisen an erster Stelle. Ein Drittel spart Geld für eine Ausbildung oder das Studium.

Aileen Scheurenbrand: Sparen ist bei jungen Leuten wieder in Mode, Eßlinger Zeitung v. 16./17.8.2014, S. 10

Taschengeld – wie gebt ihr es aus?

Der Umgang mit dem Taschengeld ist eine Herausforderung, mit der ihr sicherlich alle schon Erfahrungen gesammelt habt. Vergleicht eure monatlichen Einnahmen und Ausgaben in Form eines Haushaltsplans mit denen eurer Mitschülerinnen und Mitschüler. Wie viel Taschengeld bekommen diese im Durchschnitt pro Monat? Wie gehen sie damit um? Die Auswertung von Fragebögen hilft bei den Antworten.

M 2 Fragebogen

Persönlicher Haushaltsplan		☐ Junge	☐ Mädchen	
Monatliche Einnahmen		**Monatliche Ausgaben**		
Taschengeld	…… EUR	Handygebühren	…… EUR	…… %
Geburtstag/Weihnachten (:12)	…… EUR	Essen, Süßigkeiten	…… EUR	…… %
Belohnung u. a. für gute Noten	…… EUR	Getränke	…… EUR	…… %
Nebenbeschäftigung	…… EUR	CDs/Musikdownloads	…… EUR	…… %
Zuschuss Großeltern u. a.	…… EUR	Computerspiele	…… EUR	…… %
		Bücher/Zeitschriften	…… EUR	…… %
		Kleidung/Schulsachen	…… EUR	…… %
		Ausgehen/Kino	…… EUR	…… %
		Kosmetik/Körperpflege	…… EUR	…… %
		Sparen	…… EUR	…… %
Summe Einnahmen	…… EUR		…… EUR	…… %

M 3 Wie viel Geld – und wofür?

Die Realschulklasse 8b entwarf den Fragebogen (M 2). Schon im Vorgespräch ergab sich, dass fast allen Schülerinnen und Schülern das Taschengeld für persönliche Wünsche zur Verfügung stand. Kleidung und Schuhe, Schulmaterial und das Mittagessen in der Schulmensa bezahlen fast immer die Eltern. Jungen und Mädchen bekamen ein durchschnittliches monatliches Taschengeld von 28 Euro. Dazu kamen noch 8 Euro durch Geldgeschenke und Nebenbeschäftigungen wie das Austragen von Werbeflyern oder Babysitten.

Durchschnittliche Ausgaben der Jungen		
	EUR	= %
Handygebühren	6,10	16,5
Essen, Süßigkeiten	4,20	11,4
Getränke	4,60	12,4
CDs/Musikdownloads	4,80	13,0
Computerspiele	3,80	10,3
Bücher/Zeitschriften	2,80	7,6
Kleidung/Schulsachen	1,20	3,2
Ausgehen/Kino	4,30	11,6
Kosmetik/Körperpflege	0,20	0,5
Sparen	5,00	13,5
Summe Ausgaben:	37,00	100

Analysieren

Die Ergebnisse aus M 3 sind Durchschnittswerte in absoluten und in relativen Werten. Die Zahlenwerte können z. B. in Form von Säulendiagrammen veranschaulicht werden (M 4). Diese eignen sich besonders zum Vergleich von Mengenangaben zu einem bestimmten Zeitpunkt.
Kreisdiagramme („Tortendiagramme") eignen sich dagegen vor allem dazu, Prozentwerte darzustellen, also z. B. den Anteil des Taschengeldes, der für Computerspiele ausgegeben wird (M 5).

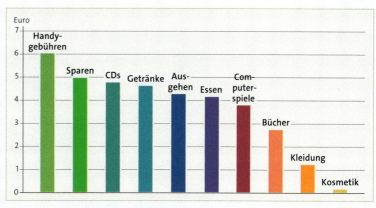

M 4 Absolute Werte der Verwendung des Taschengeldes nach M 3 als Säulendiagramm

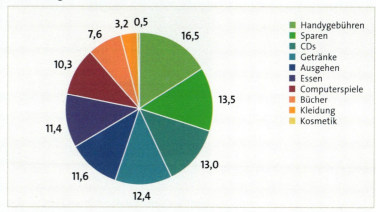

M 5 Relative Größen aus M 3 als Kreisdiagramm (in Prozent)

Anwenden

1. Entwerft und kopiert einen Fragebogen ähnlich dem von M 2. Jeder in eurer Klasse füllt einen Fragebogen aus und ermittelt den prozentualen Anteil seiner jeweiligen Ausgaben an seinen Gesamtausgaben. Die Fragebögen sind selbstverständlich anonym, werden also nicht mit Namen versehen.
2. Bildet Arbeitsgruppen, die die Auswertung und die grafische Umsetzung vornehmen. Bei den Kreisdiagrammen müsst ihr die Prozentwerte mit 3,6 multiplizieren. Einfacher geht es mit Excel. Am besten ist es wohl, wenn ihr die Auswertung der Fragebögen für Mädchen und Jungen getrennt vornehmt.
3. Diskutiert die Ergebnisse in der Klasse. Wo lassen sich Einsparungen vornehmen? Vergleicht eure Ergebnisse mit den Aussagen des Zeitungsartikels (M 1).

Ein Haushaltsplan hilft euch beim Wirtschaften

M 1 Familie Richter berät über wünschenswerte Anschaffungen

Familie Richter will mit ihren begrenzten Mitteln einen möglichst großen Nutzen erzielen. Um mit dem Familieneinkommen gut wirtschaften zu können, ist es notwendig, dass sie eine gute Übersicht über ihre kommenden Einnahmen und Ausgaben habt. Wenn ihr diese Übersicht verloren geht, kann es leicht passieren, dass unnötige Schulden entstehen. Sie beschließt deshalb, sich eine gründliche Übersicht zu verschaffen und ihre Einnahmen und Ausgaben zusammenzustellen.

M 2 Zusammensetzung des Familieneinkommens

Wirtschaften nach dem Ökonomischen Prinzip

Wenn sich die Mitglieder der Familie Richter nach dem ökonomischen Prinzip verhalten, werden sie eine Rangfolge ihrer Bedürfnisse aufstellen. Zunächst wird es jeweils um die Befriedigung ihrer Grundbedürfnisse gehen, also um Nahrungsmittel, Wohnung, Kleidung, aber auch um Körperpflege und Bildung. Erst dann wer-

---

* **Arbeitslosengeld**
Arbeitslose haben Anspruch auf Arbeitslosengeld I, wenn sie zuvor Beiträge zur Arbeitslosenversicherung bezahlt haben. Das Arbeitslosengeld wird aus den Einnahmen der Arbeitslosenversicherung bezahlt. Wer mehr als ein Jahr arbeitslos ist, bekommt das viel geringere Arbeitslosengeld II, oft auch mit Hartz IV bezeichnet. Arbeitslosengeld II wird aus Steuern finanziert, also nicht aus der Arbeitslosenversicherung.

den sie entscheiden, welche zusätzlichen Bedürfnisse sie befriedigen können. Um Einnahmen und Ausgaben zu vergleichen, helfen ihnen Haushaltspläne, z.B. für den folgenden Monat. Der Saldo* zeigt ihnen, wie viel Geld übrig bleibt oder wie viel fehlt und deshalb eingespart werden muss. Ein typischer Haushaltsplan der Familie Richter mit zwei Kindern könnte folgendermaßen aussehen:

Das Statistische Bundesamt stellte 2013 anhand von Befragungen vieler Haushalte in Deutschland fest, welche durchschnittlichen Einnahmen dort verfügbar sind und wofür die Haushalte das Einkommen ausgeben. Manche Ausgaben fallen nicht jeden Monat an, z.B. die Ausgaben für Kleidung und Schuhe. Um einen Überblick über die monatlichen Ausgaben zu bekommen, werden in einem Haushaltsplan Durchschnittswerte errechnet. Wie ihr seht, gibt es zwischen einzelnen Haushaltstypen deutliche Unterschiede zwischen der durchschnittlichen Höhe der Einnahmen, deren Verwendung und den verbleibenden Salden.

* **Saldo**
Begriff für den Unterschiedsbetrag, z.B. zwischen Einnahmen und Ausgaben. Der Saldo wird als Ausgleichsposten auf der kleineren Kontoseite eingesetzt.

* **Tilgung**
Rückzahlung eines Kredits oder Darlehens. Meist geschieht dies in Form von Raten. Die Tilgung von Darlehen für ein Wohnhaus oder eine Eigentumswohnung kann zehn Jahre oder länger dauern. Für den noch nicht getilgten Teil des Darlehens müssen Zinsen bezahlt werden.

M 3 Haushaltsplan der Familie Richter

Einnahmen	Euro
Arbeitseinkommen Eltern (netto)	2900
Kindergeld (zwei Kinder)	380
Mieteinnahme für vermietete Einliegerwohnung	430
Einnahmen insgesamt in einem Monat	**3710**
Ausgaben	
Nahrungsmittel, Getränke	520
Kleidung, Schuhe	180
Energie, Hausinstandhaltung	450
Möbel, Haushaltsgegenstände	100
Körper- und Gesundheitspflege	200
Kosten für PKW, Fahrkarten u.a.	150
Telefon, Handy	60
Theater, Kino, Freizeit, Gaststättenbesuche	250
Schulsachen, Bildung	130
Konsumausgaben insgesamt in einem Monat	**2040**
KFZ-Steuer, Versicherungsbeiträge	120
Zinsen und Tilgung* von Kredit für eigenes Wohnhaus	1250
Andere Ausgaben insgesamt in einem Monat	**1370**
Saldo z.B. für Ersparnisse (Einnahmen – Ausgaben)	**300**

Zusammenstellung des Autors

M 4 Ausgaben privater Haushalte, 2013

Haupteinkommensperson	Arbeitnehmer/-in	Arbeitsloser/-e	Rentner/-in
Durchschnittliche Nettoeinkünfte eines Haushalts in einem Monat	4735 Euro	1452 Euro	3192 Euro
Ausgaben (in Prozent)			
Nahrungsmittel, Getränke	7,6	16,4	8,8
Kleidung, Schuhe	3,3	3,3	2,2
Wohnen, z.B. Miete, Energie	18,4	37,6	24,9
Möbel, Haushaltsgegenstände	3,2	2,8	2,9
Körper- und Gesundheitspflege	1,7	1,9	2,9
Kosten für PKW, Fahrkarten u.a.	9,3	6,0	6,6
Telefon, Handy	1,6	3,4	1,5
Theater, Kino, Bildung, Gaststättenbesuche	12,9	11,8	12,7
Anteil der Konsumausgaben	**58,0**	**83,2**	**62,5**
Versicherungsbeiträge, Spenden u.a.	6,9	4,5	7,6
Zinsen und Tilgung von Krediten	7,8	3,0	2,5
Saldo für den Erwerb von Geld- und Sachvermögen	**27,3**	**9,3**	**27,4**

Nach: Statistisches Bundesamt, Fachserie 15, Heft 4, 2013, S. 24 f.

1 Tragt in der Klasse die unterschiedlichen Positionen der Familienmitglieder von Familie Richter (M1) in einer Podiumsdiskussion vor. Sucht mithilfe von M3 nach einer Lösung.
2 Veranschaulicht M3 in einem Säulendiagramm (s. S. 19). Beschreibt Einsparmöglichkeiten.
3 Vergleicht die Einnahmen und die prozentuale Verteilung der Ausgaben eines durchschnittlichen Arbeitnehmerhaushalts von dem eines Arbeitslosen- und eines Rentnerhaushalts (M4). Fasst die Ergebnisse schriftlich in wenigen Sätzen zusammen. Beurteilt die unterschiedlichen Salden. Wozu können diese verwendet werden?

Der Wirtschaftskreislauf schafft Einsichten

M 1 Lisa und David beim Einkaufen

Lisa und David gehen in den Supermarkt. Lisa kennt sich mit Wirtschaft etwas aus. „Siehst du", erklärt sie ihrem Freund, „hier erkennen wir, wie ein Wirtschaftskreislauf abläuft. In einer Volkswirtschaft gibt es viele private Haushalte und viele Unternehmen. Wir sprechen jeweils von Sektoren. Zwischen den beiden Sektoren ‚Haushalte' und ‚Unternehmen' fließen Güter- und Geldströme hin und her. Wir gehören zum Sektor Haushalte. Vom Supermarkt, der zum Sektor Unternehmen gehört, beziehen wir Waren, also Sachgüter. Um diese Sachgüter oder auch die Dienstleistungen, die z. B. Handwerker für uns erbringen, bezahlen zu können, müssen wir arbeiten, du als Zerspannungsmechaniker, ich als Industriekauffrau bei einem Maschinenbauunternehmen. Wir erbringen dort Arbeitsleistungen für den Sektor Unternehmen. Sachgüter, Dienstleistungen, aber auch unsere Arbeitskraft sind Güterströme. Ihnen fließen Geldströme entgegen, deren Höhe dem Wert der Güterströme entspricht. Für unsere Arbeitsleistung bekommen wir aus dem Sektor Unternehmen Arbeitsentgelt, mit dem wir nun wieder Konsumgüter oder Dienstleistungen erwerben. Mit diesem Geld werden die Waren und auch die Entgelte der Beschäftigten des Supermarktes bezahlt. Die Eigentümer des Supermarktes bekommen für ihren Kapitaleinsatz einen Gewinn."

Der von Lisa beschriebene Wirtschaftskreislauf lässt sich auch grafisch darstellen:

M 2 Wirtschaftskreislauf mit zwei Sektoren: Für die von den Unternehmen in Anspruch genommene menschliche Arbeitskraft zahlen die Unternehmen Arbeitsentgelte (Löhne, Gehälter). Die Unternehmer selbst, z. B. die Handwerksmeister oder Einzelhändler, bekommen für ihre Arbeitsleistung keine Löhne oder Gehälter. Ihnen steht stattdessen der Gewinn aus ihrer unternehmerischen Tätigkeit zu. Diese Einkommen fließen als Geldströme in die privaten Haushalte. Mit ihrem Einkommen kaufen diese die in den Unternehmen produzierten Güter oder die von den Unternehmen erbrachten Dienstleistungen. Damit fließt auch wieder ein Geldstrom von den Haushalten zurück in die Unternehmen.

Da sich Güter- und Geldströme hinsichtlich ihres Werts entsprechen, genügt es, die Geldströme darzustellen:

M 3 Geldströme eines Wirtschaftskreislaufs mit zwei Sektoren

Den Wirtschaftskreislauf analysieren

Wenn Lisa und David das Wirtschaftsgeschehen eines Landes, meist spricht man dabei von einer Volkswirtschaft, näher untersuchen, so stellen sie fest, dass die Menschen grundsätzlich in mehreren Funktionen als Marktteilnehmer tätig sind:
- Sie produzieren Güter, stellen z. B. Möbel, Autos, Fernsehgeräte, Zahnpasta her oder erbringen Dienstleistungen wie Konzerte, Haarschnitte oder Taxifahrten.
- Sie erwerben Einkommen und verwenden dies für ihre Konsumausgaben, z. B. für Lebensmittel, Kleidung, Reparatur ihres Autos, für Urlaubsreisen, Bücher oder Kinobesuche.
- Sie bilden Vermögen, d. h. sie geben ihr Einkommen nicht vollständig aus, sondern sparen, kaufen Aktien usw.

Da in einer Volkswirtschaft viele Millionen Menschen eine oder mehrere der genannten Tätigkeiten ausüben, ergibt sich für den Betrachter ein verwirrendes Bild von Tauschprozessen. Wenn Lisa und David diese Prozesse verstehen wollen, müssen sie sie ordnen, übersichtlich darstellen und auf das Wesentliche reduzieren.

Ökonomische Modelle

Lisa und David haben erkannt: Wirtschaftskreisläufe sind ökonomische Modelle*, bei denen wirtschaftliche Beziehungen zwischen einzelnen Wirtschaftssektoren in vereinfachter Form dargestellt sind. In **M 2** und **M 3** sind dies Beziehungen zwischen Unternehmen und privaten Haushalten. Andere Ströme wie Steuern, Sozialabgaben oder Ersparnisse fehlen. Bei dem dargestellten Kreislauf handelt es sich demnach um ein vereinfachtes Denkmodell, das nicht das ganze Wirtschaftsgeschehen abbildet. Denn es gibt in einer Volkswirtschaft noch andere Sektoren. Lisa und David können aber auch an dem vereinfachten Modell sofort erkennen, welche Folgen es hätte, wenn einer von beiden arbeitslos werden würde und ihnen dadurch weniger Geld zur Verfügung stünde.

* **Ökonomisches Modell**
Dabei werden wirtschaftliche Zusammenhänge auf möglichst einfache Art und Weise dargestellt. Es wird ein ausschließlich nach wirtschaftlichen Gesichtspunkten denkender und handelnder Mensch angenommen. Alle für die Entscheidung wichtigen Informationen, z. B. Preise oder Qualitäten, sind ihm bekannt (vollständige Markttransparenz). Rahmenbedingungen, wie etwa gutes oder schlechtes Wetter auf dem Wochenmarkt, bleiben bei der Modellbetrachtung unbeachtet.

1 Beschreibt mit eigenen Worten die Ströme der Geld- und der Güterströme (Text, **M 2**).
2 Lisa und David (**M 1**) kaufen im Supermarkt A Waren für 100 Euro ein. Von dem Geld gehen 60 Euro an den Großhändler B, von dem A die Waren einkauft, 30 Euro werden von A für Arbeitsentgelte benötigt, 10 Euro für Gewinne. Stellt die Kreislaufbeziehungen grafisch dar.
3 Erklärt, warum es sich bei Wirtschaftskreisläufen um „ökonomische Modelle" handelt.

Der erweiterte Wirtschaftskreislauf

M 1 Lisa und David am Geldautomaten

Lisa und David gehen nach dem Einkauf im Supermarkt noch zum Geldautomaten. David fragt Lisa: „Wie passen denn die Banken und Sparkassen in den Wirtschaftskreislauf? Und überhaupt: Wir geben doch nicht unser ganzes Geld, das wir verdienen, gleich wieder aus. Sondern wir sparen für ein neues Auto und für unseren nächsten Urlaub. Und außerdem: Wir können ja gar nicht alles ausgeben, wir zahlen von unserem Bruttoentgelt Steuern und Sozialabgaben, z. B. Beiträge zur Kranken- und Rentenversicherung."

„Richtig", meint Lisa, „deshalb brauchen wir ein erweitertes Kreislaufmodell mit den Sektoren ‚Kreditinstitute' und ‚Staat'. Der Kreislauf schließt sich auch hier. Das von den Haushalten Gesparte wird vor allem an die Unternehmen gegeben in Form von Krediten. Dieses Geld verwenden die Unternehmen für Investitionen, also zum Bau neuer Fabrikhallen und zum Kauf neuer Maschinen. Ein Teil der Ersparnisse fließt natürlich an die Haushalte zurück. Und auch der Staat nimmt Kredite auf, sogar sehr große. Diese beiden Ströme lassen wir in unserer vereinfachten Kreislaufdarstellung einfach weg. Aber der Staat braucht natürlich Steuern, die sowohl von Haushalten und Unternehmen bezahlt werden. Dieses Geld gibt er für den ‚Staatskonsum' aus. Er baut Straßen, Schulen, bezahlt die Polizei und die Soldaten der Bundeswehr. Außerdem braucht er Geld für Sozialausgaben, z. B. von Hartz-IV-Leistungen, in erheblichem Umfang aber auch für Zuschüsse zur Rentenversicherung."

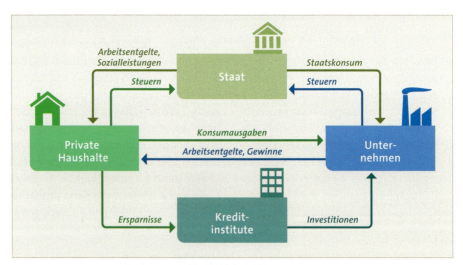

M 2 Erweiterter Wirtschaftskreislauf mit vier Sektoren

Erweiterter Wirtschaftskreislauf

Da jedem Güterstrom ein gleich großer Geldstrom entgegenfließt, wird in **M 2** auf die Darstellung der Güterströme verzichtet. Der Staat greift in vielfältiger Weise in das Wirtschaftsgeschehen ein. Unternehmen und private Haushalte müssen Steuern zahlen, denn der Staat (Bund, Länder und Gemeinden) braucht Geld z. B. für Straßen, Krankenhäuser und Schulen, den sogenannten Staatskonsum. Der Staat unterstützt Langzeitarbeitslose mit Arbeitslosengeld und zahlt einen Teil der Leistungen der Rentenversicherung. Haushalte geben meist nicht ihr ganzes Einkommen für den Konsum aus. Sie bilden auch Ersparnisse und legen dieses Geld bei Banken, Sparkassen oder Versicherungen an, um z.B. Rücklagen für größere Anschaffungen oder ihre Altersvorsorge zu treffen. Die Kreditinstitute verleihen dieses Geld häufig an Unternehmen, die damit Investitionen tätigen, d.h. Grundstücke, Gebäude und Maschinen erwerben.

Sektor Ausland
Oft wird in Wirtschaftskreisläufe auch noch ein Sektor „Ausland" aufgenommen. Unternehmen verkaufen ihre hergestellten Güter nicht nur in Deutschland, sondern in alle Welt. Und viele Unternehmen, z.B. Bauunternehmen, erbringen im Ausland auch Dienstleistungen. Wenn diese Güter in andere Länder verkauft werden, spricht man von Export. Umgekehrt wird nicht alles, was in Deutschland verkauft wird, auch hier hergestellt. Vieles wird eingeführt, also importiert. Oft sind es Rohstoffe, die in Deutschland weiterverarbeitet werden. Bei Exporten fließen Geldströme ins Inland, bei Importen ins Ausland. Im Ausland sind Löhne oft geringer, dadurch sind die Herstellkosten günstiger. Auch bei Urlaubsreisen fließt Geld ins Ausland.

1 Skizziert ein Kreislaufmodell mit drei Sektoren (Unternehmen, private Haushalte, Kreditinstitute) einer sehr kleinen Volkswirtschaft. Tragt die Geldströme ein, wenn die Summe aller Haushaltseinkommen 10 Mio. Euro, die Konsumausgaben 8 Mio. Euro und demnach die Ersparnisse 2 Mio. Euro betragen.

2

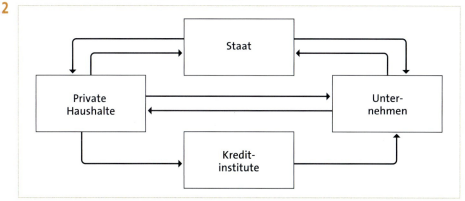

Übertragt diesen sich nur auf wenige Marktteilnehmer beziehenden Wirtschaftskreislauf in euer Heft. Ergänzt die Ströme. Beachtet, dass alle in einen Sektor fließenden Beträge so groß sein müssen wie die wegfließenden.
– Firma A zahlt einem Mitarbeiter 3000 Euro Arbeitsentgelt.
– Frau B bekommt 1000 Euro Rente.
– Herr C bringt 1500 Euro auf sein Sparkonto.
– Familie D kauft einen Teppich für 2000 Euro.
– Das Unternehmen E bekommt von seiner Hausbank einen Kredit über 1500 Euro.
– Der Betrieb F zahlt 2500 Euro Steuern an das Finanzamt.
– Die Stadtverwaltung G kauft Büromöbel für 2000 Euro.
– Familie H zahlt 500 Euro Einkommensteuer an das Finanzamt.

3 Skizziert die Geldströme eines Wirtschaftskreislaufs mit fünf Sektoren.

Auf Märkten begegnen sich Anbieter und Nachfrager

M1 Schaufensterpuppen werben für Sonderangebote

Marktteilnehmer

Anbieter (Verkäufer) bieten auf Märkten Sachgüter und Dienstleistungen an. Kunden (Käufer) fragen diese nach, um ihre Bedürfnisse zu befriedigen.

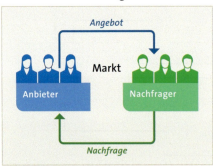

M2 Anbieter und Nachfrager

Die Nachfrage

Ihr wisst es alle: Die Gewährung von Rabatten (M1) ist eine beliebte Methode der Werbung. Sinkende Preise locken Kunden an, die Nachfrage nach preiswerten Produkten steigt. Ist der Preis hoch, so sind meist nur wenige Kunden bereit, ihren Bedarf zu decken. Die Nachfrage ist dann gering. Je niedriger der Preis wird, umso mehr Verbraucher werden das Produkt erwerben wollen. Dieser Zusammenhang zwischen dem Preis und der davon abhängigen Nachfrage lässt sich als Nachfragekurve veranschaulichen:

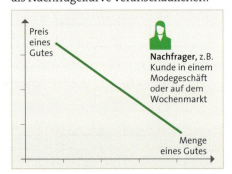

M3 Nachfragekurve: Mit sinkendem Preis steigt die Nachfrage

Mit sinkendem Preis steigt also die Nachfrage, vor allem bei solchen Gütern, die man nicht dringend benötigt. Wer im Winter unbedingt Heizöl braucht, weil sein Tank leer ist, wird auch dann Heizöl nachfragen, wenn der Preis hoch ist. Lebensnotwendige Güter werden unabhängig vom Preis gekauft. Dies gilt z.B. für Wohnraum, Strom oder Wasser.

Die Höhe der Nachfrage nach nicht lebensnotwendigen Gütern kann wesentlich durch Werbemaßnahmen beeinflusst werden. Hersteller und Händler versuchen den Kunden teure Markenprodukte zu verkaufen, die angeblich einen Ansehensgewinn des Nutzers bedeuteten, oder sie wecken Bedürfnisse, die zuvor gar nicht vorhanden waren. Ein typisches Beispiel sind Smartphones, bei denen die Stiftung Warentest im November 2014 Geräte für weniger als 200 Euro kaum schlechter bewertet hat als bekannte Marken für 800 Euro. Trotzdem kaufen auch manche Schülerinnen und Schüler die teuren Produkte, weil sie „in" sind. Das Verhalten der Peergroup* beeinflusst ihre Entscheidung.

Die Nachfrage ist auch von der Kaufkraft der Kunden abhängig. Wer ein hohes Einkommen hat, wird sich vielleicht eine größere Wohnung leisten.

Das Angebot

Unter dem Angebot versteht man die Menge von Gütern oder Dienstleistungen, die Unternehmern oder Händler verkaufen wollen. Ein Unternehmer möchte nicht nur seine Kosten decken, sondern darüber hinaus einen angemessenen Gewinn erzielen. Je höher der Preis für ein bestimmtes Gut steigt, desto lohnender, also gewinnbringender, wird es für ihn, dieses Gut anzubieten. Bei sinkenden Preisen wird sich ein Anbieter nach dem anderen aus dem Markt zurückziehen, weil kein Gewinn mehr zu erzielen ist oder nicht einmal die Kosten gedeckt werden können. Die Produktion wird eingeschränkt oder ganz eingestellt bzw. auf andere Güter verlagert, die noch Gewinne erwarten lassen. Dies lässt sich als Angebotskurve darstellen:

M 4 Angebotskurve: Mit steigendem Preis steigt das Angebot

Nicht alle Anbieter können so flexibel reagieren. Ein Handwerker wird bei sinkenden Preisen versuchen, seine Kosten zu senken, ein Milch erzeugender Landwirt den Gewinnrückgang durch Erhöhungen der erzeugten Menge auszugleichen.

* **Peergroup**
Gruppe von gleichaltrigen Jugendlichen mit Verhaltensweisen, die sich oft von den Erwartungen der Erwachsenen unterscheiden. Die Mitglieder sind mit der Führungsrolle eines oder mehrerer Meinungsführer einverstanden, die das Verhalten der ganzen Gruppe beeinflussen. Die Zugehörigkeit zu Peergroups bestimmt auch entscheidend das Konsumverhalten von Jugendlichen, zum Beispiel den Kauf bestimmter teurer Markenkleidung.

1 Beurteilt die Ziele der Werbung (M 1).
2 Erklärt die Abhängigkeiten von Angebot und Nachfrage.
3 Auf einem Wochenmarkt werden Kartoffeln verkauft. Marktbeobachter haben folgende Abhängigkeit für die Nachfrage festgestellt:

Preis je kg in €	Nachgefragte Menge in kg
0,2	1000
0,4	800
0,6	600
0,8	400
1,0	200

Zeichnet die Nachfragekurve. Ermittelt die erzielbaren Umsätze (Preis x Menge) in Euro bei den unterschiedlichen Preisen. Erklärt den Kurvenverlauf.

Viele unterschiedliche Märkte

M1 Wochenmarkt

Wie ihr auf den vorigen beiden Seiten gelesen habt, sind Märkte Orte, an denen Nachfrage und Angebot zusammentreffen. Das Angebot umfasst alle Güter, die verkauft werden sollen. Die Nachfrage ergibt sich aus den Bedürfnissen der Menschen und den für den Erwerb von Gütern verfügbaren (Geld-)Mitteln. Sie können nach der Art der dort gehandelten Sachgüter oder Dienstleistungen unterschieden werden (M2).

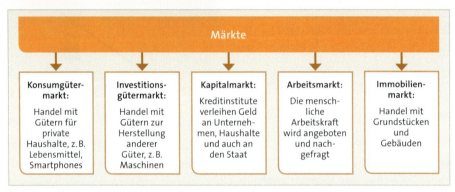

M2 Einteilung von Märkten nach der Art der dort gehandelten Güter

Angebot und Nachfrage

Die Interessen von Anbietern und Nachfragern sind gegenläufig. Die Nachfrager, also die Kunden, sind an niedrigen Preisen interessiert, da sie mit ihrem Einkommen auch viele andere Bedürfnisse befriedigen müssen. Die Anbieter, in M1 also die Obstbauern, wollen hohe Preise erzielen, da sie ihre Kosten decken müssen und darüber hinaus einen Gewinn erwirtschaften wollen, der zumindest ihren eigenen Lebensunterhalt deckt.

Marktformen

Wenn auf einem Markt viele Anbieter und viele Nachfrager zusammentreffen, spricht man von einem Polypol*. Im Gegensatz dazu gibt es Angebotsmonopole* mit nur einem Anbieter und Angebotsoligopole* mit wenigen Anbietern. Dementsprechend gibt es auch Nachfragemonopole und Nachfrageoligopole. Wenn alle Marktteilnehmer in einem Polypol eine vollständige Marktübersicht (Markttransparenz) besitzen, spricht man von einem vollkommenen Markt*. Die Anbieter wissen, bei welchen Preisen und Mengen die Nachfrager die angebotenen Güter kaufen möchten, und die Nachfrager sind darüber informiert, zu welchen Preisen und Mengen die Anbieter ihre Güter verkaufen möchten.

* **Polypol**
Auf einem Markt treffen sehr viele Anbieter und sehr viele Nachfrager zusammen.

* **Angebotsoligopol**
z. B. Fahrzeug-, Handy-, Benzin-, Mobilfunkanbieter

* **Angebotsmonopol**
z. B. öffentliche Wasserversorgung, S-Bahn, Museum, Inhaber von Patenten z. B. für Medikamente

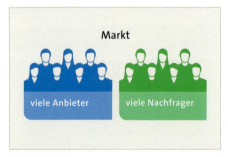

M3 Polypol

M 4 Angebotsoligopol

M 5 Angebotsmonopol

Allerdings haben Nachfrager oft keine Zeit, um alle Angebote auf einem Wochenmarkt zu vergleichen, oder sie lassen sich bei ihren Kaufentscheidungen von ihren Gefühlen leiten. Sie kaufen z. B. nur Produkte bei einem besonders freundlichen Händler, auch wenn die Waren dort etwas teurer sind.

Die auf den Seiten 30/31 dargestellte „Preisbildung auf einem vollkommenen Markt" wird deshalb als ökonomisches Modell bezeichnet. In der Praxis kommt es nur eingeschränkt vor.

Anders als beim Polypol herrscht beim Angebotsoligopol oft eine große Abhängigkeit unter den Oligopolisten. Dies sieht man zum Beispiel an den Tankstellen. Erhöht oder senkt ein Anbieter seine Preise, ziehen die anderen Oligopolisten sofort nach. Es kann aber auch ein scharfer Wettbewerb entstehen, mit dem Ziel, die Konkurrenten auszuschalten. Auf der anderen Seite besteht aber die Gefahr, dass die Anbieter sich absprechen und so den Wettbewerb ausschalten. Das Gesetz gegen Wettbewerbsbeschränkungen (GWB) verbietet solche Absprachen.

Bei einem Angebotsmonopol gibt es nur einen Anbieter auf dem Markt. Der Anbieter muss auf keinen Konkurrenten Rücksicht nehmen und kann seine Preise frei bestimmen. Auch Inhaber von Patenten haben ein Monopol auf ihre Produkte. Allerdings werden Konkurrenten schnell reagieren und Produkte mit ähnlichen Eigenschaften entwickeln, z. B. Medikamente, und sie auf den Markt bringen.

*   **Vollkommener Markt**
    Es müssen viele Anbieter und viele Nachfrager vorhanden sein (Polypol). Die gehandelten Güter dürfen sich nicht durch Qualität oder Geschmack unterscheiden. Es darf keine Bevorzugung eines bestimmten Anbieters durch den Nachfrager geben und umgekehrt. Darüber hinaus müssen alle Marktteilnehmer eine vollständige Marktübersicht (Markttransparenz) haben. In der Realität kommen vollkommene Märkte nur selten vor. Der Handel mit Wertpapieren an den Börsen kommt den Bedingungen des vollkommenen Marktes jedoch sehr nahe.

M 6 Preisvergleich mit Handy

Gut jeder vierte Handynutzer in Deutschland vergleicht beim Einkaufen im Laden mit seinem Mobiltelefon die Preise. Fast genauso viele machen regelmäßig mit einem Handy Fotos von Produkten, die sie vielleicht kaufen möchten, oder fragen noch im Geschäft Freunde und Familienangehörige um Rat. Das ergab eine repräsentative Online-Studie, die das Marktforschungsunternehmen GfK in Nürnberg veröffentlichte. Demnach kaufen zwölf Prozent der Handynutzer regelmäßig vor den Regalen stehend per App online ein, acht Prozent bestellen die Wunschprodukte auf einer Webseite.
dpa: Handy, oft genutzt für Preisvergleich, Stuttgarter Zeitung v. 24.2.2015, S. 14

1. Die Kundinnen auf dem Wochenmarkt (M 1) haben offenbar viele Fragen an den Händler. Schreibt auf, was sie wohl wissen wollen.
2. Erklärt Gründe, warum manche Kunden oft bei bestimmten Händlern kaufen, auch wenn die Ware dort etwas teurer ist.
3. Nennt Beispiele für Angebotsoligopole und Angebotsmonopole.
4. Charakterisiert die Marktsituation gemäß M 6. Beurteilt das in dem Zeitungsbericht dargestellte Verbraucherverhalten.
5. Es gibt auch Nachfrageoligopole und -monopole. Skizziert die Marktsituation entsprechend M 4 und M 5. Sucht jeweils Beispiele.

Wie entstehen die Preise auf einem Wochenmarkt?

M1 Äpfelverkauf auf einem Wochenmarkt. Viele Bauern bieten hier ihre Waren an

Äpfel auf dem Wochenmarkt
Der Anbau von Obst, vor allem von Äpfeln, spielt in Baden-Württemberg traditionell eine große Rolle. Zentren des Obstanbaus sind die klimatisch begünstigten Regionen am Bodensee und die Gebiete entlang der Flusstäler. Die am häufigsten vorkommende Apfelsorte heißt „Elstar". Viele Obstbauern bieten auf Wochenmärkten „Elstar"-Äpfel an, und viele Kunden kaufen diese sehr würzigen Früchte.

M2 Marktteilnehmer

Angebot und Nachfrage
Bei einem niedrigen Preis sind die meisten Bauern nicht bereit, die Äpfel auf dem Wochenmarkt anzubieten. Mit niedrigen Preisen können sie keine Gewinne erzielen, vielleicht nicht einmal ihre Kosten vollständig decken. Sie bringen ihre Äpfel dann lieber in eine Obstkelterei, um daraus Apfelsaft pressen zu lassen. Aus 100 kg Äpfeln lassen sich immerhin 60 Liter Saft pressen. Steigt der Preis aber, so nützen viele Bauern die Chance, Gewinn zu erzielen, und bieten auf dem Wochenmarkt viele Äpfel an.

Bei zu hohen Preisen wollen die Kunden aber nicht kaufen. Die nachgefragte Menge ist dann nur sehr klein. Erst wenn der Preis für Äpfel der Sorte „Elstar" sinkt, kaufen die Kunden. Je niedriger der Preis ist, desto größere Mengen kaufen sie. Die Nachfragekurve (s. S. 26) verläuft also von links oben nach rechts unten.

Die Preisbildung auf einem Wochenmarkt
Nehmen wir an, auf einem Wochenmarkt hätten sich folgende Abhängigkeiten zwischen Angebot, Nachfrage und Verkaufspreisen an Äpfeln der Sorte „Elstar" ergeben:
Bei der Marktsituation von **M3** werden z. B. bei einem Marktpreis von 2,20 €/Kilogramm von den Anbietern 6500 kg Äpfel angeboten, jedoch nur 1000 kg nachgefragt. Es besteht ein Angebotsüberhang von 5500 kg Äpfeln. In dieser Situation sehen sich die Anbieter veranlasst, ihre Preise zu senken. Beim Marktpreis von 1,90 € und von 1,60 € sinkt der Angebotsüberhang auf 3500 kg bzw. 2000 kg.
Angebotsmenge und Nachfragemenge stimmen erst bei einem Preis von 1,30 € überein, der Gleichgewichtspreis ist erreicht. Bei diesem Preis wird die größte Gütermenge (3000 kg) umgesetzt. Der Markt ist geräumt, da weder ein zu großes Angebot noch eine zu große Nachfrage besteht.

M3 Angebot und Nachfrage von Äpfeln auf einem Wochenmarkt

Preis je kg in €	Angebot in kg	Nachfrage in kg	Differenz in kg	
0,40	400	7000	6600	
0,70	1500	6500	5000	Nachfrageüberhang
1,00	2000	5000	3000	
1,30	**3000**	**3000**	**0**	Gleichgewichtspreis
1,60	4000	2000	2000	
1,90	5000	1500	3500	Angebotsüberhang
2,20	6500	1000	5500	

Nur im Schnittpunkt von Angebotskurve und Nachfragekurve besteht das Marktgleichgewicht von Angebot und Nachfrage. Bei einem höheren Preis als dem Gleichgewichtspreis besteht ein Angebotsüberhang und bei einem niedrigeren Preis übersteigt die Nachfrage die angebotene Menge.

Bei dem beschriebenen Preisbildungsprozess handelt es sich um ein ökonomisches Modell (s. S. 23), das in Bezug auf den Preisbildungsprozess nicht immer so abläuft. Die Marktsituation nach **M3** lässt sich auch grafisch darstellen (s. **M4**):

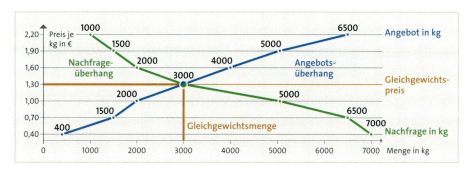

M4 Entstehen des Gleichgewichtspreises

1. Erklärt die Wirkung des Gleichgewichtspreises.
2. Ein Pizza-Händler in einer Kleinstadt hat aufgrund seiner langjährigen Erfahrungen für die Pizza Margherita die folgende tägliche Angebots- und Nachfrage ermittelt:

Preis €	Angebotene Menge Stück	Nachgefragte Menge Stück
2,50	30	130
3,00	50	110
3,50	80	80
4,00	100	70
4,50	110	50
5,00	120	40

Zeichnet mithilfe der Wertetabelle die Angebots- und die Nachfragekurve. Wie hoch ist der Gleichgewichtspreis? Erklärt die Folgen, wenn der tatsächliche Preis über bzw. unter dem Gleichgewichtspreis läge.
3. Begründet, warum ein Bauer nicht einfach mit 50 Kisten „Elstar" auf den Markt fährt, eine hohe Summe verlangt, wenig Arbeit hat und viel Geld verdient.
4. Schildert eine Situation auf einem Wochenmarkt, bei der sich die Preise nicht allein nach Angebot und Nachfrage richten.

„Externe Kosten" fehlen bei vielen Marktpreisen

M1 Die Lkw-Maut bringt jährlich viele Milliarden Euro in die Bundeskasse

Externe oder soziale Kosten

Wer kommt dafür auf, wenn Menschen, die neben einer Diskothek wohnen, durch den nächtlichen Lärm krank werden? Wer ist verantwortlich, wer zahlt die Arztkosten? Auch in manchen Industrie- und Handwerksbetrieben wird bei Produktionsprozessen Lärm erzeugt, oder es werden Schadstoffe in die Luft geblasen. In solchen Fällen übernehmen nicht die Verursacher die Kosten der Umweltschäden und die Heilbehandlung der geschädigten Anwohner. Diese werden vielmehr aus Steuermitteln oder aus Mitteln der Krankenversicherung bezahlt. Man spricht dann von externen oder sozialen Kosten. Dies sind also Kosten, die nicht diejenigen übernehmen, die sie verursacht haben.

Diese Situation ergibt sich u.a. bei Kraftfahrzeugen:

M2 Durchschnittliche Fahrzeugkosten pro km eines VW Golf 1,2 Trendline mit jährlich 15 000 km Fahrleistung in Cent/km	
Fixkosten (Steuer, Versicherung u.a.)	8,1
Werkstattkosten	3,8
Betriebskosten (Benzin, Öl)	9,4
Wertverlust	23,8
Externe Kosten für Umweltschäden durch Feinstaub, Abgase, Lärm, Gewässerverschmutzung* u.a.	5,5
	50,6

*Externe Kosten für den Straßenbau und den dazu notwendigen Flächenverbrauch sind nicht berücksichtigt.
Quelle: ADAC, Umweltbundesamt

Den Smog der Fahrzeuge aus CO_2 und Feinstaub müssen andere Menschen einatmen. Die CO_2-Emissionen („Treibhausgase") der Kraftfahrzeuge tragen außerdem zu einem erheblichen Teil zur Erderwärmung bei. Die Krankenhauskosten zahlen nicht die Autofahrer, sondern alle Beitragszahler der Krankenversicherungen. Die unerwünschten Nebenwirkungen des Verkehrs werden an Dritte abgewälzt. So zahlen z.B. für Lärmschutzwände entlang der Autobahnen die Steuerzahler die Kosten und nicht diejenigen Autofahrer mit einem besonders laut röhrenden Auspuff an ihrem Fahrzeug. Deutlich wird das Problem der externen Kosten auch bei den Rauchern. Zigarettenrauch kann auch bei Nichtrauchern, die ihn einatmen, schwere Krankheiten verursachen.

Marktversagen

Wenn die Preise für ein Gut nicht den Regeln von Angebot und Nachfrage entsprechen, z.B. weil ein Teil der Kosten der Allgemeinheit aufgebürdet wird, spricht man von einem Marktversagen*. Um dem entgegenzuwirken, fordert der Staat technische Standards ein, z.B. Katalysatoren für Dieselmotoren, Lärmschutzvorschriften für Diskotheken und Rauchverbote in Gaststätten. Ebenso wichtig ist die Kostenübernahme nach dem Verursacherprinzip. So werden z.B. Kraftfahrzeuge, die viel CO_2 ausstoßen, höher besteuert als Fahrzeuge mit schadstoffarmen Motoren. Die LKW- und die PKW-Maut auf Autobahnen belastet vor allem die Vielfahrer. Auch die Tabaksteuer wurde in den letzten Jahren mehrfach angehoben.

Umweltfreundliche Erzeuger werden dagegen belohnt. Strom aus einer Solaranlage verursacht keine Abgase. Ohne staatliche Eingriffe, die den Schadstoffausstoß bei der Preisgestaltung berücksichtigen, wären Windkraft- oder Solaranlagen oft nicht konkurrenzfähig. Deshalb werden „erneuerbare Energien" mithilfe einer „Ökostromzulage" gefördert, die alle Stromverbraucher bezahlen müssen.

Nicht immer muss der Staat eingreifen. Unternehmen, die in Wirtschaftsverbänden organisiert sind, z.B. die Betreiber von Mobilfunkanlagen, vereinbaren häufig Selbstverpflichtungserklärungen* mit umweltpolitischen Zielen.

* **Marktversagen**
Der Markt versagt, wenn Preise nicht alle bei der Produktion anfallenden Kosten enthalten, weil z.B. Umweltbelastungen bei der Preisbildung nicht berücksichtigt werden. Ein anderer Fall von Marktversagen liegt vor, wenn es um öffentliche Güter geht. Niemand kann von ihrer Nutzung ausgeschlossen werden, für ihre Nutzung gibt es keinen Marktpreis. Schließlich liegt Marktversagen auch dann vor, wenn es nur einen oder nur wenige Anbieter oder Nachfrager (Monopol, Oligopol) für ein bestimmtes Gut gibt.

* **Selbstverpflichtung**
Dabei handelt es sich um eine einseitige, rechtlich unverbindliche Erklärung eines Unternehmens oder Wirtschaftsverbandes, innerhalb einer bestimmten Zeit ein bestimmtes umweltpolitisches Ziel erreichen zu wollen. Dieses kann sowohl die Reduktion von Schadstoffemissionen als auch die Verringerung des Ressourcenverbrauchs zum Inhalt haben.

M 3 Die Lkw-Maut verringert externe Kosten

Die Lkw-Maut wird auf 12 800 km Autobahnen und auf 2400 Kilometer Bundesstraßen erhoben. Die deutsche Firma Toll Collect hat dafür ein weltweit einmaliges System entwickelt, das die Gebühren vollautomatisch per Satellitenortung und Mobilfunk berechnet. Mehr als 820 000 Lkw ab 7,5 Tonnen besitzen dafür ein Gerät zur Mautabrechnung. Die Höhe der Gebühr hängt von der gefahrenen Strecke, der Achsenzahl und dem Schadstoffausstoß ab. Damit gibt es Anreize für Spediteure, die Umwelt weniger zu belasten.

Thomas Wüpper: Das komplexe Mautsystem, Stuttgarter Zeitung v. 5.1.2015, S. 9

M 4 Coffee to go produziert viel Müll

Coffee-to-go-Becher sind ein wahrer Fluch für die Umwelt. In Deutschland werden pro Jahr 2,8 Milliarden von ihnen verbraucht. Für ihre Herstellung sind 64 000 Tonnen Holz, 1,5 Milliarden Liter Wasser, 11 000 Tonnen Kunststoff und eine Energiemenge notwendig, mit der sich eine Kleinstadt ein Jahr lang versorgen ließe.
In Berlin fallen jährlich 170 Millionen Coffee-to-go-Becher an, die für 2400 Tonnen Abfall verantwortlich sind. Besonders ärgerlich sind die vielen achtlos weggeworfenen Becher, die die Umwelt vermüllen.

Pressemitteilung der Deutschen Umwelthilfe vom 2.9.2015

---

1. Vergleicht die Fahrtkosten einer Person von Stuttgart nach München mit der Bahn und mit dem VW Golf (M 2) unter Einbeziehung der externen PKW-Kosten. Autobahnentfernung und Bahnpreis findet ihr im Internet.
2. Beschreibt, welche externen Kosten durch die Lkw-Maut vermieden werden (M 3).
3. Diskutiert darüber, ob Fußballvereine die Kosten für den Polizeieinsatz bei Bundesliga-Spielen übernehmen sollen.
4. Nennt externe Kosten des Verbrauchs von Kaffeebechern (M 4). Macht Vorschläge, wie die dadurch entstehende Umweltbelastung verringert werden kann.

Rechtsgeschäfte im Alltag

M1 Vertragsabschluss zwischen Händler und Kundin

* **Willenserklärung**
Äußerung, die auf die Herbeiführung eines Rechtsgeschäfts gerichtet ist. Sie ist somit u. a. notwendiger Bestandteil eines jeden Vertrags.

Zustandekommen von Rechtsgeschäften

Wenn ihr in einem Online-Shop eine DVD bestellt und der Händler die Bestellung bestätigt, habt ihr auf diese Weise einen Kaufvertrag abgeschlossen. Mit der Bestellung habt ihr eine Willenserklärung* abgegeben mit dem Ziel, ein Rechtsgeschäft abzuschließen. Ihr müsst die Rechtsfolgen dafür tragen, nämlich die bestellte DVD abnehmen und bezahlen.

Ist für ein Rechtsgeschäft nur eine Willenserklärung notwendig, so handelt es sich um ein einseitiges Rechtsgeschäft. Eine solche Willenserklärung kann empfangsbedürftig sein. Empfangsbedürftig ist z. B. die Kündigung eines Arbeitsverhältnisses oder auch einer Mietwohnung. In diesen Fällen muss sichergestellt sein, dass die Kündigung dem Vertragspartner auch tatsächlich zugeht. Nicht empfangsbedürftig ist dagegen ein Testament. Es ist bereits mit der Erstellung gültig. Allerdings muss eine Erbschaft nicht angenommen werden, wenn z. B. zu befürchten ist, dass die Schulden des Erblassers höher sind als dessen Vermögen. Auch ein Geschenk müsst ihr nicht annehmen. Denn vielleicht seid ihr nicht damit einverstanden, wenn euch Oma ihre Nähmaschine schenken will.

M2 Arten von Rechtsgeschäften

Form von Rechtsgeschäften

Den Inhalt und die Form von Rechtsgeschäften können diejenigen, die Willenserklärungen abgeben, meist frei bestimmen. Wenn der Gesetzgeber keine bestimmte Form vorschreibt, spricht man von Formfreiheit. Solche Rechtsgeschäfte können sowohl mündlich als auch schriftlich, durch schlüssiges Handeln, wie mit einem Handzeichen, und sogar durch bloßes Schweigen abgeschlossen werden. Es gibt aber auch Rechtsgeschäfte, die eine zwingende Form vorschreiben. Werden diese Formvorschriften nicht eingehalten, ist das Rechtsgeschäft nichtig.

Formfreie Willenserklärungen können auf unterschiedliche Art erfolgen (s. **M 2**).

Vertragsarten

Formvorschriften gibt es für wichtige Verträge, damit im Streitfall eine Beweisgrundlage vorhanden ist. Ist die Schriftform vorgeschrieben – etwa beim Erwerb von Immobilien –, müssen diejenigen, die eine Willenserklärung abgeben, diese eigenhändig unterschreiben. Am strengsten sind die Regeln bei notariellen Beurkundungen. Dabei muss das ganze Schriftstück der Willenserklärung von einem Notar abgefasst und die Echtheit der Unterschriften bestätigt sein.

Bei zwei- oder mehrseitigen Rechtsgeschäften (Verträgen) entsteht das Rechtsgeschäft durch übereinstimmende Willenserklärungen aller Beteiligten. Im Alltag gibt es unterschiedliche Vertragsarten (s. **M 3**).

M 3 Verträge

- Beim Kaufvertrag verpflichtet sich der Verkäufer, dem Käufer eine Ware gegen Bezahlung zu überlassen.
- Durch einen Mietvertrag wird der Vermieter verpflichtet, dem Mieter während der Mietzeit den Gebrauch der Mietsache zu gestatten, der Mieter seinerseits hat dafür die vereinbarte Miete zu zahlen.
- Ein Pachtvertrag gewährt dem Pächter den Gebrauch der Sache, z. B. eines Grundstücks, und die Nutzung der daraus gewonnenen Erträge, z. B. der Apfelernte, während der Verpächter Anspruch auf Zahlung der vereinbarten Pacht hat.
- Bei der Leihe (dem Leihvertrag) gestattet der Verleiher einer Sache dem Entleiher den unentgeltlichen Gebrauch der Sache.
- Aufgrund eines Kredit- oder Darlehensvertrags stellt der Darlehensgeber dem Darlehensnehmer einen Geldbetrag zur Verfügung. Der Darlehensnehmer hat das Darlehen bei Fälligkeit zurückzuerstatten und die vereinbarten Zinsen zu zahlen.

Autorentext

---

1 Unterscheidet einseitige und mehrseitige Rechtsgeschäfte. Nennt jeweils Beispiele (Text, **M 2**, **M 3**).
2 Zeigt an einem Beispiel auf, wie durch schlüssiges Handeln ein Vertrag entstehen kann.
3 Gebt bei nachfolgenden Rechtsgeschäften an, ob es sich um einseitige oder mehrseitige Rechtsgeschäfte handelt.

- Kaufvertrag
- Schenkung
- Kündigung
- Mietvertrag
- Testament

4 Unterscheidet mit eigenen Worten unterschiedliche Vertragsarten (**M 3**).
5 Beurteilt den Grundsatz der Formfreiheit bei den meisten Rechtsgeschäften. Sucht Argumente dafür und dagegen.

Ein Mofa für Jana?

M1 Jana möchte ein Mofa kaufen

Die 16 Jahre alte Jana möchte ein gebrauchtes Mofa kaufen, ohne ihre Eltern zu fragen. Das Geld dafür hat sie gespart. Sie erzählt ihren Mitschülern davon. Die sind skeptisch: „Darfst du mit deinem Taschengeld machen, was du willst?" „Musst du wirklich nicht deine Eltern fragen?" „Welche Pflichten kommen denn auf dich zu?" Es gibt viele Fragen.

* **Rechtsfähigkeit**
  BGB § 1 Beginn der Rechtsfähigkeit. Die Rechtsfähigkeit des Menschen beginnt mit der Vollendung der Geburt.

* **Beschränkte Geschäftsfähigkeit Minderjähriger**
  BGB § 107 Einwilligung des gesetzlichen Vertreters. Der Minderjährige bedarf zu einer Willenserklärung, durch die er nicht lediglich einen rechtlichen Vorteil erlangt, der Einwilligung seines gesetzlichen Vertreters.
  BGB § 110 Bewirken der Leistung mit eigenen Mitteln. Ein von dem Minderjährigen ohne Zustimmung des gesetzlichen Vertreters geschlossener Vertrag gilt als von Anfang an wirksam, wenn der Minderjährige die vertragsmäßige Leistung mit Mitteln bewirkt, die ihm zu diesem Zweck oder zu freier Verfügung von dem Vertreter oder mit dessen Zustimmung überlassen worden sind.

* **Bürgerliches Gesetzbuch (BGB)**
  Es regelt die wichtigsten Rechtsbeziehungen zwischen Privatpersonen, z. B. das Vertrags-, das Familien- und das Erbrecht.

Geschäftsfähigkeit und Lebensalter

Solange ihr noch nicht volljährig seid, seid ihr zwar rechtsfähig*, dürft also z.B. eine Erbschaft bekommen, eure Geschäftsfähigkeit ist aber beschränkt*. Rechtsgeschäfte von euch können entweder durch vorherige Zustimmung oder durch nachträgliche Genehmigung eurer Eltern Wirksamkeit erlangen. Bis dahin sind sie „schwebend unwirksam".

Mit Geld, das euch zur freien Verfügung gestellt wurde, dürft ihr Rechtsgeschäfte wie den Kauf von Kleidung, Lebensmitteln oder auch Handykarten durchführen, ohne eure Eltern zu fragen. Eure Eltern können euch aber sagen, wofür ihr das Geld nicht ausgeben dürft.

Schulden dürft ihr nicht machen, auch nicht mit Zustimmung eurer Eltern. Ihr dürft euer Girokonto nicht überziehen und auch keinen Handyvertrag unterschreiben, bei dem erst nach dem Telefonieren Zahlungen fällig werden.

Wenn ihr ein Geschenk bekommt, mit dem keine Verpflichtung verbunden ist, dürfen euch eure Eltern die Annahme nicht verbieten. Wenn euch eure Tante 100 Euro schenkt, dürft ihr das Geld annehmen. Aber wenn euch die Tante einen Hund (oder auch ein Mofa) schenkt, können das eure Eltern ablehnen, weil dann Verpflichtungen und Kosten auf euch zukommen.

Warum ist das so? Der Gesetzgeber hat festgelegt, dass Jugendliche vor der Vollendung des 18. Lebensjahres, also vor ihrem 18. Geburtstag, nicht voll geschäftsfähig sind, weil sie oft noch nicht in der Lage sind, die Folgen ihres Handelns in vollem Umfang zu übersehen. Die Geschäftsfähigkeit ist im Bürgerlichen Gesetzbuch* (BGB) geregelt, die beschränkte Geschäftsfähigkeit in den Paragrafen 106 ff.

M2 Lebensalter und Geschäftsfähigkeit

M 3 Mofa mit 15

Wenn ihr mit 15 ein Mofa kauft, habt ihr ein eigenes Kraftfahrzeug. Manche nehmen aber ihre Verantwortung nicht wahr und geraten in Konflikt mit Gesetzen. Ihr müsst einen Helm tragen, sonst riskiert ihr ein Bußgeld. Auch dürft ihr keine „Fahrgäste" mitnehmen. Voraussetzung für das Mofa-Fahren ist eine Mofa-Prüfbescheinigung. Die Ausbildung dazu müsst ihr in einer Fahrschule machen. Wenn ihr ein Mofa kaufen möchtet, braucht ihr die Zustimmung eurer Eltern. Da von jedem Kraftfahrzeug, auch von einem Mofa, eine Gefährdung ausgeht, braucht ihr verpflichtend eine Haftpflichtversicherung. Als Nachweis für diese Versicherung braucht ihr jedes Jahr ein neues Versicherungskennzeichen. Ohne ein solches macht ihr euch strafbar. Den Versicherungsvertrag müssen eure Eltern unterschreiben. Dadurch wird der Elternteil, der den Kauf- und Versicherungsvertrags unterschrieben hat, zum Halter des Fahrzeugs. Was bedeutet das? Ein Mofa darf auf gerader Strecke 25 km/h fahren. Schafft es wesentlich mehr, macht sich der Halter strafbar, selbst wenn ihr gar nicht so schnell gefahren seid. Auch für den verkehrssicheren Zustand, z. B. für korrekte Beleuchtung, ist der Halter verantwortlich.

Autorentext

M 4 Tattoos und Piercings

Mit dem Stechen einer Tätowierung oder dem Setzen eines Piercings sind für Jugendliche nahezu unüberwindliche rechtliche Hürden verbunden. Die Probleme drehen sich rund um die Frage: „Kann ein Minderjähriger wirksam einen Vertrag abschließen?" Ab sieben Jahren sind Kinder und Jugendliche „beschränkt geschäftsfähig" und bis zur Volljährigkeit grundsätzlich nicht in der Lage, ohne die vorherige Zustimmung der Eltern einen wirksamen Vertrag (mit dem Tattoo-Studio um die Ecke) abzuschließen. Auch § 110 BGB hilft hier nicht weiter. [...]
Selbstverständlich haben es die Eltern in der Hand, das Taschengeld unter der deutlichen Voraussetzung zu gewähren, dass es nicht für Tattoo oder Piercing ausgegeben wird. Der noch nicht Achtzehnjährige ist ohne Einwilligung seiner Erziehungsberechtigten rechtlich nicht in der Lage, wirksam einen Vertrag mit einem Tattoo-Studio abzuschließen. Versucht er es trotzdem, kann er nach Durchführung der Maßnahme sein Geld vom Tätowierer bzw. Piercing-Stecher zurückverlangen und sogar Strafanzeige wegen Körperverletzung stellen.

www.kinderrecht-ratgeber.de (Zugriff: 8.2.2016)

1. Der 16-jährige Ahmet kauft sich von seinem zur freien Verfügung stehenden Geld Lautsprecherboxen für sein Smartphone für 140 Euro. Sein Vater hält die Anschaffung für viel zu teuer und fürchtet außerdem Lärm in der Wohnung. Er will die Boxen an den Händler zurückgeben. Entnimm dem Gesetzestext, ob der Händler die Lautsprecherboxen zurücknehmen muss (§ 110 BGB).
2. Ahmet bekommt von seinem Onkel 50,- EUR geschenkt. Da sein Vater mit diesem Onkel Streit hat, veranlasst er Ahmet, das Geld zurückzugeben. Stellt fest, ob dieser das Geld gemäß § 107 BGB zurückgeben muss.
3. Nennt wesentliche Kosten, die vor und nach dem Kauf eines Mofas für Jana (**M 1**) entstehen (**M 3**). Auch Janas Eltern sind mit dem Kauf nicht einverstanden. Sie halten das Mofa-Fahren für zu gefährlich. Beurteilt die Rechtslage.
4. Wertet den Text **M 4** aus. Nennt Gründe, warum verantwortungsvolle Betreiber von „Tattoo-Studios" minderjährige Kunden ablehnen.

Kaufverträge – wir schließen sie fast jeden Tag ab

ADAC Test: 12 Fahrradhelme für Erwachsene

Auch wenn keine Fahrradhelm-Pflicht besteht: Behütet fährt sich's in jedem Fall sicherer. Doch nicht jeder Helm schützt gleich gut oder lässt sich angenehm handhaben. Auffällig: Hartschalenhelme schneiden im ADAC Test schlechter ab als „Microshell"-Modelle, bei denen die innere, weichere Schale in die flexible Außenhaut eingeschäumt ist. Der Preis ist nicht entscheidend. Der Testsieger kostet ca. 70 €.

Modell Bauart	Gewichtung	KED Certus K-Star Microshell	Abus Urban I V.2 Signal/Microshell	Giro Aspect Microshell	Alpina E-Helm Deluxe/Microshell	Cratoni C-Loom Microshell	Abus Pedelec Microshell
Einkaufspreis (ø) in €		70	75	170	125	90	90
Unfallschutz	50 %	1,7	1,8	1,4	2,1	2,0	2,2
Komfort & Handhabung	40 %	1,6	1,9	2,0	1,9	2,2	2,2
Erkennbarkeit	10 %	1,7	1,9	4,5	2,3	4,1	3,2
ADAC Urteil/Note	100 %	1,7	1,8	2,0	2,0	2,3	2,3
Beurteilung		+ Beste Reflexions- und Trageeigenschaften. Sehr guter Insektenschutz. − 20 % schwerer als angegeben.	+ Gut bei Unfallschutz, Belüftung, Trageeigenschaften, Erkennbarkeit. Geringes Gewicht.	+ Bester bei Unfallschutz. Leichtester Helm im Vergleich. − Kein Insektenschutz. Mäßige Erkennbarkeit.	+ Gut bei Unfallschutz und Trageeigenschaften. Sehr gute Belüftung. − Nur befriedigender Insektenschutz.	+ Gut bei Unfallschutz und Trageeigenschaften. − Keine Reflektoren. Belüftung nur befriedigend.	+ Gut bei Unfallschutz. Integrierte Regenhaube. − Mäßige Reflexion.

ADAC-Motorwelt 5/2015, S. 36

M1 ADAC-Test von Fahrradhelmen

Angebot und Bestellung

Wie ihr aus dem ADAC-Test (**M1**) erseht, ist der teuerste Fahrradhelm keineswegs der beste. Vor dem Kauf eines Produktes, bei dem es um eure eigene Sicherheit geht, solltet ihr euch gründlich informieren, z.B. in Fachzeitschriften oder in Veröffentlichungen der Stiftung Warentest. In dem ADAC-Test sind Durchschnittspreise angegeben. Wo ist der Fahrradhelm, den ihr ausgesucht habt, am preiswertesten? Vielleicht in einem Online-Shop? Aber dort könnt ihr ihn nicht ausprobieren und euch nicht beim Einstellen der Gurte helfen lassen. Die beste Beratung bekommt ihr wahrscheinlich in einem Fahrradgeschäft. Rein rechtlich gesehen schließt ihr dort einen Kaufvertrag ab. Der Vertrag besteht aus zwei übereinstimmenden Willenserklärungen, durch die sich der Verkäufer und ihr als Käufer vertraglich binden. Bei größeren Käufen, z.B. bei einem Kraftfahrzeug, wird meist ein schriftlicher Vertrag abgeschlossen, bei dem Vertragsinhalte wie Art, Menge und Qualität der Ware, Kaufpreis, Liefertermin und die Zahlungsbedingungen genau festgelegt sind.

Grundsätzlich kann entweder der Verkäufer oder der Käufer die erste Willenserklärung abgeben (s. **M2**).

Es gibt also zwei Möglichkeiten:

1. Ihr ruft bei einem Fahrradhändler an und sagt, ihr möchtet bei ihm den am besten bewerteten Fahrradhelm bestellen und später abholen. Der Händler (Verkäufer) ist einverstanden. Das bedeutet, dass ihr als Kunden (Käufer) ein Kaufangebot macht, der Verkäufer das Angebot annimmt. Die Annahme des Angebots

M2 Möglichkeiten des Zustandekommens eines Kaufvertrags

wird in diesem Fall auch als Bestellbestätigung bezeichnet.

2. Ihr könnt aber auch anders vorgehen: Ihr sucht euch aus dem Testergebnis einen geeigneten Fahrradhelm aus und ruft dann bei verschiedenen Händlern an, um nach dem Preis zu fragen. Nach eurer Anfrage macht euch der Händler ein Angebot, das ihr annehmen oder ablehnen könnt. In diesem Fall kommt also vom Verkäufer das Angebot, von euch als Kunden die Bestellung. Angebote sind auch bei anderen Vertragsarten üblich. Wenn eure Eltern eure Wohnung renovieren lassen wollen, bitten sie einen oder mehrere Handwerksmeister, ihnen ein Angebot zu unterbreiten.

Erfüllung des Vertrags

Die aus einem Kaufvertrag entstehenden Pflichten* sind in § 433 des Bürgerlichen Gesetzbuchs (BGB) geregelt. Der Verkäufer hat die Pflicht, die Ware zum vereinbarten Zeitpunkt einwandfrei, also ohne Mängel zu liefern. Der Käufer muss die Ware fristgerecht bezahlen.

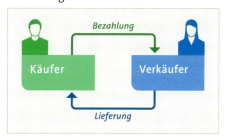

M 3 Erfüllung des Kaufvertrags

Mangelhafte Lieferung

Was ist aber, wenn ihr einige Monate nach dem Kauf des Fahrradhelms feststellt, dass die Lackierung des Helms abblättert? Das müsst ihr nicht hinnehmen. Der Kaufvertrag verpflichtet den Verkäufer, dem Käufer eine Ware zu übergeben, die frei von Sachmängeln ist. Tut er es nicht, hat er nicht ordnungsgemäß geliefert. Es liegt dann eine mangelhafte Lieferung vor. Wie geht ihr dann vor (s. **M 4**)?

M 4 Nacherfüllung

Ein Händler muss für jedes neue Produkt, das gekauft wird, während einer Gewährleistungsfrist* von zwei Jahren für Fehlerfreiheit einstehen. Das bezieht sich auf Fehler, die beim Kauf vorhanden waren, jedoch nicht auf Fehler, die durch normalen Verschleiß entstehen. So ist eine abgelaufene Schuhsohle ein Jahr nach dem Kauf der Schuhe sicher kein Grund für Reklamationen. Als Kunde hat man einen Anspruch auf die sog. Nacherfüllung. Das bedeutet, dass der Käufer das Wahlrecht hat zwischen einer Reparatur und einer Ersatzlieferung der fehlerfreien Ware. Trotzdem kann der Händler bei einem mangelhaften DVD-Spieler oder einem kaputten Mofa erst einmal auf einer Reparatur bestehen. Bei billigen Produkten allerdings ist die Reparatur in der Regel nicht sinnvoll. Wenn der Fehler in den ersten sechs Monaten nach dem Kauf auftritt, geht der Gesetzgeber davon aus, dass der Mangel schon beim Kauf vorhanden war. Dann muss der Händler, wenn er das bezweifelt, den Beweis liefern, dass er ein einwandfreies Produkt geliefert hat. Bei Fragen zum eigenen Käuferrecht kann man auch die Verbraucherzentrale um Rat fragen. Wichtig ist es auch, die Kassenbons lange genug – also mindestens zwei Jahre – aufzubewahren. So kann man beweisen, wann man was und wo gekauft hat.

Autorentext

* **Pflichten aus einem Kaufvertrag**
BGB § 433 Vertragstypische Pflichten beim Kaufvertrag. (1) Durch den Kaufvertrag wird der Verkäufer einer Sache verpflichtet, dem Käufer die Sache zu übergeben und das Eigentum an der Sache zu verschaffen. Der Verkäufer hat dem Käufer die Sache frei von Sachmängeln [...] zu verschaffen.
(2) Der Käufer ist verpflichtet, dem Verkäufer den vereinbarten Kaufpreis zu zahlen und die gekaufte Sache abzunehmen.

* **Gewährleistungsfrist**
Wenn der Käufer einer Ware eine Privatperson ist und der Verkäufer ein Unternehmer, beträgt die Gewährleistungspflicht zwei Jahre. Nach einer Frist von mehr als sechs Monaten muss der Käufer glaubhaft machen, dass der Mangel bei der Übergabe des Kaufgegenstandes schon vorhanden war.

---

1 Fasst zusammen, welche Pflichten dem Verkäufer und dem Käufer jeweils aus dem Abschluss eines Kaufvertrags entstehen (§ 433 BGB, **M 3**).

2 Beschreibt in eigenen Worten die beiden Möglichkeiten des Zustandekommens eines Kaufvertrags (**M 2**).

3 Erklärt, wie ihr vorgeht, wenn ein von euch gekauftes Produkt Mängel aufweist (**M 4**).

Verbraucher haben Rechte, auch bei Online-Käufen

M 1 Elena bestellt einen Jogginganzug – online

Elena, 16 Jahre alt, möchte mit ihrem Taschengeld einen schicken Jogginganzug kaufen. Fotos eines Versandhändlers zeigen preiswert erscheinende Angebote. Sie entscheidet sich für die Farbe lila und bestellt den Anzug in ihrer Größe. Sie weiß, dass Jugendliche auch Online-Käufe vornehmen dürfen, solange es sich um Alltagsgeschäfte handelt, die mit eigenen Mitteln bewirkt werden können. Ratenzahlungsgeschäfte dürfen mit Jugendlichen nicht abgeschlossen werden. Aber das hat Elena auch nicht vor. Es gibt aber Händler, die grundsätzlich keine Internetverträge mit Jugendlichen abschließen. Das Risiko ist ihnen zu groß. Das von Elena ausgewählte Versandhaus ist bereit, Elena zu beliefern.
Da sie ein Girokonto besitzt, kann sie den Rechnungsbetrag überweisen.
Als das Paket eintrifft, stellt sie fest, dass die Farbe des Jogginganzugs eher rosa wirkt und dass auch die Verarbeitung zu wünschen übrig lässt. Sie entschließt sich sofort, das Kleidungsstück zurückzuschicken. Dabei muss sie einiges beachten.

Grenzen der Vertragsfreiheit

Unternehmer dürfen nicht tun und lassen, was sie wollen. Gesetzliche Regelungen, die das Europäische Parlament oder der Deutsche Bundestag beschlossen haben, schränken ihre Handlungsmöglichkeiten ein. Verbraucher werden davor geschützt, übervorteilt zu werden.

Kauf im Internet

Habt ihr schon einmal, ähnlich wie Elena, eine Ware online bestellt? Dann habt ihr einen Kaufvertrag abgeschlossen (s. S. 38/39), einen sogenannten Fernabsatzvertrag. Fernabsatzverträge werden ausschließlich über sogenannte Fernkommunikationsmittel, also über Briefe, Telefonanrufe, Faxe, das Internet oder über Bestellungen nach Katalogen abgeschlossen. Den Internethandel bezeichnet man auch als E-Commerce. Kennzeichnend ist dabei, dass sich Unternehmer und Verbraucher bei der Anbahnung der Verträge und beim Vertragsabschluss nicht begegnen.
Ihr habt also keine Möglichkeit, die Ware vor Vertragsabschluss zu sehen und zu prüfen. Kaufentscheidungen trefft ihr lediglich auf der Grundlage von Informationen, die euch von einem Anbieter zur Verfügung gestellt werden. Häufig verlangen Händler die Überweisung des Rechnungsbetrags, noch bevor die Lieferung erfolgt ist. Das kann gefährlich sein, es gibt auch unseriöse Anbieter. Der gesetzliche Verbraucherschutz erlegt den Herstellern oder Händlern tiefgreifende Informationspflichten auf, z. B. über die Person, die Anschrift und die Telefonverbindung des Unternehmers, die Qualität der angebotenen Ware, den Kundendienst, die Höhe der Versandkosten und das Widerrufsrecht.

Widerrufsrecht

Bei Fernabsatzgeschäften steht euch ein 14-tägiges Widerrufsrecht* zu, nicht aber z. B. bei verderblichen Waren. Dies bedeutet, dass ihr euch innerhalb dieser Frist ohne Angabe von Gründen wieder vom Vertrag lösen könnt. Die Widerrufsfrist beginnt am Tag, nachdem ihr die bestellten Waren vollständig erhalten habt. Wollt ihr die Ware nicht behalten, müsst ihr den Widerruf gegenüber dem Händler in eindeutiger Weise erklären. Dies kann per E-Mail, Brief oder Fax geschehen. Online-Händler sind verpflichtet, euch einen Vordruck für eine Widerrufserklärung zu-

---

* BGB § 355 Widerrufsrecht bei Verbraucherverträgen
(1) Wird einem Verbraucher durch Gesetz ein Widerrufsrecht [...] eingeräumt, so sind der Verbraucher und der Unternehmer an ihre auf den Abschluss des Vertrags gerichteten Willenserklärungen nicht mehr gebunden, wenn der Verbraucher seine Willenserklärung fristgerecht widerrufen hat. [...]
(2) Die Widerrufsfrist beträgt 14 Tage. Sie beginnt mit Vertragsschluss. [...]

BGB § 357 Rechtsfolgen des Widerrufs [...]
(6) Der Verbraucher trägt die unmittelbaren Kosten der Rücksendung der Waren, wenn der Unternehmer den Verbraucher [...] von dieser Pflicht unterrichtet hat. Satz 1 gilt nicht, wenn der Unternehmer sich bereit erklärt hat, diese Kosten zu tragen. [...]

kommen zu lassen. Meist geschieht das online. Die kommentarlose Rücksendung des Warenpakets ohne diese Erklärung gilt nicht als wirksamer Widerruf.

Nach erfolgtem Widerruf müsst ihr die Ware innerhalb von 14 Tagen wieder in Richtung Händler auf den Weg bringen. Bei versiegelten CDs, DVDs oder Ähnlichem ist Voraussetzung, dass das Siegel nicht entfernt wurde. Der Verkäufer ist verpflichtet, das Geld innerhalb von zwei Wochen nach Erhalt der Widerrufserklärung zurückzuzahlen.

Der Händler muss euch nicht nur den Kaufpreis zurückerstatten, sondern auch seine Versandkosten, die ihr bezahlt habt. Im Gegenzug müsst ihr die Kosten für die Rücksendung der Waren tragen, es sei denn, der Händler hat sich bereit erklärt, diese zu übernehmen. Gewährt der Händler ausdrücklich ein „Rückgaberecht", so bedeutet dies, dass er immer die Rücksendekosten übernimmt.

Wie verhält es sich bei eBay?

Wenn ihr bei eBay mitbieten wollt, müsst ihr 18 Jahre alt sein. Andernfalls müssen euch eure Eltern mit ihrem Account helfen. Bietet eine Privatperson bei einem Online-Auktionshaus eine Ware an, kommen die Regelungen über Fernabsatzverträge nicht zur Anwendung. Allerdings muss in einem solchen Fall der Anbieter eines gebrauchten Gegenstands ausdrücklich darauf hinweisen, dass es sich um einen Privatverkauf handelt und deshalb kein Widerrufsrecht (und wie bei privaten Kaufverträgen auch kein Gewährleistungsanspruch) besteht. Wenn der Anbieter bei Internetauktionen ein gewerblicher Händler ist, liegt auch bei Online-Auktionshäusern ein Fernabsatzvertrag vor. Da bei Versteigerungen aber der Kunde nicht vor Vertragsschluss in Textform über sein Widerrufsrecht belehrt werden kann, wird die Widerrufsfrist auf vier Wochen verlängert.

M2 Muster-Widerrufserklärung

1. An
....
(Name, Anschrift, ggf. Telefaxnummer oder E-Mailadresse des Unternehmers)

2. Hiermit widerrufe(n) ich/wir den von mir/uns abgeschlossenen Vertrag über den Kauf der folgenden Waren:
....
(Name der Ware, ggf. Bestellnummer und Preis)

3. Bestellt am: .... 4. Erhalten am: ....
   (Datum)   *(Datum)*

5. Name und Anschrift des Verbrauchers:
....
....

6. Datum   7. Unterschrift
....
                                                     (nur bei schriftlichem Widerruf)

1 Nennt einige „Fernkommunikationsmittel".
2 Erklärt, wie Elena vorgehen muss, um den Jogginganzug zurückzugeben (**M1**).
3 Nehmen wir an, ihr kauft ein Smartphone bei einem Versandhändler. Nachdem ihr das Geld überwiesen habt und der Postbote das Handy gebracht hat, stellt ihr fest, dass dasselbe Handy in einem Elektromarkt in eurer Nähe deutlich billiger ist. Beschreibt, wie ihr euch verhalten könnt (Text, Randspalte, **M2**).
4 Stellt mithilfe von § 357 des Bürgerlichen Gesetzbuchs fest, in welchem Fall ein Verbraucher die Kosten der Rücksendung tragen muss.

Sich informieren und beraten lassen

M 1 Test von Smartphones (Ausschnitt) durch die Stiftung Warentest *

test Neue Smartphones	Gewichtung	Apple iPhone 6s Plus 16GB	Samsung Galaxy S6 Edge+ 32GB (SM-G928F)	Apple iPhone 6s 16GB	Samsung Galaxy S5 Neo (SM-903F)	Sony Xperia Z5	Sony Xperia Z5 Compact	Sony Xperia Z3+	HTC One M8s	LG G4 c[3]
Preisspanne ca. (Euro)		830 bis 865	755 bis 900	710 bis 770	350 bis 415	645 bis 730	515 bis 585	480 bis 640	350 bis 435	179 bis 220
Mittlerer Preis ca. (Euro)		845	790	730	370	670	530	540	380	191
test-QUALITÄTSURTEIL	100%	GUT (1,9)	GUT (2,0)	GUT (2,1)	GUT (2,1)	GUT (2,1)	GUT (2,1)	GUT (2,2)	GUT (2,3)	GUT (2,3)
	Samsung Galaxy J5 (SM-J500F)	Huawei P8	Microsoft Lumia 640 XL LTE Dual Sim	Motorola Moto G (3. Gen.) 8GB	OnePlus 2 64GB[5]	Sony Xperia M4 Aqua[3]	LG Magna	Huawei P8 Lite	Samsung Galaxy J1 (SM-J100H)	Samsung Galaxy XCover 3 (SM-G388F)	Microsoft Lumia 435	Medion Life X6001 (MD 98976)
	190 bis 220	400 bis 465	234 bis 249	199 bis 230		221 bis 267	159 bis 179	222 bis 250	94 bis 119	182 bis 222	80 bis 99	
	201	420	237	203	400[6]	241	167	234	100	193	84	350
	GUT (2,3)	GUT (2,4)	GUT (2,4)	GUT (2,4)	GUT (2,4)	GUT (2,4)	GUT (2,5)	BEFRIEDIGEND (2,6)	BEFRIEDIGEND (2,7)	BEFRIEDIGEND (2,7)	BEFRIEDIGEND (3,3)	AUSREICHEND (3,7)

Aus: Test 1/2016, S. 44f.

* **Stiftung Warentest**
Sie wurde 1954 auf Beschluss des Deutschen Bundestags gegründet, um dem Verbraucher durch die vergleichenden Tests von Waren und Dienstleistungen eine unabhängige Unterstützung zu bieten. Die Stiftung gibt u. a. die Zeitschriften „test" und „Finanztest" heraus.

M 2 Lucas sucht nach einem preiswerten Handy

Lucas ist unsicher. Er will ein neues Smartphone kaufen. Einige seiner Freunde besitzen Handys für mehr als 300 Euro. So viel Geld will er nicht ausgeben. Er informiert sich und bekommt dabei einen Einblick in die Preisgestaltung der Anbieter, aber auch einen Überblick über die Souveränität der Verbraucher bei Kaufentscheidungen.

Preispolitik

Die Höhe des Preises ist für die meisten Kunden, so wie für Lucas, die wichtigste Grundlage ihrer Kaufentscheidung. Bei einem hohen Preis können Anbieter ihre Gewinne erhöhen. Sie verlieren aber Marktanteile, weil die Kunden bei der Konkurrenz billiger einkaufen. Nur wenn ein Hersteller als Alleinanbieter (Monopolist) am Markt auftritt, kann er den Preis selbst bestimmen. Das von dem amerikanischen Unternehmen Apple 2007 eingeführte iPhone hatte zunächst keine Konkurrenz, Apple war Monopolist. Das Unternehmen konnte deshalb hohe Preise verlangen. Ein Jahr später kamen auch die fernöstlichen Handyhersteller Samsung und LG mit Touchscreen-Telefonen auf den Markt. Aufgrund des gestiegenen Wettbewerbs sanken von nun an die Preise.

Stehen mehrere Anbieter im Wettbewerb, sind die Käufer in der vorteilhaften Lage, aus einem großen Angebot auswählen zu können.

Konsumfreiheit

Wenn ihr in euren Kleiderschrank schaut, gibt es vermutlich manches Kleidungsstück, das euch nicht mehr gefällt. Es entsprach im letzten Jahr noch dem Modetrend, jetzt ist es „out". Das ärgert euch, schließlich habt ihr euer Taschengeld für den damaligen Kauf ausgegeben. Aber viel schlimmer ist es für die Hersteller der Textilien und für die Händler, die jetzt auf ihren nicht mehr modischen Vorräten sitzen bleiben. Hersteller müssen nach Art, Umfang und Qualität immer diejenigen Konsumgüter produzieren, die die Verbraucher wünschen. Diese stark erscheinende Stellung der Verbraucher gegenüber den Herstellern und Händlern be-

zeichnet man als Konsumfreiheit oder auch Konsumentensouveränität *.
Die Anbieter erforschen die Bedürfnisse der Verbraucher und setzen Instrumente der Werbung ein, um sie zu beeinflussen. Für Smartphones werden ständig neue Funktionen angeboten, die größtenteils überflüssig sind.
Vielfalt und rascher Wandel des Angebots erschweren die Marktübersicht der Verbraucher, die nicht nur über Qualität und Preis, sondern auch über die Nachhaltigkeit der Produkte informiert werden wollen.

Verbraucherpolitik

Staatliche Einrichtungen und unabhängige Verbraucherverbände bemühen sich, die Konsumentensouveränität zu stärken. Verbraucherzentralen, örtliche Mietervereine und die Stiftung Warentest helfen bei der Verbraucherberatung. Der Konsument soll geschützt und die Durchsetzung seiner Interessen erleichtert werden. Die Instrumente der Verbraucherpolitik umfassen dabei sowohl die Wettbewerbspolitik als auch Maßnahmen des Verbraucherschutzes und insbesondere der Aufklärung.

* **Konsumfreiheit (Konsumentensouveränität)**
Möglichkeit der Verbraucher (Konsumenten), ausschließlich an ihren persönlichen Vorstellungen und Wünschen ausgerichtete Kaufentscheidungen zu treffen. Die freien Kaufentscheidungen der Konsumenten wirken sich dabei auch auf die in einer Volkswirtschaft hergestellte Menge und die Art der Güter aus, da die Unternehmen gezwungen sind, solche Erzeugnisse ausreichend zu produzieren, die von den Verbrauchern auch gekauft werden.

M 3 Instrumente der Verbraucherpolitik

- Wettbewerbspolitik: Der Staat unterstützt Unternehmensgründungen, damit möglichst viele Anbieter miteinander konkurrieren. Wettbewerb zwingt die Anbieter, ihre Leistungen ständig zu verbessern und Neuheiten auf den Markt zu bringen. Es kann aber auch zu übersteigertem, unerwünschtem Wettbewerb kommen, wenn z. B. große Ladenketten den Einzelhandel verdrängen. Um die marktbeherrschende Stellung einzelner Unternehmen zu verhindern, kann das Bundeskartellamt Unternehmenszusammenschlüsse verbieten. Preisabsprachen sind grundsätzlich verboten.
- Verbraucherschutz: Dazu zählen der Schutz der Gesundheit und Sicherheit der Verbraucher ebenso wie gesetzliche Verbraucherrechte z. B. bei mangelhafter Lieferung (vgl. S. 39) gegenüber den Anbietern. Staatliche Stellen kontrollieren in regelmäßigen Abständen die in den Geschäften angebotenen Lebensmittel und überprüfen die Sauberkeit von Gaststätten und Lebensmittelbetrieben.
- Verbraucherinformation und -beratung bieten dem Verbraucher möglichst aktuelle Informationen über Preise und Qualität von Produkten an und helfen ihm dabei, seine Interessen gegenüber den Anbietern durchzusetzen. Die dafür zuständigen Verbraucherzentralen haben ein umfangreiches Netz von Beratungsstellen eingerichtet. Unterstützt wird ihre Arbeit durch die vergleichenden Produktbeurteilungen der Stiftung Warentest sowie durch besondere Kennzeichnungen von Waren (z. B. Umweltzeichen). Das Internet verbessert die Informationsmöglichkeiten und ermöglicht Preisvergleiche.

Autorentext

1 Zählt auf, mit welchen gesetzlichen Maßnahmen Verbraucher geschützt werden können (M 3).
2 Formuliert eine Antwort, wenn dir ein Klassenkamerad erzählt, er wolle sich das neueste Handy, Tablet oder das neueste Modell einer Digitalkamera anschaffen (M 1).
3 Smartphones werden euch oft für einen Euro angeboten, wenn eure Eltern einen Vertrag abschließen. Rechnet alle Kosten eines solchen Angebots während der gesamten Vertragslaufzeit zusammen. Präsentiert das Ergebnis vor der Klasse.
4 Erklärt die Redensart „Der Kunde ist König." unter Verwendung des Begriffs „Konsumentensouveränität" und findet ein geeignetes Beispiel.

Warenkennzeichnungen helfen Verbrauchern

M 1 Vor dem Lebensmittelregal

Daniel steht im Supermarkt vor den Lebensmittelregalen. Die Auswahl ist groß. Daniel weiß natürlich, dass in Augenhöhe oft die teuersten Produkte stehen, preisgünstige Angebote im unteren Bereich. Nicht jeder macht sich die Mühe, sich zu bücken und unten nachzusehen. Aber wie ist es mit der Qualität der Produkte? Daniel möchte nicht „irgendetwas" kaufen. Er würde zum Beispiel niemals ein Elektrogerät ohne GS-Zeichen erwerben. Aber wie ist es bei Lebensmitteln? Diese sollten möglichst wenige Zusätze und schon gar keine „Geschmacksverstärker" enthalten. Daniel will sich über die Ware informieren, bevor er eine Kaufentscheidung trifft. Dabei helfen ihm die gesetzlichen und die freiwilligen Warenkennzeichnungen, die es für eine Vielzahl von Erzeugnissen gibt. Er vergleicht die Angaben auf den Verpackungen und entscheidet sich dann erst für ein Produkt.

Gesetzliche Vorschriften

Preisangabenverordnung (PangV): Sie verpflichtet die Verkäufer zur Preisauszeichnung. Jede Ware, die innerhalb oder außerhalb eines Verkaufsraums ausgestellt und angeboten wird, muss deutlich mit einem Preis gekennzeichnet sein. Die Preise sind als Endpreise (einschließlich Mehrwertsteuer) anzugeben. Besonders strenge Vorschriften gelten beim Onlinehandel (s. S. 40 f.).

Lebensmittelkennzeichnung: Dafür gibt es strenge Vorschriften. Auf Lebensmittelverpackungen müssen der Name und die Anschrift des Herstellers, das Verzeichnis der Zutaten sowie Zusatzstoffe und ihre Gewichtsanteile, das Haltbarkeitsdatum, das Gewicht oder Volumen und gegebenenfalls der Alkoholgehalt angegeben werden. Zusatzstoffe werden Lebensmitteln zugefügt, um ihre Eigenschaften zu ändern. Dazu zählen Konservierungsstoffe und Geschmacksverstärker. Diese müssen angegeben werden und mit E-Nummern gekennzeichnet sein, z. B. „Geschmacksverstärker E 621". Zusatzstoffe dürfen nur verwendet werden, wenn sie als gesundheitlich unbedenklich zugelassen sind. Trotzdem sind viele Verbraucher misstrauisch und verzichten auf entsprechende Produkte.

Nährwertkennzeichnung: Hersteller müssen Angaben zum Energiegehalt und zu bestimmten Nährstoffen wie z. B. Fett, Zucker je 100 g eines Produkts in Form einer Nährwerttabelle gut sichtbar auf der Verpackung (in der Regel auf der Rückseite) angeben (s. **M 4**).

Freiwillige Kennzeichnung

Um den Verbrauchern Kaufentscheidungen zu erleichtern, verwenden viele Hersteller neben der gesetzlich vorgeschriebenen Warenkennzeichnung weitere Symbole (Labels) auf meist freiwilliger Basis. Diese werben für die Qualität des Produkts.

Ein Beispiel hierfür ist das CE-Label. CE bedeutet „Communauté Européennes" (Europäische Gemeinschaft). Mit der CE-Kennzeichnung gibt der Hersteller eines Produkts an, dass dieses die grundlegenden Sicherheits- und Gesundheitsanforderungen aller einschlägigen EU-Richtlinien erfüllt. Für Spielzeug ist sie zwingend vorgeschrieben.

Allerdings werden die Anforderungen nur erfüllt, wenn das Produkt von einer unabhängigen Institution geprüft wurde und das CE-Kennzeichen mit einer zusätzlich angebrachten Kennnummer kombiniert ist.

Das GS-Zeichen („Geprüfte Sicherheit") ist ein deutsches Qualitätszeichen für technische Geräte. Es wird auf Antrag des Herstellers gewährt, wenn dem Produkt von einer unabhängigen, amtlich zugelassenen Zertifizierungsstelle bescheinigt wird, dass es grundlegende Sicherheits- und Gesundheitsanforderungen erfüllt. Es bietet eine höhere Sicherheit als das CE-Zeichen, weil es nur nach vorheriger Prüfung vergeben wird und regelmäßige Kontrollen durch unabhängige Institute sichergestellt sind.

Das VDE-Zeichen wird vom „Verband der Elektrotechnik, Elektronik und Informationstechnik e.V." (VDE) für geprüfte elektrotechnische Produkte, also auch Elektrospielzeug, vergeben. Es steht vor allem für die elektrische Sicherheit des Produkts bei sachgemäßem Gebrauch.

Der Blaue Engel kennzeichnet besonders umwelt- und gesundheitsschonende Produkte und Dienstleistungen. Die Kriterien berücksichtigen stets den gesamten Lebensweg und alle relevanten Umweltaspekte eines Produkts. Der Kriterienschwerpunkt geht aus dem jeweiligen Zusatz auf dem Siegel hervor. Zu den Kriterien gehören zum Beispiel die Energieeinsparung, geringe oder keine Schadstoffbelastung oder geringe elektromagnetische Strahlenbelastung.

M2 Der „Blaue Engel"

M3 Verbraucherbewusstsein – ein Zeitungsbericht

Mehr Konsumenten als früher sind bereit, für Lebensmittel mehr Geld auszugeben. Am stärksten trifft das bei artgerechter Tierhaltung zu. 46 Prozent der Befragten waren bereit, dafür mehr Geld zu bezahlen. Gentechnikfreie Lebensmittel sind den Bürgern am zweitwichtigsten. Nach Fair Trade, Regionalität und keinen künstlichen Zusatzstoffen landete Bio-Qualität auf Platz sechs. 26 Prozent würden dafür tiefer in die Tasche greifen.

dpa: Abendessen ist Hauptmahlzeit, Stuttgarter Zeitung v. 14. 1.2016, S. 7 [Text gekürzt]

1. Zählt auf, welche Warenkennzeichnungen den Verbrauchern zur Verfügung stehen (Text).
2. Erklärt die in M3 genannten Begriffe.
3. Besorgt euch eine Lebensmittelverpackung. Welche Informationen könnt ihr den Verpackungsangaben entnehmen? Beurteilt Angaben auf Verpackungen, z. B. von Cola-Flaschen.
4. Sucht im Internet nach den Labels für CE, GS und VDE und skizziert sie in euer Heft.

Das kann ich ...

Wichtiges zusammengefasst

1. Möglichkeiten des Zustandekommens eines Vertrags

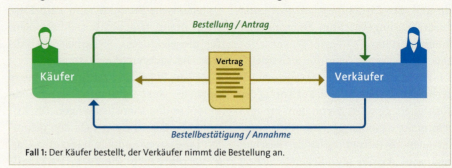

Fall 1: Der Käufer bestellt, der Verkäufer nimmt die Bestellung an.

Fall 2: Der Kunde fragt an, der Verkäufer macht ein Angebot, der Käufer bestellt daraufhin.

2. Vertragsarten im Überblick

3. Preisbildung auf vollkommenem Markt

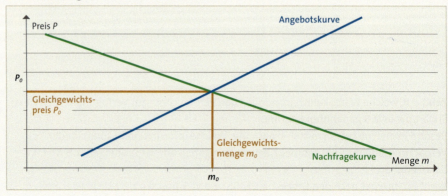

Kompetenz-Check

4. Hilfe für Verbraucher

Wissens-Check

1. Unterscheidet das Maximal- und das Minimalprinzip.
2. Beurteilt folgende Rechtsgeschäfte:
   – Der 15-jährige Hans bekommt von seiner Tante 500 Euro geschenkt. Sein Vater verbietet ihm, für das Geld ein gebrauchtes Mofa zu kaufen.
   – Die 14-jährige Carla unterschreibt einen Handyvertrag mit dem Inhalt, dass jeweils am Monatsende die entstandenen Gebühren von ihrem Girokonto abgebucht werden.
3. Erläutert an einem Beispiel, warum eine Bestellung sowohl erste als auch zweite Willenserklärung sein kann.
4. Beschreibt, wie ihr beim Widerruf eines Online-Kaufs vorgehen müsst.
5. Entscheidet in folgenden Fällen, ob der Preis steigt oder fällt:

   a Das Angebot bleibt gleich, die Nachfrage steigt.

   b Das Angebot bleibt gleich, die Nachfrage sinkt.

   c Das Angebot sinkt, die Nachfrage bleibt gleich.

   d Das Angebot steigt, die Nachfrage sinkt.

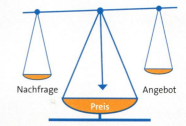

6. Auf einem Wochenmarkt ergibt sich folgende Preissituation:

Preis P	Nachgefragte Menge m	Angebotene Menge m
8	2	30
7	8	28
6	20	20
5	35	4

Zeichnet die Angebots- und die Nachfragekurve in ein Schaubild. Ermittelt den Gleichgewichtspreis.

7. Nennt aus eurem Erfahrungsbereich Beispiele, in denen ein Konflikt zwischen wirtschaftlichen Anliegen und Umweltschutz besteht. Stellt einander gegenüber, was aus wirtschaftlicher Sicht und was aus Umweltgründen für und gegen die jeweilige Maßnahme spricht.
8. Beschreibt Ziele der Verbraucherberatung.

KAPITEL 2

Ersparnisse richtig anlegen

Fast jeder spart – auch schon in eurem Alter – für größere Anschaffungen, für die Berufsausbildung, den Führerschein und später zur Altersvorsorge. Ihr müsst euch deshalb schon jetzt mit den unterschiedlichen Formen von Geldanlagen auseinandersetzen. Spareinlagen bei Kreditinstituten sind sicher, können aber durch Geldentwertungen an Kaufkraft verlieren. Anlagen in Aktien, die höhere Renditen erwarten lassen, sind durch Kurseinbrüche gefährdet. Auch Sachwerte wie Immobilien – wie auf dem Bild – sind vor Verlusten nicht immer sicher. Die Entscheidung ist nicht einfach.

In diesem Kapitel beschäftigt ihr euch mit den Möglichkeiten des Zahlungsverkehrs und mit Chancen oder Risiken unterschiedlicher Geldanlagen. Ihr fragt auch nach den Interessen derjenigen, bei denen ihr euer Geld anlegt, z. B. bei Banken, und ihr erfahrt, welche Regeln der Gesetzgeber geschaffen hat, um die Risiken von Geldanlagen möglichst klein zu halten.

Sparen soll sich lohnen

M1 Privates Sparen hilft auch der Wirtschaft

Kreditmärkte

Auf einem Kreditmarkt müsste es eigentlich wie auf einem Wochenmarkt zugehen: Wenn Unternehmen und Privatpersonen viel Geld auf die Banken bringen, das Angebot an Geld also steigt, müssten die Zinsen sinken. Wenn Haushalte, Unternehmen und der Staat viel Geld leihen, die Nachfrage also groß ist, müssten die Zinsen steigen. Dieses Gleichgewicht gerät aber aus den Fugen, weil die Europäische Zentralbank in diesen Markt eingreift. Häufig verleiht sie viel Geld zu sehr niedrigen Zinsen an die Kreditinstitute. Dadurch sinken auch die Bankzinsen. Unternehmen und Privatpersonen können sich für geringe Zinsen Geld leihen, um zum Beispiel Maschinen oder Einrichtungsgegenstände zu kaufen. Die Nachfrage nach Gütern steigt, die Betriebe sind gut ausgelastet, die Arbeitslosigkeit sinkt. Wenn für Kredite nur wenig Zinsen bezahlt werden müssen, sinken aber auch die Sparzinsen.

Sparen und Inflation

Jeder Geldanleger wünscht sich für seine Ersparnisse eine möglichst hohe Rendite*. Die Zinsen sollen auf jeden Fall die Inflationsrate ausgleichen.
Die Inflationsrate bezeichnet die prozentuale Teuerung (Teuerungsrate) von Sachgütern und Dienstleistungen, meist gegenüber dem Vorjahr. Mit der Erhöhung der Preise wird gleichzeitig die Kaufkraft des Geldes verringert. Bei einer hohen Inflation wird das Einkommen der Verbraucher zunehmend wertloser.
Die Berechnung der Inflationsrate durch das Statistische Bundesamt basiert auf einem sogenannten Warenkorb, der dem Kaufverhalten der Verbraucher eines Durchschnittshaushalts mit 2,3 Personen entspricht (s. M3). Jeden Monat werden in rund 30 000 Geschäften, in Versandhauskatalogen und im Internet über 300 000 Einzelpreise der am häufigsten gekauften Güter oder erbrachten Dienstleistungen abgefragt.
Nun kann die Preisentwicklung der Produkte dieses Warenkorbs neu ermittelt und damit die Veränderung der Preise z. B. im Vergleich zum Vorjahr berechnet werden.
Eine Inflation und das Gegenteil, eine Deflation, drücken ein Ungleichgewicht zwischen der Geldmenge einer Volkswirtschaft und dem Wert aller Waren, die auf dem Markt zum Verkauf angeboten werden, aus.
Der Kaufkraftverlust als Folge einer Inflation zeigt seine Wirkung aber vor allem bei Beträgen, die der Verbraucher anspart. Geldanlagen, die keine oder nur geringe Zinsen abwerfen, sind keine gute Wahl. Bei einem Zinssatz von 3 Prozent und einer Inflationsrate von 2 Prozent beträgt die reale Verzinsung nur 1 Prozent. Ist die Inflationsrate höher als die Zinsen, kann mit dem Ersparten immer weniger Gegenwert eingekauft werden.

* **Rendite**
So bezeichnet man den Gesamtertrag eines gesparten oder angelegten Geldbetrags. Sie wird meist in Prozent des Geldbetrags für den Zeitraum von einem Jahr berechnet.

Sachwerte sind begehrt, weil sie nicht von der Inflation betroffen sind. Auch Aktien basieren auf realen Vermögenswerten. Gewinner einer Inflation sind die Schuldner. Ihre Schulden werden real kleiner.

Deflation

Eine Deflation kann entstehen, wenn Verbraucher und Unternehmer nur wenig Vertrauen in die Zukunft der wirtschaftlichen Entwicklung haben. Sie kaufen und investieren weniger. Stattdessen sparen sie. Es kommt zwangsläufig zu Preissenkungen. Die Deflation erhöht die Kaufkraft, weil die Preise sinken. Aber die nachlassende Nachfrage führt zu Produktionseinschränkungen und Arbeitslosigkeit.

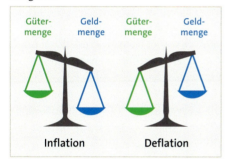

M2 Ungleichgewichte zwischen Geld- und Güterangebot

Lehren aus der Geschichte

Die Inflation nach dem Ersten Weltkrieg in Deutschland hatte ihren Höhepunkt im Jahr 1923. Der Geldwert halbierte sich fast täglich. Am 1. November 1923 kostete 1/kg Rindfleisch 36 Milliarden Mark. Die Geldvermögen von vielen Millionen Sparern wurden vernichtet.
Die Deflation von 1930 bis 1932 hatte noch verheerendere Folgen. Während der vorausgegangenen Weltwirtschaftskrise war die Nachfrage nach Sachgütern und Dienstleistungen in Europa und den USA sprunghaft zurückgegangen. Die Betriebe mussten Beschäftigte entlassen, die Arbeitslosigkeit stieg an. Die Menschen verloren ihr Vertrauen in die Demokratie, viele wählten die verbrecherische Nationalsozialistische Partei (NSDAP).

Einlagensicherung

Aufgrund der Weltwirtschaftskrise wurden einige Banken insolvent und konnten Spareinlagen nicht zurückzahlen. Wie ist das heute? Bei einer Bankeninsolvenz greift das Einlagensicherungsgesetz. Die Inhaber eines Kontos haben den gesetzlich garantierten Anspruch auf eine Entschädigung von bis zu 100 000 Euro, wenn ihr Institut nicht mehr in der Lage ist, Einlagen zurückzuzahlen. Die meisten deutschen Kreditinstitute sind darüber hinaus Mitglieder eines Einlagensicherungsfonds, bei dem Guthaben bis mindestens 1 Million Euro abgesichert sind.

M3 Statistischer Warenkorb 2015

---

1 Beschreibt die Wirkungen von Inflation und Deflation (Text, M2).
2 Formt das Schaubild (M3) in ein Säulendiagramm um. Wofür geben Familien das meiste Geld aus?

Ein Girokonto eröffnet viele Zahlungswege

M 1 Bettina am Geldautomat

Die 15-jährige Bettina hätte gern ein eigenes Girokonto, auf das ihre Eltern ihr Taschengeld überweisen. Wenn sie Geld braucht, möchte es Bettina am Geldautomaten abheben können. Sie ruft bei einer Sparkasse in ihrer Nachbarschaft an und fragt, ob sie ein Girokonto eröffnen darf. Dort erfährt sie: Natürlich kannst du auch als Jugendliche ein Girokonto eröffnen. Die meisten Kreditinstitute, das sind Banken oder Sparkassen, bieten Girokonten schon ab einem Alter von 12 Jahren an. Allerdings geht das nur mit Einwilligung beider Elternteile. Komme mit deiner Mutter oder deinem Vater zur nächsten Geschäftsstelle, und in wenigen Minuten ist das Konto eröffnet. Auch dein anderer Elternteil muss den Antrag dann noch unterschreiben. Du kannst mit deinem Girokonto am Zahlungsverkehr teilnehmen, ähnlich wie Erwachsene. Dazu bekommst du eine Bankcard mit einer vierstelligen Geheimzahl (PIN), die du auswendig wissen musst (**M 2**). Du kannst Überweisungen vornehmen und bargeldlos bezahlen. Es gibt aber eine Einschränkung: Als Minderjährige darfst du dein Konto nicht überziehen. Dein Girokonto wird als Guthabenkonto geführt. Für Konten von Jugendlichen, Auszubildenden und Studenten fallen meist keine Gebühren an. Den Kontostand kannst du dir am Geldautomaten anzeigen lassen. Wenn deine Eltern einverstanden sind, ist auch ein Online-Konto möglich. Online-Überweisungen kannst du von zu Hause aus erledigen und deinen Kontostand jederzeit am PC oder Smartphone abrufen.

Girokonten sind unverzichtbar

Verbraucher sind heute auf ein Girokonto angewiesen. Auf diese Weise lassen sich Miete, Strom, Telefon und andere laufende Kosten per Überweisung, Dauerauftrag oder Einzugsermächtigung (Lastschrift) bargeldlos vornehmen. Für Arbeitnehmer dient das Girokonto als eine Grundvoraussetzung, damit ihnen das Arbeitsentgelt überwiesen werden kann. Diejenigen von euch, die bereits über ein Girokonto verfügen, lassen sich sicherlich das Taschengeld auf ihr Konto übertragen.

Über die Gutschriften- und Belastungsbuchungen und das verbleibenden Guthaben erstellen die Kreditinstitute regelmäßig Kontoauszüge. In der Spalte „Soll" (Belastung) sind die Beträge aufgeführt, die vom Konto abgezogen werden. Die Summen, die auf das Konto eingezahlt werden, sind in der Spalte „Haben" (Gutschrift) verzeichnet.

Bei Zahlungen auf fremde Konten gibt es unterschiedliche Möglichkeiten:

Die Überweisung: Ein Kontoinhaber veranlasst sein Kreditinstitut, einen bestimmten Betrag vom eigenen Konto abzubuchen und auf das Konto des Empfängers zu übertragen. Vordrucke für Überweisungen erhaltet ihr am Schalter eures Kreditinstituts. Dort könnt ihr die ausgefüllten und unterschriebenen Überweisungsformulare auch abgeben. In den Schalterhallen der Kreditinstitute findet ihr auch Überweisungsautomaten, wo ihr eure Aufträge eingeben könnt.

Die Lastschrift: Was ist mit Zahlungen, die zwar regelmäßig wiederkehren, aber deren Höhe immer unterschiedlich ist, wie beispielsweise bei der Telefonrechnung? Für solche Fälle gibt es das Lastschrifteinzugsverfahren. Dabei ermächtigt der Zahlungspflichtige den Empfänger, die anfallenden Rechnungsbeträge von seinem Konto einziehen zu lassen.

Innerhalb von acht Wochen könnt ihr ohne Begründung eine Lastschrift widerrufen. Dadurch könnt ihr vermeiden, dass jemand unbefugt von eurem Konto Geld abbucht. Aber natürlich müsst ihr deshalb regelmäßig eure Kontoauszüge überprüfen.

Der Dauerauftrag: Es wäre ziemlich umständlich, wenn eure Eltern für die Zahlung von Miete, Versicherungsprämien, für euer Taschengeld und andere regelmäßig anfallende Kosten jeden Monat neue Überweisungen ausfüllen müssten. Deshalb erteilen die meisten Kunden in derartigen Fällen einen Dauerauftrag. Der Kontoinhaber beauftragt dabei seine Bank oder Sparkasse, zu bestimmten Terminen, z.B. dem Ersten jeden Monats, eine Überweisung auszuführen. Dadurch verpasst ihr keine Zahlungstermine. Natürlich könnt ihr mithilfe eines Dauerauftrags auch jeden Monat einen Teil eures Taschengelds auf euer Jugendsparbuch überweisen lassen.

IBAN und BIC

Um den Zahlungsverkehr innerhalb Europas zu erleichtern, gibt es die internationalen Kontonummern IBAN (= International Banking Account), und es wird eine internationale Bankleitzahl verwendet, der BIC (= Business Identifier Code). Die meisten Inhaber eines Girokontos kennen ihre 10-stellige bisherige Kontonummer auswendig. Sie steht am Ende der 22-stelligen IBAN, die mit einem Ländercode (DE für Deutschland) beginnt:

Über die Prüfnummer kann das Kreditinstitut Zahlendreher bei der Eingabe der IBAN erkennen und eine Fehlermeldung ausgeben. Bei Überweisungen im Inland ist die Angabe des BIC nicht notwendig.

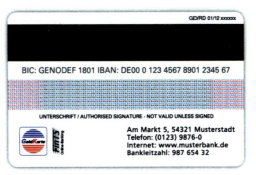

M2 Bankcard – Muster

M3 Kontoauszug – Beispiel

---

1 Nennt Gründe, warum Bettina (**M1**) ein eigenes Girokonto einrichten will.

2 Übertragt die Tabelle in euer Heft, kreuzt eure Entscheidung hinsichtlich des Zahlungswegs an und begründet sie:

	Überweisung	Dauerauftrag	Lastschrift	Begründung
a) Bettina hat ein T-Shirt bei einem Online-Händler bestellt.				
b) Hans muss einmal pro Jahr den Mitgliedsbeitrag zu seinem Sportverein bezahlen.				
c) Herr Mayer zahlt monatlich die Gebühren für seinen Telefonanschluss.				

Rechnungen online bezahlen

M 1 Rechnung für einen Fahrradhelm

Herrn
Samuel Müller
Heckenstraße 99
12345 Baumstadt

Radvogel
Heckenstraße 35
99999 Musterstadt
Tel.: 0999/1234 FAX: 0999/1235
E-Mail: info@radvogel-muster.de
Bankverbindung: Sparkasse Musterstadt
IBAN: DE 58 1235 4678 0599 8993 88
BIC: SPARDEF789

Datum: 18.03.2017

Rechnung Nr. 6541

1 Fahrradhelm . . . . 70,00 €

Im Rechnungsbetrag sind 11,18 € (19%) Mehrwertsteuer enthalten.

Bitte überweisen Sie den Rechnungsbetrag bis 15.05.2017 auf unser Konto.

Hans Radvogel e.K. USt.ID 48095/325   HRA 9876 Amtsgericht Musterstadt

Samuel hat bei einem Online-Händler den am besten bewerteten Fahrradhelm (s. S. 38) für 70 Euro gekauft. Nun kommt die Rechnung (M 1). Samuel schaut sich die Angaben genau an und füllt das Überweisungsformular (s. M 5) entsprechend aus. Er bringt das Formular zu seinem Kreditinstitut. Diesen Weg will er sich künftig sparen. Er beschließt deshalb, in Zukunft seine Rechnungen bequemer online zu bezahlen.

* **Mehrwertsteuerberechnung**

$$\text{MwSt.} = \frac{70\ \text{EUR} \cdot 19\%}{119\%} = 11{,}18\ \text{EUR}$$

Banküberweisung

Mit der Ausstellung einer Überweisung gibt der Schuldner eines Rechnungsbetrags einem Kreditinstitut (Bank oder Sparkasse) den Auftrag, einen bestimmten Betrag von seinem Girokonto auf das Girokonto des Gläubigers, also des Zahlungsempfängers, zu übertragen. Die Überweisungsvordrucke der Kreditinstitute sind einander ähnlich. Meist bestehen sie aus einem zweiteiligen Durchschreibesatz mit einem Überweisungsauftrag an das Kreditinstitut und einer Durchschrift für den Aussteller. Ihr solltet die Überweisungsformulare sorgfältig mit Druckbuchstaben beschriften, da sie maschinenlesbar sein müssen. Bei unordentlich ausgefüllten Vordrucken müssen Mitarbeiter der Kreditinstitute die Vordrucke nachbearbeiten. Das kann den Überweisungszeitraum um mehrere Tage verzögern.

Online-Überweisungen

Durchs Internet wird der heimische Computer auf Wunsch zur persönlichen Bankfiliale mit Öffnungszeiten rund um die Uhr. Überweisungen oder den Dauerauftrage erledigt ihr per Mausklick. Ihr gebt am PC die Internetadresse eures Kreditinstituts ein. Über die Eingabe der Zugangsdaten, also der Kontonummer und dem Onlinebanking-PIN (PIN = Persönliche Identifikationsnummer) könnt ihr Bankgeschäfte tätigen. Neben der PIN müsst ihr beim Online-Banking eine TAN (TAN = Transaktionsnummer) anfordern. Meist geschieht das dadurch, dass euer Kreditinstitut über eine SMS die TAN an euer Handy leitet.
Online-Banking gilt als sicher. Trotzdem müsst ihr einige Regeln beachten (M 3).

M 2 Weg einer Überweisung

M 3 Datensicherheit beim Online-Banking

1. Die PIN und TAN und Passwörter sind zentrale Sicherheitskomponenten. Diese Daten sind geheim und dürfen nur auf der Seite des Kreditinstituts angegeben werden.
2. Ignoriert E-Mails, in denen ihr aufgefordert werdet, eure Zugangsdaten zurückzusenden oder auf einer Internetseite einzutragen (sog. Phishing). Die Verwendung einer Firewall und eines Virenschutzprogramms, die stets auf dem neuesten Stand sein müssen, versteht sich von selbst.
3. Neben einem Virenschutzprogramm sollte jeder Anwender darauf achten, nur Programme und Dokumente aus sicheren Quellen zu öffnen. Der Datenanhang einer von einem unbekannten Absender empfangenen E-Mail kann Schadprogramme enthalten. [...]
4. Setzt immer aktuelle Programmversionen von Betriebssystemen und von Anwendungssoftware ein. Pflegt die Programme, indem ihr Updates mit Verbesserungen (Patches) zeitnah installiert. [...]
5. Sicherheitsbewusste Surfer tippen die Internetadresse der Bank von Hand ein. Ein geschlossenes Schloss-Symbol in der Browserzeile signalisiert: Übertragung gesichert, Daten vor dem Ausspähen geschützt.

Deutscher Sparkassen Verlag (Hg.): Mäuse, Moos und mehr, Sparkassen-Schulservice, Stuttgart 2013, S. 36 f.

M 4 Typisches Beispiel einer Spam-Mail mit Schadstoffsoftware

Hallo,
Ihr Konto ist eingerichtet und einsatzbereit. Ihre offenen Provisionen in der Höhe von 17.146,- USD stehen zur Auszahlung bereit!
Bitte bestätigen Sie Ihre Account Aktivierung hier
HIER KLICKEN
Wir werden sicherstellen, dass der offene Betrag so rasch wie möglich an Sie transferiert wird!
Liebe Grüße ...
Autorentext

Electronic cash

Hier bezahlt ihr mit der Bankcard. An der Kasse wird eure Karte in ein Lesegerät geschoben. So entsteht eine Verbindung zu eurem Girokonto. Ihr gebt über eine Tastatur den PIN ein. Ist die Karte nicht gesperrt und ein ausreichendes Guthaben vorhanden, wird die Zahlung freigegeben.

* **Skonto**
Prozentualer Preisnachlass auf den Gesamtbetrag bei Zahlung innerhalb einer bestimmten Frist oder bei Barzahlung.

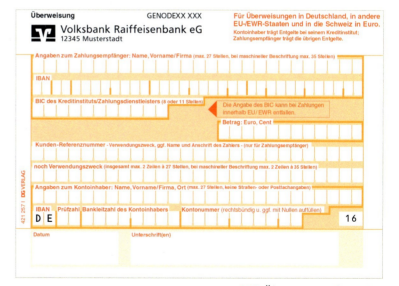

M 5 Überweisungsformular

1 Kopiert das „SEPA-Überweisungsformular" (M 5) und ergänzt es um die zur Bezahlung der Rechnung (M 1) notwendigen Angaben. Welche Angaben müssten auf den Kontoauszügen des Kontoinhabers und des Zahlungsempfängers jeweils zu finden sein?
2 Verändert die Überweisung so, dass ihr vom Rechungsbetrag 2 Prozent Skonto* abzieht.
3 Nennt wichtige Maßnahmen zur Vermeidung von Fehlern bei der Datensicherheit beim Online-Banking (M 3).

Sparen – warum und wie?

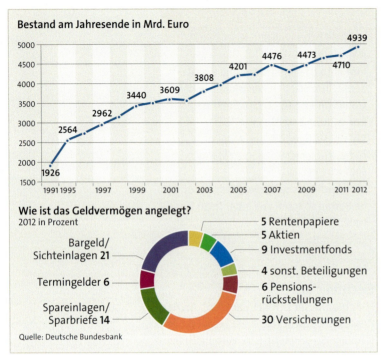

M1 Wachsende Geldvermögen

* **Anleihe**
Staatliche Stellen geben Anleihen mit unterschiedlichen Laufzeiten aus. Die Käufer dieser Papiere, die „dem Staat" damit Geld leihen, profitieren von den entstehenden gleichbleibenden Zinsen. Auch Unternehmen geben oft Anleihen aus, um sich Geld zu beschaffen.

* **Tagesgeldkonto**
Verzinstes Konto ohne festgelegte Laufzeit. Der Kontoinhaber kann täglich in beliebiger Höhe über sein Guthaben verfügen.

* **Sparkonto/Sparbuch**
Bis zu 2000 Euro können sofort abgehoben werden, bei größeren Beträgen gilt eine dreimonatige Kündigungsfrist. Bei Sparkonten mit einer vereinbarten Kündigungsfrist von z. B. einem oder von vier Jahren sind die Zinsen etwas höher.

Was bedeutet das „Magische" Dreieck?

Die Deutschen sparen im Durchschnitt 9 Prozent ihres Einkommens. Man nennt diesen Wert „Sparquote". Allerdings bedeutet das nicht, dass jeder Haushalt so viel spart. Die Sparquote ist nicht gleichmäßig verteilt. Viele Menschen haben überhaupt keine Ersparnisse, andere verfügen über große Geldvermögen, z. B. in Form von Aktien oder Anleihen*.
Bei Anlageentscheidungen orientieren sich Anleger vor allem an drei wichtigen Kriterien: an Sicherheit, Rendite und Liquidität (**M2**).

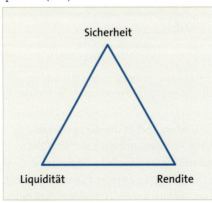

M2 „Magisches" Dreieck

– **Sicherheit** bedeutet, dass der Sparer das angelegte Geld in vollem Umfang zurückbekommt. Zugunsten von höheren Ertragschancen geht er kein Risiko ein.
– **Rendite** meint den Ertrag, den eine Sparanlage oder ein Wertpapier erbringt.
– **Liquidität** heißt, dass Teile des Vermögens jederzeit ohne Verlust „flüssig gemacht" werden können, also kurzfristig verfügbar sind (liquide = flüssig).

Betrachtet ihr diese drei Kriterien genauer, stoßt ihr auf einen sogenannten Zielkonflikt: Keiner der drei Eckwerte des Magischen Dreiecks lässt sich verbessern, ohne damit die beiden anderen negativ zu beeinflussen. Die meisten Sparer bevorzugen Anlageformen wie das Tagesgeldkonto*, das Sparkonto* oder auch sichere Anleihen. So sind ihre Gelder sicher angelegt und kurzfristig verfügbar, werfen aber nur sehr niedrige Zinsen ab. Beliebt ist auch das Bausparen*, das später die Tilgung von Krediten für Wohneigentum erleichtert. Lediglich 18 Prozent der Deutschen bevorzugen Aktien*. Diese sind langfristig im Durchschnitt deutlich renditestärker, haben allerdings ein höheres Risiko. Grundsätzlich gilt: Je höher die Renditeerwartung, desto größer das Risiko. Bei Aktien kann die Dividende* ausfallen, der Kurs kann abstürzen. Wenn ihr später einmal Aktien kaufen wollt, müsst ihr euch deshalb genau über die wirtschaftliche Situation des Unternehmens und die Konjunkturaussichten der Weltwirtschaft informieren.

Nachhaltige Geldanlagen

Immer mehr Menschen wählen Geldanlagen, bei denen nicht nur Renditen erzielt werden, sondern auch ökologische und soziale Aspekte in die Kaufentscheidung einfließen. Nachhaltige Wertpapiere eignen sich dazu, persönliche Werte mit finanziellen Strategien zu vereinen. Viele Geldanleger kaufen z. B. keine Aktien von Rüstungsfabriken oder Betreibern von Kohlekraftwerken.

M 3 Geldanlage bei Niedrigzinsen

Wer auf absolute Sicherheit setzt, muss sich damit abfinden, dass sein Vermögen schrumpft. Rendite ohne Risiko – das war einmal. Entsprechend skeptisch stehen die Experten dem klassischen Sparbuch gegenüber, das bislang als Inbegriff der sicheren Anlage galt. Nicht viel besser kommen Anleihen weg. Bei erstklassigen Schuldnern wie der Bundesrepublik Deutschland gleicht die Rendite gerade mal die Geldentwertung aus. [...]
Der Zwang zu lang anhaltendem regelmäßigen Sparen ergibt sich auch, wenn man ein Haus oder eine Eigentumswohnung kauft. Anlageberater verweisen aber auch darauf, dass eine Immobilie das Kapital langfristig bindet und daneben oft wenig Raum für weitere Sparanlagen lässt. Immerhin garantieren eine Wohnung oder ein Haus in ordentlicher Lage eine regelmäßige Rendite in Form von Mieteinnahmen (oder Mieterersparnis bei Eigennutzung). Einen Wertzuwachs der Immobilie selbst sollte man hingegen nicht fest einplanen. Zumal langfristig nur Immobilien in Wachstumsregionen eine solide Wertentwicklung versprechen. In vielen ländlichen Regionen und strukturschwachen Gebieten gehen die Preise wegen der schrumpfenden Bevölkerung jetzt schon spürbar zurück. [...]
Zu den umstrittensten Anlagen zählt Gold. [...] Zum einen lässt sich die Entwicklung des Goldpreises kaum vorhersagen, Gold ist ein reines Spekulationsobjekt. Zum anderen bringt eine Anlage in Gold keine Rendite in Form von Dividenden, Zinszahlungen oder Mieteinnahmen. Weit spekulativer noch als Gold sind Kunstwerke oder Oldtimer als Geldanlage.

Michael Kröger: Geldanlage bei Niedrigzinsen: Rendite ohne Risiko gibt's nicht mehr, SPIEGEL online, 5.6.2014, www.spiegel.de (Zugriff: 8.2.2016)

★ **Bausparen**
Ein Teil der Summe für den Kauf einer Immobilie wird bei einer Bausparkasse angespart, für die Restsumme garantiert die Bausparkasse einen zinsgünstigen Kredit. Bausparverträge werden staatlich gefördert, auch für Schülerinnen und Schüler ab dem 16. Lebensjahr.

★ **Aktie**
Sie entspricht einem Anteil am Vermögen einer Aktiengesellschaft (AG). Aktien berechtigen zum Bezug von Dividenden und zur Mitsprache in der jährlichen Hauptversammlung der Aktionäre. Dividenden sind der Teil des Gewinns, der an die Aktionäre ausbezahlt wird. Gute Geschäftsaussichten beflügeln den Börsenkurs der Aktie, bei schlechten sinkt der Kurs.

★ **Dividende**
Der Teil des Gewinns einer Aktiengesellschaft, der an die Aktionäre ausbezahlt wird.

1 Beschreibt das Schaubild (M 1). Findet eine Erklärung dafür, warum 2002 und 2008 die Geldvermögen der privaten Haushalte gegenüber dem jeweiligen Vorjahr gesunken sind.

2 Ordnet mithilfe von M 3 den Anlagemöglichkeiten in der senkrechten Achse für die drei Kriterien des „magischen" Dreiecks jeweils die Ausprägungen „hoch", „mittel" und „gering" zu.

	Sicherheit			Verfügbarkeit			Rendite		
	hoch	mittel	gering	hoch	mittel	gering	hoch	mittel	gering
Girokonto									
Sparbuch									
Bausparen									
Anleihen									
Aktien									
Gold									

3 Ihr habt Geburtstag und bekommt 50 Euro geschenkt. Das Geld legt ihr auf euer Sparkonto. Wie hoch sind die Zinsen nach einem Jahr bei einem jährlichen Zinssatz von 2 Prozent? Wie hoch ist das Kapital nach 5 Jahren?
Hinweis: Die Gleichung zur Berechnung der Jahreszinsen lautet:
Z sind die anfallenden Zinsen,
K das Kapital und p der Zinssatz in %.

$$Z = \frac{K \cdot p\%}{100\%}$$

4 Wenn ihr wissen möchtet, welchen Wert das Guthaben $K_o = 50$ Euro nach n Jahren hat, braucht ihr die Gleichung für das Endkapital nach n Jahren:

$$K_n = K_o \cdot \left(1 + \frac{p\%}{100\%}\right)^n$$

Auch die Börse ist ein Markt

M1 Die Stuttgarter Börse, eine von sieben deutschen Wertpapierbörsen

Börsenhandel

Vielen Menschen erscheint das Börsengeschehen unverständlich. In Wirklichkeit geht es dort aber ähnlich zu wie auf einem Wochenmarkt. Habt ihr schon einmal auf einem Wochenmarkt um den Preis von Obst oder Gemüse gefeilscht? Vermutlich nicht, es gibt ja Preisschilder. Trotzdem habt ihr die Chance auf einen günstigeren Preis, vor allem kurz vor Marktschluss, wenn die Anbieter ihre Verkaufstische leeren wollen. Das ist normales Marktgeschehen und ähnlich geht es an der Börse zu. Dort ändern sich die Preise oft in Minutenschnelle. Verkäufer und Käufer treffen sich. Je nach Angebot und Nachfrage kommt ein Gleichgewichtspreis zustande. Allerdings handeln Börsen nicht mit Obst und Gemüse, sondern mit Aktien, Anleihen oder sogar über den Kauf und Verkauf von Rohstoffen wie z. B. Gold, Kupfer oder Rohöl. An der Börse kann jeder Anbieter oder Nachfrager sein, ähnlich wie beim Internetmarktplatz eBay. Nur

M2 Handel an der Börse

In den Zeiten ohne Computer haben sich die Händler tatsächlich noch die Preise zugerufen oder mit Handzeichen verständigt. Dieses Verfahren gehört an vielen internationalen Börsen mittlerweile der Vergangenheit an. Im heutigen Computerzeitalter regeln Computersysteme diese Aufgaben: Die Marktteilnehmer geben ihre Kauf- oder Verkaufsaufträge („Orders") per Computer ein. Privatanleger müssen sich dazu immer eines Finanzdienstleisters bedienen. Die Orderaufgabe erfolgt hier entweder durch den zuständigen Bankberater, der im Auftrag der Kunden die Daten in das System einträgt, oder die Anleger erledigen das via Internet selbst. Das Handelssystem einer elektronischen Börse nimmt alle aufgegebenen Orders entgegen und unterstützt den folgenden Handelsprozess von der Orderweiterleitung über die Preisermittlung bis zur Geschäftsabwicklung.

Börse Stuttgart [Hg.]: Praxisratgeber Börse, Stuttgart 2014, S. 10f.

können Privatanleger nicht unmittelbar an der Börse handeln. Sie müssen stattdessen eine Bank oder Sparkasse beauftragen, für sie tätig zu werden. Das geht aber sehr schnell. Wer seinem Kreditinstitut einen Kauf- oder Verkaufsauftrag gibt – persönlich, telefonisch oder über das Internet –, wird in Sekundenschnelle mit dem Handelssystem der Börse verbunden.

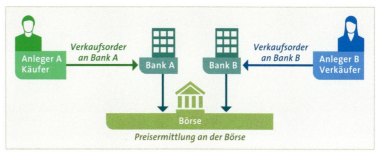

M 4 Weg einer Order

M 3 „Voll auf Kurs" – eine Börsenhändlerin* berichtet

Auf dem Parkett der Stuttgarter Börse sitzen die Händler in langen Reihen, Tisch an Tisch. Unter ihnen Thamar Matewos. Die zierliche junge Frau in dunklen Jeans und leger gekrempelter Bluse hat vier große Bildschirme fest im Blick. Auf einem blinkt es unaufhörlich, weil sich Daten ändern. Auf den anderen sind Kurse, Charts und auch die neuesten Nachrichten abzulesen.

Belastet die Berufsanfängerin der Gedanke, dass der Computerhandel den Börsenhandel verdrängen könnte? „Nein", sagt die 26-Jährige, „weil die Börse Stuttgart niemals nur auf den Computerhandel setzen wird." Auf dem Stuttgarter Parkett sind die Börsenhändler Teil des Handelsmodells. […]

In Stuttgart übernehmen Computer und Handelsprogramme immer mehr Aufgaben. Dennoch bleiben aus Stuttgarter Sicht die Börsenhändler unverzichtbar. Sie kontrollieren, ob die Kundenaufträge plausibel sind – ob sich die Stückzahl, die jemand kaufen möchte, im Rahmen des Üblichen bewegt oder gravierend abweicht. „Ich rufe dann die Depotbank an, die sich dann mit dem Kunden in Verbindung setzt und die Fragen klärt", sagt Matewos. Die gebürtige Pforzheimerin hat nach ihrem Studium ein sechsmonatiges Praktikum an der Stuttgarter Börse absolviert und die Börsenhändlerprüfung abgelegt.

Sabine Marquard: Voll auf Kurs, Sonntag Aktuell vom 21.9.2014, S. 4 [gekürzt]

Wie entsteht der Börsenkurs?

Das Marktgeschehen an der Börse kann man sich am besten beim sogenannten Parketthandel vorstellen, wie er vor der Einführung des Computerhandels stattfand. Damals notierten Kursmakler alle Kauf- und Verkaufsaufträge ihrer Kunden. Die nebenstehende Tabelle veranschaulicht, was ein Makler für eine bestimmte Aktie notiert haben könnte:

Börsen-kurs	Kauf-order	Verkaufs-order	Mögliche Umsätze
99,– €	360 Stk.	50 Stk.	50 Stk.
100,– €	290 Stk.	120 Stk.	120 Stk.
101,– €	210 Stk.	210 Stk.	210 Stk.
102,– €	110 Stk.	260 Stk.	110 Stk.
103,– €	40 Stk.	300 Stk.	40 Stk.

M 5 Marktsituation beim Handel mit Aktien eines Unternehmens

1. Veranschaulicht die in **M 5** dargestellte Marktsituation in Form einer Angebots- und einer Nachfragekurve. Tragt den Gleichgewichtspreis ein.
2. Ermittelt aus dem Wirtschaftsteil einer Tageszeitung oder aus dem Internet die Börsenkurse der Aktien deutscher Pkw-Hersteller. Findet heraus, wie hoch jeweils die Dividende für das vorausgegangene Geschäftsjahr war.
3. Nennt wesentliche Aufgaben der Stuttgarter Börsenhändler (**M 3, M 4**).

Geld anlegen in Aktien und Fonds?

M 1 DAX-Börsenkurse in einer Tageszeitung in Euro

23.5.2016	Div.	Schluss	Schluss Vortag	Eröffn.	Hoch	Tief
Adidas	1,60	114,05	113,10	113,75	115,45	112,85
Allianz	7,30	137,70	137,75	138,35	139,45	136,70
BASF	2,90	67,23	67,29	67,43	67,98	66,46
BMW	3,20	70,82	71,10	71,95	71,97	70,51
Commerzbank	0,20	7,30	7,32	7,32	7,41	7,20
Continental	3,75	183,30	185,05	185,40	185,60	181,60
Daimler	3,25	56,92	57,83	57,90	57,90	56,45
Deutsche Bank	0	15,16	15,14	15,18	15,34	14,87
Deutsche Post	0,85	25,95	25,87	25,90	26,12	25,72
Deutsche Telekom	0,55	15,85	15,91	15,96	16,03	15,77
Henkel	1,47	101,60	102,35	102,50	102,70	100,95
Linde	3,45	127,50	127,60	127,90	129,20	126,55
Lufthansa	0,50	12,45	12,35	12,37	12,58	12,35
Pro 7 Sat 1	1,80	44,96	44,37	44,95	45,34	44,62
SAP	1,15	69,75	69,44	69,70	70,62	69,20
Siemens	3,50	93,48	94,00	94,28	94,74	93,02
ThyssenKrupp	0,15	18,29	18,53	18,59	18,59	18,05
VW	0,17	128,30	129,65	129,70	130,40	127,60

Julian Schweizer sieht, dass jeden Tag in der Tageszeitung seiner Eltern im Wirtschaftsteil die Börsenkurse wiedergegeben sind, z. B. die DAX*-Werte. Er kann damit nichts anfangen und blättert weiter zum Sportteil. Dabei ist es gar nicht schwer, solche Kurse zu enträtseln. In der linken Spalte steht die Dividende. Das ist der Gewinn in Euro, den jede einzelne Aktie im Vorjahr erbracht hat. In der nächsten Spalte sind die Börsenkurse zu verschiedenen Zeitpunkten aufgeführt, z. B. am Schluss des Vortags, dann die höchsten und tiefsten Kurse und die prozentuale Veränderung zum Vortag. Julian hat das schnell begriffen und er beschließt, die 500 Euro, die er auf seinem Konto hat, in einen Wertpapierfonds einzubringen.

* **DAX (Deutscher Aktienindex)**
Er spiegelt die Börsenkurse der 30 größten und umsatzstärksten deutschen Aktiengesellschaften wider.

* **Wertpapierfonds**
Fonds sind eine beliebte Form der Geldanlage. Eine Investmentgesellschaft sammelt das Geld der Anleger und kauft dafür eine Vielzahl von unterschiedlichen Aktien oder festverzinslichen Wertpapieren. Die Vielzahl schützt vor Schwankungen des einzelnen Papiers. Allerdings verlangen die Investmentgesellschaften für ihre Tätigkeit Gebühren.

* **Indexfonds**
Investmentfonds, die einen bestimmten Börsenindex, z. B. den DAX nachbilden. Da dazu viel weniger Aufwand von Börsenspezialisten notwendig ist als bei anderen Wertpapierfonds, sind die Gebühren deutlich geringer.

Aktienkauf

Der Wunsch nach Rendite ist groß. Trotzdem haben viele Anleger einfach keine Lust, sich näher mit Aktien oder Fonds zu befassen. Auch Kapitalmärkte und die Börsenentwicklung sind ihnen herzlich gleichgültig. Wenn sie dann doch die Chancen der Aktienmärkte nutzen, müssen sie drei Grundsätze beherzigen. Erstens sollten sie nur Geld investieren, das sie langfristig entbehren können, mindestens für fünf Jahre, besser noch länger. Dann lassen sich auch zwischenzeitliche Börseneinbrüche aussitzen. Zweitens sollten sie breit gestreut investieren, um krasse Verluste durch einzelne Flops zu vermeiden. Drittens sollten sie auf keinen Fall ihr ganzes Geld auf Aktien setzen, sondern eine vernünftige Mischung aus Aktienanlagen und sicheren Zinsanlagen bauen. Als sichere Zinsanlagen gelten zum Beispiel ein Tagesgeldkonto, auch mehrjährige Festzinsanlagen oder -anleihen kommen infrage. Um sich gegen Kursverluste zu versichern, hilft ein altes Rezept: Man muss seine Anlagen streuen, also Aktien oder Anleihen unterschiedlicher Unternehmen erwerben.

Noch einfacher geht es mit Wertpapierfonds*, die jedes Kreditinstitut anbietet. Allerdings fallen beim Kauf solcher Fonds Ausgabeaufschläge von bis zu sechs Prozent und dann jährlich Gebühren an. Die Gebühren börsengehandelter Indexfonds*, z. B. von DAX-Fonds, sind wesentlich geringer. Beim Kauf und Verkauf von Aktien fallen ebenfalls geringe Steuern und Gebühren an. Banken und Sparkassen verwalten die Bestände (Depots) der Aktien, Anleihen und Fonds ihrer Kunden und berechnen auch dafür am Jahresende Gebühren.

Beratungsprotokolle sind Pflicht

Anlageberater von Banken und Sparkassen müssen bei der Beratung von Geldanlegern ein schriftliches Protokoll anfertigen. Protokolliert werden müssen die persönliche Situation des Kunden, seine wesentlichen Anliegen, vor allem seine Risikobereitschaft und die vom Berater erteilten Empfehlungen. Ziel der Beratungsprotokolle ist es, dem Verbraucher im Schadensfall den Nachweis einer Falschberatung vor Gericht zu erleichtern. Zusätzlich sind Kreditinstitute verpflichtet, ihren Kunden rechtzeitig vor dem Abschluss eines Geldanlagegeschäfts ein kurzes und leicht verständliches Informationsblatt über die Geldanlage zur Verfügung zu stellen, die sie dem Kunden empfehlen. Das Informationsblatt muss Aussagen über die Rendite, das Risiko und die Kosten des empfohlenen Produkts enthalten.

M 2 „Wohin mit meinem Geld?" – ein Zeitungsbericht

Wohin also jetzt mit dem Geld? Sparer, die bislang als Strategie gegen die Niedrigzins-Plage ihr kleines Erspartes immer vom Girokonto aufs Tagesgeldkonto und zurück verfrachtet haben, können sich die Arbeit anscheinend bald sparen. Die Tagesgeldbranche schwimmt offenbar genauso in Spareinlagen wie der Rest der Finanzwirtschaft – und stellt die Zinszahlungen ebenfalls praktisch ein. [...]
Für Sparer bleiben ganz grundsätzlich nur zwei Möglichkeiten: Duldsamkeit oder Emanzipation [Selbstständigkeit]. Natürlich kann man seine Erwartungen hinsichtlich Zins und Rendite beliebig nach unten korrigieren und sich freuen, wenn das Geld wenigstens nicht weg ist. [...] Wem dagegen so langsam der Kragen platzt, für den ist der Anlagenotstand auch die Chance, sich aus seiner selbstverschuldeten Unmündigkeit als Anleger zu befreien.
„Wenn der risikofreie Zins praktisch null ist, haben Sparer nur eine Möglichkeit, wenn sie mit ihrem Ersparten noch Geld verdienen wollen", sagt der Mannheimer Finanzprofessor Martin Weber. „Sie müssen mehr ins Risiko gehen."
Es ist ein alter Grundsatz der Finanzwissenschaft, dass es „keine Mehrrendite ohne Mehrrisiko" gibt: Das sei selten so offensichtlich gewesen wie jetzt in der Niedrigzinsphase, sagt Weber. „In dieser Situation hilft den Sparern am Ende nur eines: mehr Mut!" Raus aus der Spur also. Wer aber mehr Risiken eingehen will, muss sie möglichst genau kennen. Gerd Gigerenzer, Bestsellerautor und Direktor am Max-Planck-Institut in Berlin, sagt: Die Sparer müssten dafür „mehr Risikokompetenz" entwickeln. Dazu gehört für ihn mehr Wissen über die Finanzmärkte – aber auch eine andere Grundhaltung. Gerade die Deutschen müssten sich von der „Illusion der Gewissheit" verabschieden, die sie ins Tagesgeld und in die Staatsanleihen getrieben haben. Und ein Gefühl dafür entwickeln, welche Risiken man vernünftigerweise getrost eingehen könne. [...]
„Die Angst vor Aktien ist für mich nicht nachvollziehbar", sagt der Frankfurter Bankier Friedrich von Metzler. „Die Deutschen sind stolze Mitarbeiter von Unternehmen und kaufen begeistert deren Produkte – kaufen aber seltsamerweise nicht die Aktien der Unternehmen, von deren Produkten sie überzeugt sind."

Christian Siedenbiedel: Wohin nur mit meinem Geld? Frankfurter Allgemeine Sonntagszeitung v. 22.3.2015

- Nennt die Dividende von Adidas und Allianz (**M 1**).
- Entnehmt einer aktuellen Tageszeitung, wie sich die Börsenkurse von Banken und Versicherungen im Verhältnis zu den Angaben von **M 1** verändert haben.
- Analysiert **M 2**. Warum wird „mehr Wissen über Finanzmärkte" eingefordert? Erörtert, wie solches Wissen entsteht.
- Hört euch in eurem Verwandten- und Bekanntenkreis um. Gibt es Vorwürfe, von Kreditinstituten falsch beraten worden zu sein? Gibt es Geldanlagen, die sich im Nachhinein als ungünstig herausgestellt haben?
- Stellt dar, in welcher Lebenssituation eine Geldanlage in Aktien sinnvoll erscheint.

Das kann ich ...

Wichtiges zusammengefasst

1. Sparen

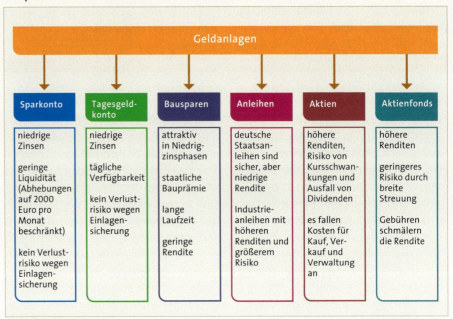

2. Zahlungsverkehr

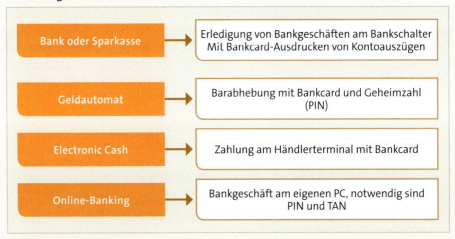

3. Formen der Überweisung

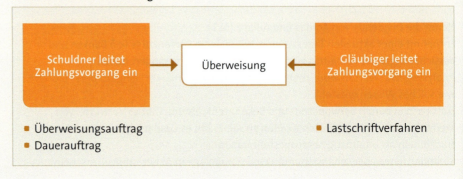

Kompetenz-Check

4. Aktien

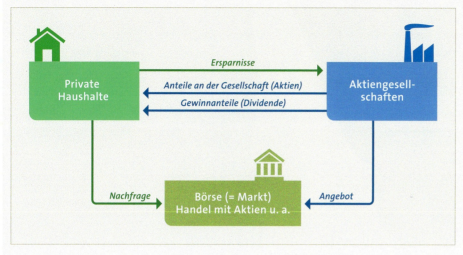

Wissens-Check

Kreditinstitute bieten auch Kindern und Jugendlichen Girokonten an. Nennt Vorteile für die Jugendlichen und für das Kreditinstitut.
Begründet, warum ihr regelmäßig eure Kontoauszüge kontrollieren müsst.
Sportvereine bieten ihren Mitgliedern den Einzug der Beiträge durch Lastschrift an. Erläutert den Zahlungsvorgang. Nennt Vorteile für den Schuldner und den Zahlungsempfänger.
Kreditinstitute bieten ihren Kunden die Teilnahme am Homebanking an. Erklärt die Bedeutung von PIN und TAN.
„Ersparnisse nützen der Volkswirtschaft." Erläutert diesen Satz.
Stellt die Interessen von Geldanlegern und von Kreditnehmern einander gegenüber.
Ein Börsenhändler hat folgende Angebot- und Nachfragesituation für die Aktien eines Unternehmens notiert:

Börsenkurs	Kauforder	Verkaufsorder	Mögliche Umsätze
100,– €	10 Stk.	26 Stk.	10 Stk.
110,– €	13 Stk.	18 Stk.	13 Stk.
120,– €	18 Stk.	18 Stk.	18 Stk.
130,– €	20 Stk.	12 Stk.	12 Stk.
140,– €	24 Stk.	10 Stk.	10 Stk.

Zeichnet die Angebots- und die Nachfragekurve. Tragt den Börsenkurs ein.
Ihr habt Ersparnisse von 500 Euro. Erörtert, ob es sinnvoll ist, dafür Aktien zu erwerben.
Erklärt, warum Kreditinstitute beim Aktienkauf ein Beratungsprotokoll anfertigen müssen.

Kredite – Ursachen und Folgen

Bei einem privaten Kredit könnt ihr euch mehr leisten, müsst euch in Zukunft aber einschränken, um die Raten zu bezahlen. Stellt euch immer die Frage, ob ein Kauf so wichtig ist, dass ihr euch über Monate oder Jahre verschuldet. Schulden zu machen muss aber nicht in jedem Fall schlecht sein. Kaum jemand wird ein Haus oder eine Eigentumswohnung bar bezahlen können. Aber ohne eigene Ersparnisse geht es auch dabei nicht. Eine Anzahlung ist notwendig. Bei der Kreditvergabe wollen die Banken oder Sparkassen zudem wissen, ob ihr als Kreditnehmer in der Lage seid, die anfallenden Raten für Tilgung und Zinsen pünktlich zu bezahlen. Der junge Mann auf dem Foto wird hier wohl Probleme bekommen.

In diesem Kapitel erkennt ihr, welchen Gefahren schon Jugendliche ausgesetzt sind, die sie in die Schuldenfalle führen können. Ihr erfahrt auch etwas über die Arten von Krediten und über deren Kosten. Schließlich beschäftigt ihr euch mit der Kreditwürdigkeit (Bonität) sowie damit, wie gesetzliche Regelungen euch dabei helfen können, einen Kredit zu widerrufen, und wie ihr aus einer Schuldenfalle wieder herauskommt.

Schon Jugendliche geraten in die Schuldenfalle

M 1 Schulden

Viele Jugendliche leihen sich geringe Beträge von Freunden und Bekannten. Das ist zumeist harmlos, doch wenn sich diese Beträge ansammeln, kann es schwierig werden, die Schulden wieder zurückzuzahlen. Unabhängig davon, mit wie viel Geld man im Rückstand ist und bei wem, muss man die Situation als Warnung erkennen und einen besseren Umgang mit Geld lernen.
Die Schuldenprobleme vervielfältigen sich bei vielen jungen Erwachsenen sprunghaft. Wer ein Auto oder eine Einrichtung für die erste eigene Wohnung kauft, kann schnell in der Schuldenfalle sein. Wenn außerdem Mahnungen ignoriert werden, kommen Mahngebühren und Verzugszinsen dazu. Im schlimmsten Fall können nicht bezahlte Schulden Arbeitsverhältnisse gefährden.

Ökonomisches Prinzip

Erinnert ihr euch noch an das Ökonomische Prinzip (s. S. 11)? „Mit einem bestimmten Geldeinsatz soll ein maximaler Nutzen erreicht werden", heißt es beim Maximalprinzip. So geht es euch auch mit dem Taschengeld, das ihr zur Verfügung habt. Ihr müsst damit haushalten. Es gibt freilich auch Jugendliche, die sich Geld von Freunden leihen, wenn sie unbedingt den neuesten James-Bond-Film sehen wollen (**M 1**). Das kann schon mal passieren, aber es muss die Ausnahme bleiben. Rund 12 Prozent der Jugendlichen zwischen 13 und 17 Jahren, das haben Untersuchungen ergeben, sind mit durchschnittlich 60 Euro verschuldet.
Trotz Flatrates gehören die Handygebühren bei vielen von euch zu den „Taschengeldfressern". Haben eure Eltern für euch einen Handyvertrag abgeschlossen? Seid ihr auch schon aus allen Wolken gefallen, wenn die monatliche Rechnung kam – mit Kosten für das Versenden von MMS-Bildnachrichten, für das Herunterladen kostenpflichtiger Apps, von Spielen und Videos sowie für das mobile Surfen im Internet? Auch Prepaid-Karten sind mit Klingelton-Abos und Ähnlichem schnell leer. Die Kosten sammeln sich im Hintergrund. Ladet ihr die Karte auf, wird der rückständige Betrag vom Guthaben abgezogen und die Karte ist erneut leer, und das mehrfach. Es kostet einige Mühe, Abo-Verträge, die ihr als Jugendliche eigentlich gar nicht abschließen dürft, wieder zu kündigen.

Wer sind die Gläubiger?

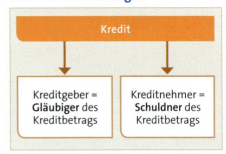

M 2 Gläubiger und Schuldner

Banken und Sparkassen vergeben vor dem 18. Lebensjahr ihren Kunden in der Regel keine Kredite. Deshalb werden zuerst Eltern, Familienangehörige und Freunde gefragt, ob sie eine Anschaffung, z.B. ein neues Smartphone, vorfinanzieren. Eltern oder Freunde sind dann Gläubiger des jugendlichen Kreditnehmers, des Schuldners. Die meisten Mädchen und Jungen zahlen ihre Schulden bald wieder zurück, aber nicht allen gelingt es. Junge Erwachsene haben oft mehr Schulden und mehr Gläubiger. Das liegt daran, dass 18-Jährige in eigenem Namen Verbindlichkeiten eingehen dürfen. Sie vereinbaren bei Käufen Teilzahlung, schließen Verträge mit Telekommunikationsanbietern oder mit Versand- und Online-Händlern. Volljährige können aber auch ihr Konto überziehen und zahlen dafür oft hohe Zinsen.

M 3 Kein Einkommen, hohe Schulden

Hallo,
ich bin 18 Jahre alt und gehe auf die Fachoberschule für Wirtschaft und Informatik. Dies ist eine Privatschule, die mich 160 Euro im Monat kostet. Auf einer staatlichen Schule habe ich keinen freien Platz mehr bekommen. Die ersten drei Raten konnte ich noch bezahlen, weil ich früher mit eBay Geld verdient habe. Ich hab auch schon als Minderjähriger erfolgreich auf eBay gehandelt. Dies geht aber nun nicht mehr. Das Finanzamt war auf die hohen Umsätze aufmerksam geworden und besuchte mich eines Tages plötzlich. Mir wurde dann untersagt, als Privatperson gewerblich auf eBay zu handeln.

Deswegen musste ich diese Nebentätigkeit leider aufgeben, sonst hätte ich eine Firma anmelden müssen. Auch habe ich ein Sky-Abo abgeschlossen, obwohl ich nicht gewusst habe, wie ich das alles zahlen sollte.
Nun habe ich kein Geld mehr und weiß nicht, wie ich das alles bezahlen soll. Außerdem verstehe ich mich nicht mehr mit meinen Eltern. Wir haben fast jeden Tag Streit, vor allem weil ich die Schule wegen zu hoher Fehlzeiten verlassen muss. Auch die Schulgebühren kann ich nicht mehr zahlen. Meine Eltern wollen, dass ich ausziehe.

Autorentext nach einem Internetforum

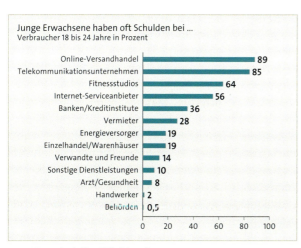

M 4 Wer sind die Gläubiger?

M 5 Gründe für Verschuldung

1. Erklärt die Begriffe „Gläubiger" und „Schuldner" mit eigenen Worten.
2. Habt ihr euch schon einmal Geld von euren Eltern oder von Freunden geliehen? Berichtet, auf welche Weise ihr es zurückbezahlt habt (M 1).
3. Nennt die Höhe der Handykosten, die bei euch monatlich anfallen.
4. Fasst zusammen, warum junge Erwachsene oft Schulden machen (Text, M 3, M 5).

Rechnungen, Mahnungen und dann?

> **M 1 Außergerichtliches Mahnverfahren – ein Beispiel**
>
> 1. Mahnung: Die Regulierung nachstehend aufgeführter Beträge ist sicherlich Ihrer Aufmerksamkeit entgangen. Wir bitten um baldigen Ausgleich.
>
> 2. Mahnung: Nachstehend aufgeführte Beträge wurden bereits angemahnt. Trotzdem konnten wir noch keinen Zahlungseingang feststellen. Bitte teilen Sie uns mit, ob eine eventuelle Reklamation der Grund Ihrer Zahlungsverzögerung ist. Ansonsten erwarten wir Ihren Ausgleich in den nächsten acht Tagen.
>
> 3. Mahnung: Auf unsere ersten beiden Mahnungen haben wir weder einen Zahlungseingang noch eine Nachricht von Ihnen erhalten. Sollte nach einer letzten Frist von acht Tagen unsere Forderung immer noch nicht beglichen sein, werden wir die Angelegenheit unserem Rechtsanwalt übertragen.
>
> *Autorentext*

Folgen verzögerter Zahlungen

Der Käufer ist durch den Kaufvertrag verpflichtet, den vereinbarten Preis fristgerecht zu bezahlen. Anderenfalls kommt er in Verzug – und dies kann für ihn teuer werden. Er muss dann nicht nur den Kaufpreis bezahlen, sondern zusätzlich Schadensersatz leisten. Dies bedeutet die Erstattung der Mahnkosten des Gläubigers, die Zahlung von Verzugszinsen, eventuell die Kosten eines Inkasso-Unternehmens* und, wenn es zu einem Gerichtsverfahren kommt, zusätzlich die Gerichts- und Anwaltskosten. Der Gläubiger muss zuvor allerdings sicherstellen, dass der Schuldner die Rechnung auch wirklich bekommen hat. Notfalls muss er sie durch einen eingeschriebenen Brief zustellen lassen.

Mahnverfahren

Beim außergerichtlichen Mahnverfahren versucht der Gläubiger, den Schuldner schriftlich zur Zahlung zu bewegen. (s. **M 1**) Meist schickt er erst eine Zahlungserinnerung, in der er den Schuldner freundlich zur Zahlung auffordert. Reagiert dieser nicht, wird ihn der Gläubiger durch eine oder mehrere Mahnungen nochmals zur Zahlung auffordern.

Wenn der Schuldner in Verzug ist, kann der Gläubiger aber auch auf das kaufmännische (außergerichtliche) Mahnverfahren verzichten und sofort eine Klage einreichen oder einen Mahnbescheid beantragen. Der jeweilige Verfahrensablauf ist in der Zivilprozessordnung (ZPO) geregelt. Formulare für Mahnbescheide gibt es in Schreibwarenläden. Der Gläubiger kann den Antrag auf Erlass eines Mahnbescheids selbst ausfüllen und an das zuständige Amtsgericht schicken. Die meisten Bundesländer haben aber die Zuständigkeit landesweit auf ein Gericht (Mahngericht) konzentriert, in Baden-Württemberg ist es das Amtsgericht Stuttgart. Gleichzeitig mit dem Antrag auf Mahnbescheid muss der Gläubiger die Gerichtsgebühren dafür vorleisten. Ist der Antrag vollständig ausgefüllt, erlässt das Mahngericht nach Geldeingang einen Mahnbescheid.

Der Schuldner muss nun innerhalb von zwei Wochen die Forderung einschließlich der Mahngebühren zahlen oder, wenn er die Forderung für nicht gerechtfertigt hält, Widerspruch einlegen. Nach einem Widerspruch kommt es bei Forderungen bis 5 000 Euro zu einem Gerichtsverfahren vor einem Amtsgericht, bei größeren Forderungen vor einem Landgericht. Wenn der Schuldner nicht reagiert und auch nach Erlass und Zustellung eines Vollstreckungsbescheids nicht zahlt, hat der Gläubiger die Möglichkeit, Zwangsvollstreckungsmaßnahmen einzuleiten, um an sein Geld zu kommen. Das pfändbare Vermögen umfasst z.B. Grundstücke und Gebäude, wertvolle Einrichtungsgegenstände, Schmuck und Bargeld. Zuständig für die Vollstreckung

---

* **Inkasso-Unternehmen**
Dienstleistungsunternehmen, die sich darauf spezialisiert haben, Forderungen einzutreiben.
Sie werden vor allem von größeren Gläubigern, auch von Banken, beauftragt. Die Inkasso-Unternehmen verlangen von den Schuldnern für ihren Arbeitsaufwand zusätzlich zum Rechnungsbetrag oft hohe Kosten. Mahnschreiben von Inkassounternehmen sind nicht immer berechtigt. Oft versuchen Online-Betrüger auf diesem Weg, etwa wegen Softwaredownloads, ungerechtfertigte Forderungen durchzusetzen. Die Verbraucherzentralen bieten in solchen Fällen Hilfe an.

sind Gerichtsvollzieher. An Einrichtungsgegenständen, die später zur Versteigerung abgeholt werden sollen, können sie ein Pfandsiegel anbringen. Nach einem erfolglosen Pfändungsversuch leiten Gerichtsvollzieher häufig eine Lohnpfändung ein, bei der der Arbeitgeber einen Teil des Einkommens des Schuldners an den Gläubiger weiterleiten muss.

M2 Pfandsiegel („Kuckuck")

Die meisten Zwangsvollstreckungen gibt es bei Immobilien. Durch Veränderungen der Einkommensverhältnisse infolge von Krankheit, Arbeitslosigkeit oder auch Ehescheidungen können manche Wohnungs- oder Hauseigentümer ihre Raten nicht mehr bezahlen. Auf den Homepages der Amtsgerichte und in einschlägigen Internetportalen können sich Kaufinteressenten über Angebote informieren.

Jugendliche Schuldner

Auch Jugendliche müssen für ihre Schulden selbst haften. Da Forderungen aus Vollstreckungsbescheiden und aus Gerichtsurteilen erst nach 30 Jahren verjähren, werden junge Schuldner meist erst dann zur Kasse gebeten, wenn sie ein eigenes Einkommen haben.

M3 Ablauf eines gerichtlichen Mahnverfahrens

1. Unterscheidet zwischen kaufmännischen und gerichtlichen Mahnverfahren (Text, **M1**, **M3**).
2. Nennt Kosten, die bei einem Mahnverfahren auf den Schuldner zukommen können.
3. Fasst mit eigenen Worten zusammen, wie ein gerichtliches Mahnverfahren weiter geht, wenn ein Schuldner nicht auf einen Mahnbescheid reagiert (Text, **M2**, **M3**).
4. Stellt dar, wie es Gläubigern gelingt, auch bei jugendlichen Schuldnern ohne eigenes Einkommen ihre Forderungen einzutreiben.

Hohe Schulden – was nun?

M1 Ein Pfand- oder Leihhaus

Pfandkredite

Pfandhäuser gibt es in fast allen größeren Städten. Dort können Wertgegenstände von Verbrauchern beliehen werden. Es gibt auch Pfandhäuser, die Kraftfahrzeuge beleihen. Für manche Schuldner sind Pfandhäuser der letzte Weg, um kurzfristig an Geld zu kommen, z.B. dann, wenn ein Mahnbescheid zugestellt wurde.

M2 Pfandkredit – ein Zeitungsbericht

Schmuck und DVD-Player, Uhren und Laptops, Handys und Porzellan – die Gegenstände, die ins Pfandhaus gebracht werden, um sie temporär gegen Bargeld einzutauschen, sind so vielfältig wie die Pfandhaus-Kunden selbst. Denn längst sind es nicht mehr nur Sozialhilfeempfänger oder arme Rentner, die kurzfristig in Geldnot stecken und auf schnelle Kurzzeitkredite angewiesen sind. Die Kunden der deutschen Pfandleihhäuser kommen aus allen Gesellschafts- und Einkommensschichten.

Die besonderen Vorteile des Pfandkredits sorgen bei den Pfandleihern für eine stabile Nachfrage: Die Darlehen gibt es konkurrenzlos schnell. Das Prinzip Geld gegen Pfand macht Einkommensnachweise überflüssig. Es gibt Bargeld sofort auf die Hand. [...]

Kann der Kunde das meist für drei Monate gewährte Darlehen nicht zurückzahlen, wird das Pfand versteigert. Überschüsse bei Versteigerungen kommen dem Einlieferer zugute. Dazu kommt es aber nur in weniger als zehn Prozent der Fälle.

Trotz solcher Unwägbarkeiten ist ein klassischer Bankenkredit für die meisten Pfandhaus-Kunden keine Alternative: „Man muss sich für die Bank gewissermaßen ausziehen, weil sie ganz genau wissen will, wie es um die Kreditwürdigkeit ihrer Kunden bestellt ist", sagt Achim Illner, Vorstand der Deutschen Pfandkredit AG aus Essen. Zudem müssen die Kreditnehmer oft wochenlang auf die Bewilligung warten, wenn sie denn überhaupt erfolgt.

Doch die Pfandleihe ist ziemlich teuer. Die Höhe des Zinses ist in der deutschen Pfandleihverordnung gesetzlich geregelt. Demnach fallen jeden Monat ein Prozent Zinsen an, dazu kommen Gebühren für die Kreditabwicklung sowie die Lagerung und Versicherung der hinterlegten Wertgegenstände.

Das kann sich summieren: Für einen Kredit von 500 Euro muss der Kunde nach einem Monat 5 Euro Zinsen sowie 15 Euro Gebühren für Lagerung und Versicherung berappen – und somit 520 Euro zurückzahlen. Eine Alternative zum langfristigen Bankdarlehen ist ein Pfandkredit auf keinen Fall. Der Weg ins Pfandleihhaus sollte immer nur der letzte Ausweg sein.

Harald Czycholl: Kredit gegen Klunker, Stuttgarter Nachrichten-online, 18.7.2014, in: stuttgarter-nachrichten.de (Zugriff: 9.2.2016)

Verbraucherinsolvenz

Wer sich nicht mehr in der Lage sieht, seine Zahlungsverpflichtungen zu erfüllen, sollte sich rechtzeitig einer städtischen oder kirchlichen Schuldnerberatungsstelle anvertrauen. Er muss dort einen Nachweis seines Einkommens und ein Verzeichnis aller seiner Schulden vorlegen. Wenn die Schulden zu hoch sind und das Arbeitseinkommen zur Tilgung nicht ausreicht, hilft nur noch die Einleitung eines Verbraucherinsolvenzverfahrens. Dies ist ein langer und harter Weg, der den Betroffenen große Opfer abverlangt.

Beim Insolvenzverfahren* wird der Schuldnerberater zunächst eine außergerichtliche Einigung mit den Gläubigern anstreben. Die Gläubiger werden also gefragt, ob sie bereit sind, auf einen Teil ihrer Forderungen zu verzichten. Sind sie dazu nicht bereit, wird der Schuldnerberater oder ein Anwalt ein gerichtliches Insolvenzverfahren beantragen. Dabei wird für die Dauer von sechs Jahren der nicht zum dringend notwendigen Lebensunterhalt des Schuldners benötigte Teil von dessen Einkommen an einen Treuhänder abgegeben. Dieser verteilt das Geld nach Abzug der Gerichtskosten anteilmäßig an die einzelnen Gläubiger. Der Schuldner ist verpflichtet, alles zu tun, um zur Tilgung der Schulden beizutragen. Er muss jede Arbeit annehmen, die seinen Fähigkeiten entspricht. Wenn der Schuldner diese Auflage erfüllt und keine neuen Schulden macht, kann ihm das zuständige Gericht nach sechs Jahren die restlichen Schulden erlassen.

M 3 Aus einem Internetforum

Hallo liebe Forenmitglieder,
ich habe Realschulabschluss, bin 21 Jahre alt und wohne noch bei meinen Eltern. Derzeit mache ich eine Berufsausbildung zum Kaufmann für Marketingkommunikation. Nebenbei arbeite ich dreimal in der Woche als Lieferfahrer für eine Pizzeria.

Ich muss sagen, dass ich leichtsinnig mit meinem Geld umgegangen bin. Jede Menge Ratenzahlungen, ein eigenes Auto, Bußgeld, weil ich oft geblitzt wurde, und so weiter. Meine damalige Freundin hat mir auch viel abgeknöpft. Und nun habe ich etwa 5000 Euro Schulden. Meine Kreditkarte bei der Bank ist mit etwa 1600 Euro belastet und mein Konto mit 900 Euro überzogen. Die Schulden bei einigen Versandunternehmen betragen etwa 2500 Euro. Unterstützung von meinen Eltern kann ich nicht erwarten. Es sind auch schon ein paar Inkasso-Unternehmen an mir dran.

Ich war in diesem Jahr von Mitte Mai bis Mitte August krankgeschrieben, meine Ausbildung ist gefährdet, und psychisch bin ich kaum noch belastbar. Derzeit wiederhole ich das 2. Ausbildungsjahr, und auf die Berufsschule kann ich mich nur noch schlecht konzentrieren.

Mitleid oder irgendwelche Vorwürfe will ich nicht hören, denn ich weiß, dass ich für alles selbst verantwortlich bin. Vielleicht hat jemand aber ein paar Tipps, die mir helfen könnten.

Autorentext nach einem Internetforum

* **Insolvenz**
Sie beschreibt die Zahlungsunfähigkeit eines Schuldners, also dessen Unvermögen, seine fälligen Verbindlichkeiten zu erfüllen. Bei einem gerichtlichen Insolvenzverfahren können Schuldner, die sich bemühen, ihre Schulden wenigstens teilweise zurückzuzahlen, nach sechs Jahren von ihren Restschulden befreit werden.

1 Nennt Vor- und Nachteile eines Pfandkredits (M 1, M 2).
2 Analysiert die in M 3 geschilderte Situation.
3 Erklärt Ablauf und Bedeutung von Verbraucherinsolvenzverfahren.

Kredite für Verbraucher

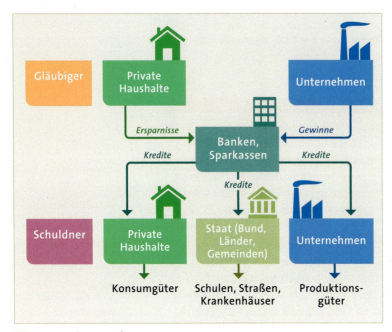

M1 Ersparnisse werden zu Krediten

* **Kreditfähigkeit**
Die Fähigkeit, Kredite aufzunehmen, beginnt mit der Volljährigkeit, also mit dem 18. Geburtstag.

* **Kreditwürdigkeit (Bonität)**
Dabei geht es um die Einschätzung der Kreditinstitute, ob der Kreditnehmer den Kredit auch wieder zurückzahlen kann. Sie informieren sich fast immer bei Wirtschaftsauskunfteien wie der Schufa (Schutzgemeinschaft für allgemeine Kreditsicherung). Dort sind Daten über die Kreditwürdigkeit einzelner Personen gespeichert. An die Auskunfteien werden von vielen Kreditinstituten, Kaufhäusern, Kreditkartengesellschaften und Versandhäusern alle Kredite und Ratenzahlungen ihrer Kunden gemeldet und über neue Kunden Auskünfte eingeholt. Die über sie u. a. von der SCHUFA gespeicherten Daten können einmal jährlich kostenlos von Privatpersonen abgerufen werden.

Sich verschulden – oder lieber nicht?

„Schulden werden bei uns nicht gemacht. Bei uns wird sofort alles bezahlt." Diesen Standpunkt kann man häufig hören. Aber nicht jeder denkt so, viele lassen sich oft von günstig erscheinenden Zinssätzen verführen. Ob Auto, Möbel, den neuen Fernseher oder einen Traumurlaub, Kredit aufnehmen für einen besseren Lebensstandard gilt heute bei manchen Menschen als normal.

Ratenkredite für Privatkunden gehören zu den lukrativsten Geschäftstätigkeiten der Banken und Sparkassen. Auf der Jagd nach neuen Kreditnehmern lassen sie sich daher immer wieder neue Werbemethoden einfallen. Nur Volljährige sind kreditfähig*. An Jugendliche unter 18 Jahren dürfen Banken oder Sparkassen keine Kredite vergeben. Dazu wäre die Genehmigung eines Familiengerichts erforderlich.

Kreditverträge für Verbraucher

Unter einem Kredit versteht man die befristete Überlassung von Geld gegen die Zahlung von Zinsen. Bei Krediten mit längeren Laufzeiten über höhere Summen spricht man meist von Darlehen. Beide Partner eines Kredit- oder Darlehensvertrags haben bei diesem Geschäft einen Nutzen. Der Kreditnehmer (Schuldner) kann etwas verwirklichen, was ihm sonst wegen der fehlenden Eigenmittel nicht möglich wäre. Der Kreditgeber (Gläubiger) erhält sein Geld wieder zurück und hat zusätzliche Zinseinnahmen. Kreditinstitute sind die häufigsten Kreditgeber. Sie verwenden dafür vor allem die Spareinlagen ihrer Kunden, die sie als Darlehen wieder in den Wirtschaftskreislauf einbringen. Privathaushalte verwenden sogenannte Konsumentenkredite vor allem für größere private Anschaffungen, häufig für die Anschaffung eines PKW oder für einen Haus- bzw. Wohnungskauf.

Banken, Versandhäuser und Online-Shops gewähren nur Kredite an Kunden, wenn diese eine ausreichende Kreditwürdigkeit* (Bonität) gewährleisten. Von der Bonität hängt bei Kreditinstituten auch die Höhe der Kosten ab. Bei einer hohen Bonität ist das Risiko der Kreditvergabe für Banken und Sparkassen gering, deshalb werden auch weniger Zinsen verlangt.

Dispositionskredit

Für einen Überziehungskredit, auch Dispositions- oder kurz Dispokredit genannt, benötigt ein Kreditnehmer ein Girokonto, auf das regelmäßige Zahlungen eingehen. Dies ist in der Regel das Arbeitseinkommen. Den Kontoinhabern wird ein Kreditrahmen von zwei bis drei Monatseinkommen eingeräumt. Ein Dispositionskredit hilft, kurze finanzielle Engpässe zu überwinden. Er ist aber teuer, die Zinssätze liegen oft bei mehr als 10 Prozent pro Jahr.

Ratenkredit

Wenn es darum geht, über einen längeren Zeitraum Geld aufzunehmen, ist der Ratenkredit die günstigere Möglichkeit. Dabei handelt es sich um ein Darlehen mit einem festen Zinssatz, das über eine vorher vereinbarte Laufzeit mit gleichbleibenden Raten zurückgezahlt wird. Vor der Aufnahme eines Ratenkredits sollten die Konditionen verschiedener Anbieter verglichen werden. Ein wichtiges Entscheidungskriterium ist der effektive Jahreszins. In ihm sind der Nominalzinssatz sowie eventuell anfallende Versicherungsprämien und Provisionen enthalten. Je niedriger der Effektivzins, umso günstiger wird der Kredit. Kreditinstitute, aber auch Geschäfte, die Ratenzahlungen anbieten, müssen den effektiven Jahreszins immer angeben. Seine Ermittlung ist ein kompliziertes Rechenverfahren. Im Internet gibt es dazu kostenlose Kreditrechner.

Lockangebote

Manche Banken werben mit günstigen Kreditangeboten. Doch oft handelt es sich dabei nur um Lockangebote für Kunden mit hoher Bonität. Nur Kunden mit festem Arbeitsplatz, überdurchschnittlich hohem Einkommen und keinen weiteren Schulden erhalten den Niedrigzins. Am liebsten vergeben Kreditinstitute dann an Privatpersonen Kredite, wenn Sicherheiten vorhanden sind. Beim Kauf eines Wohnhauses oder einer Eigentumswohnung dient die erworbene Immobilie den Banken oder Sparkassen als Sicherheit für die Rückzahlung des Kredits. Beim Kauf eines PKWs behält das Kreditinstitut den Fahrzeugbrief als Sicherheit und verlangt vom Kunden den Abschluss einer Vollkaskoversicherung.

Widerrufsrecht

Die Aufnahme eines Kredits ist keine Entscheidung, die jemand leichtfertig trifft. Häufig vergleicht ein Kreditnehmer mehrere Angebote und schaut genau ins „Kleingedruckte" des Vertrags. Denn vor allem bei Baufinanzierungen geht es um beträchtliche Summen. Aber trotz bester Vorbereitungen kann es dazu kommen, dass ein Kreditnehmer nach der Vertragsunterzeichnung noch ein günstigeres Angebot erhält oder doch lieber auf einen Kredit verzichtet. Dann stellt sich die Frage, ob kurzfristig der Vertrag noch gekündigt werden kann.

Das Bürgerliche Gesetzbuch (BGB) garantiert Verbrauchern ein 14-tägiges Widerrufsrecht für Kreditverträge, die sie z.B. mit einer Bank abgeschlossen haben. Der Widerruf muss schriftlich erfolgen, am besten durch Einschreiben. Eine Begründung ist nicht notwendig. Nicht gekündigt werden können Kleinkredite bis zu 200 Euro und Pfandkredite.

Informiert euch bei eurem Kreditinstitut, wie hoch dort die Überziehungszinsen bei einem Girokonto sind. Die Auskunft bekommt ihr auch telefonisch oder im Internet.
Übertragt die Tabelle in euer Heft und ergänzt die fehlenden Werte des Ratenkredits.
(Die Gleichung zur Berechnung der Jahreszinsen lautet: $z = \dfrac{K \cdot p\%}{100\%}$

Z sind die jährlichen Zinsen, K das Kapital und p der Zinssatz pro Jahr in Prozent.)

	Kredit Bank A	Kredit Bank B
Kreditbetrag	20 000 Euro	20 000 Euro
Zinssatz pro Monat	0,48 %	0,45 %
Zinssatz pro Jahr		
Laufzeit	36 Monate	48 Monate
Summe der Zinsen		
Kreditbetrag + Zinsen		
Monatsrate (Kredit + Zinsen)	651,56 Euro	

Wohneigentum oder Miete?

M1 Ein eigenes Heim – Wunsch fast aller Familien

* Abzahlungsdarlehen
Dabei bleibt der Tilgungsanteil unverändert. Die laufenden Zahlungen sinken, weil die Zinslast wegen der abnehmenden Restschuld zurückgeht.

* Annuitätendarlehen
Darunter versteht man ein Darlehen mit gleichen Rückzahlungsraten. Die Raten setzen sich jeweils aus einem Zins- und einem Tilgungsanteil zusammen. Weil mit jeder Rate ein Teil der Schuld bezahlt wird, verringert sich der Zinsanteil zugunsten des Tilgungsanteils. Der Zinssatz wird beim Abschluss des Darlehensvertrags für einen vereinbarten Zeitraum festgeschrieben.

Eine eigene Immobilie?

Fast jeder, der einen eigenen Haushalt führt, steht früher oder später vor der Entscheidung: Ist es vernünftig, weiterhin zur Miete zu wohnen, oder sollte besser ein Haus oder eine Eigentumswohnung erworben werden? Gutverdienende Eltern, die den Wunsch haben, ihre Kinder im eigenen Haus toben zu lassen, ohne gleich an die Nachbarn denken zu müssen, werden sich für die eigene Immobilie entscheiden. Abgesehen vom Bedürfnis, „etwas Eigenes" zu besitzen, betrachten viele Menschen die eigenen vier Wände als wichtigen Teil der privaten Altersvorsorge. Vieles spricht auf den ersten Blick für das Eigenheim. Statt Miete zu zahlen, zahlt man den Kredit für die eigene Immobilie ab, allerdings zusammen mit erheblichen Zinsen. In den ersten Jahren nach dem Kauf sind die zu zahlenden Darlehensraten meist deutlich höher als Mietzahlungen. Aber Mieten steigen mit der Zeit, meist in der Höhe der Inflationsraten, während die vereinbarten Darlehensraten gleich bleiben. Allerdings verursacht die eigene Immobilie auch Kosten wie Grundsteuern und Hausversicherungen. Und natürlich fallen auch immer wieder Kosten für die Instandhaltung an.

Zins und Tilgung

Käufer eines Eigenheims sollten mindestens 20 Prozent der Kaufsumme angespart haben. Der für die Finanzierung der Restsumme erforderliche Kredit ist bei vernünftiger Kalkulation in der Regel bei monatlichen Ratenzahlungen nach spätestens 30 Jahren abbezahlt. Darlehen können als Abzahlungsdarlehen* oder Annuitätendarlehen* gewährt werden.

M2 Tilgungsformen von Darlehen

In den meisten Fällen erfolgt die Rückzahlung in Form eines Annuitätendarlehens. Das folgende Beispiel zeigt, was damit gemeint ist:

Tilgungs- und Zinsanteil eines Annuitätendarlehens von 10 000 Euro während der ersten vier Jahre bei einer jährlichen 10%igen Verzinsung und einer jährlichen Rückzahlungsrate von 2 000,- Euro.

	Zins	Tilgung	Restschuld
1. Jahr	1 000,-	1 000,-	9 000,-
2. Jahr	900,-	1 100,-	7 900,-
3. Jahr	790,-	1 210,-	6 690,-
4. Jahr	669,-	1 331,-	5 359,-

M 3 Sinkende Zinsen, steigende Tilgungsraten

Wertentwicklung

Ein Immobilienerwerb ist in der Regel nur dann sinnvoll, wenn absehbar ist, dass die Käufer langfristig am gleichen Ort bleiben werden und dort auch einen sicheren Arbeitsplatz haben. Ein Verkauf innerhalb der ersten zehn Jahre ist schon allein wegen der Erwerbsnebenkosten in Form von Maklerprovision, Grunderwerbsteuer und Grundbuchgebühren von meist mehr als 10 Prozent des Kaufpreises nicht sinnvoll. Allein die Grunderwerbsteuer beträgt in Baden-Württemberg 5 Prozent des Kaufpreises der Immobilie. Um bei einem Verkauf Verluste zu vermeiden, müssen diese Kosten durch den Wertzuwachs des Objekts wieder zurückgeholt werden – und der liegt selbst in wirtschaftlich starken Regionen im Schnitt nur selten über 2 bis 3 Prozent pro Jahr.

In Ballungsgebieten können die Preise für Häuser und Eigentumswohnungen beträchtlich steigen. Voraussetzung ist aber auch dabei, dass das Grundstück in einer ruhigen Gegend liegt und mit öffentlichen Verkehrsmitteln gut zu erreichen ist. Aber auch diejenigen, die einen Umzug auf lange Sicht ausschließen können, machen mit dem Erwerb eines Hauses oder einer Wohnung eventuell ein schlechtes Geschäft. Denn nicht jede Immobilie steigt langfristig automatisch im Wert. Entscheidend ist der Standort. In Regionen, in denen Arbeitsplätze fehlen und deshalb die Menschen in Ballungszentren mit viel Industrie abwandern, sinken die Immobilienpreise.

M 4 Preis geht nach oben

1. Stellt sowohl Chancen als auch Risiken eines Immobilienkaufs dar (M 1, Text).
2. Beschreibt jeweils die Veränderung der Zins- und der Tilgungsraten bei unterschiedlichen Tilgungsformen (M 2). Skizziert die Veränderungen von Zins und Tilgung in M 3 in Form von zwei Kurven in einem Koordinatensystem. Tragt auf der x-Achse die Jahre 1 bis 4 auf.
3. Erklärt das Schaubild (M 4). Erörtert, ob sich die Preisentwicklung mit anderen Regionen vergleichen lässt.
4. Sucht aus einer Tageszeitung oder aus dem Internet ein Immobilienangebot eures Wohnorts heraus. 50 Prozent des Kaufpreises sollen durch ein Darlehen finanziert werden. Fertigt nach dem Beispiel von M 3 eine Tabelle der Zins- und Tilgungszahlungen in den ersten 4 Jahren bei einem Zinssatz von 3 Prozent und einer Annuität von 20 000 Euro.

Das kann ich ...

Wichtiges zusammengefasst

1. Entscheidung für oder gegen einen Kredit

2. Gerichtliches Mahnverfahren

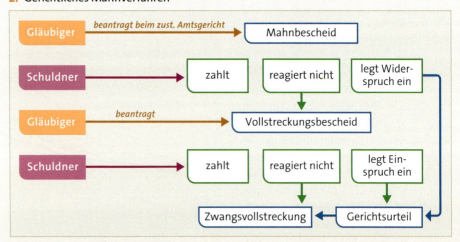

3. Dispositions- oder Ratenkredit

	Dispokredit	Ratenkredit
Zweck	kurzzeitiger Geldbedarf	größere Anschaffungen
Laufzeit	unbefristet	vereinbarte Laufzeit
Tilgung	Ausgleich durch Arbeitseinkommen	monatliche Raten
Zinsen	variabel	fix (gleichbleibend)
Sicherheit	regelmäßiges Arbeitseinkommen	z. B. Sicherheitsübereignung – PKW

Kompetenz-Check

4. Zinsrechnung

$$Z = K \cdot \frac{p}{100\%} \qquad K = Z \cdot \frac{100\%}{p} \qquad p = \frac{Z}{K} \cdot 100\%$$

Z = Zinsen K = Kapital p = Zinssatz in %

5. Sicherung von Krediten

- **Bürgschaft:** Verwandte oder Freunde erklären verbindlich, für den Kredit einzustehen.
- **Grundpfandrecht:** Beim Kauf einer Immobilie werden die noch vorhandenen Grundschulden ins Grundbuch eingetragen. Bei Zahlungsverzug kann der Gläubiger die Immobilie versteigern lassen.
- **Sicherungsübereignung:** Übliches Verfahren, z. B. beim PKW-Kauf auf Raten. Der Händler behält zusätzlich den Fahrzeugbrief bis zur vollständigen Abzahlung.
- **Eigentumsvorbehalt:** Handwerker oder Händler dürfen die gelieferte Ware wieder abholen, wenn sie nicht bezahlt wurde.
- **Pfand:** Geld gegen Pfand im Pfandhaus.

Wissens-Check

1 Stellt den Ablauf eines außergerichtlichen und eines gerichtlichen Mahnverfahrens dar.

2 Herr Schneider möchte einen gebrauchten PKW für 12 000 Euro kaufen. Er hat 7000 Euro gespart und hofft, den Restbetrag in wenigen Monaten von seinem Einkommen zurücklegen zu können.
Im Internet findet er drei passende Angebote für Kredite:
- **a** 5000 €, Laufzeit 10 Monate, 5300 € zurück
- **b** 5000 €, Laufzeit 6 Monate, 200 € Zinsen
- **c** 5000 €, Laufzeit 8 Monate, ohne Schufa-Auskunft, 10 Prozent Zinsen p. a. (pro Jahr)

Vergleicht die Angebote.

3 Unterscheidet einen Dispositions- von einem Ratenkredit.

4 Erklärt die Begriffe „Kreditfähigkeit" und „Kreditwürdigkeit".

5 Herr und Frau Schulz wollen eine neue Wohnzimmereinrichtung für 14 000 Euro kaufen. Dafür fehlen ihnen noch 9000 Euro. Sie wollen für diesen Betrag einen Ratenkredit aufnehmen. Ihre Sparkasse macht ein Angebot mit 0,5 % Zinsen pro Monat, bei einer gleichbleibenden Tilgung in 24 Monaten. Familie Schulz hat jeden Monat folgende Einnahmen und Ausgaben:

Einnahmen		Ausgaben	
Frau Schulz	1200 Euro	Miete + NK	900 Euro
Herr Schulz	1800 Euro	Kosten für Lebenshaltung	1200 Euro
Kindergeld	380 Euro	Sonstiges	780 Euro

Berechnet den Rückzahlungsbetrag und die monatlichen Zinsen und Tilgungsraten.
Gebt Familie Schulz einen Rat, ob sie den Kredit aufnehmen soll.

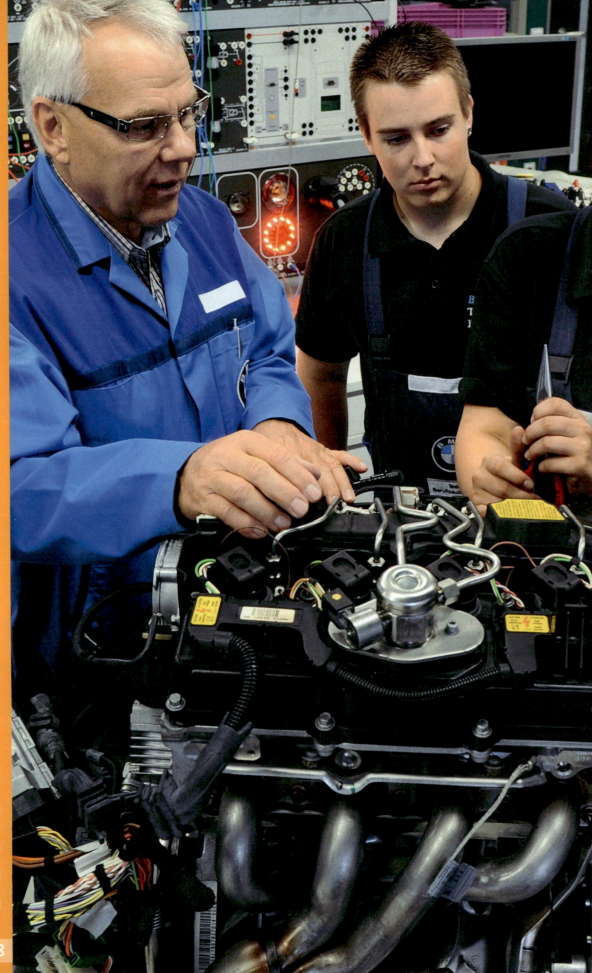

Wahl eines geeigneten Berufs

Die Arbeitswelt verändert sich. Neue Berufe entstehen, ältere verlieren an Bedeutung. Eure Berufswahl muss sich diesen Gegebenheiten anpassen. Habt ihr euch schon darüber Gedanken gemacht, welche Berufe zu euren Fähigkeiten und Neigungen passen könnten? Die Jugendlichen auf dem Foto haben diese Frage schon geklärt. Strebt ihr einen technischen, einen kaufmännischen oder einen sozialen Beruf an? Ihr solltet euch bei dieser wichtigen Entscheidung nicht zu sehr von anderen beeinflussen lassen. Eure Familien haben bestimmt gut gemeinte Tipps und eure Freunde haben vielleicht interessante Berufswege eingeschlagen. Dennoch solltet ihr euren persönlichen Neigungen und Interessen folgen. Außenstehende wie die Berater der Berufsinformationszentren (BIZ) oder die Studienberater der Hochschulen können euch einen objektiven Blick auf eure Wunschausbildung geben. Ein Praktikum in einem Beruf, für den ihr euch interessiert, kann bei der Entscheidungsfindung helfen. Mancher hat schon während eines Ferienjobs seinen Traumberuf gefunden.

Dieses Kapitel hilft euch dabei, Fähigkeiten und Neigungen auf eure Berufswahl zu übertragen. Ihr informiert euch über unterschiedliche Berufswege und übt, wie eine aussagefähige Bewerbung für euren Traumberuf aussehen könnte. Ziele und Erwartungen an euren zukünftigen Beruf vergleicht ihr mit den Anforderungen der sich schnell verändernden Arbeitswelt.

Begabungen und Neigungen bestimmen die Berufswahl

Eigene Interessen

Soll man sich jetzt schon Gedanken über seinen späteren Beruf machen? Warum denn nicht? Am besten, ihr beginnt mit einigen Überlegungen: Was ist euch wichtig? Wofür steht ihr freiwillig morgens früh auf? Was macht ihr in eurer Freizeit? Was motiviert euch? Wenn ihr erst einmal sammelt, wofür ihr euch interessiert, dann ergibt sich daraus schon eine ganze Reihe von Möglichkeiten. Es ist ganz normal, dass ihr euch zunächst für verschiedene Berufe interessiert. Später müsst ihr euch entscheiden, welchen Weg ihr wählt.

Das Problem ist: Viele stellen sich diese Fragen gar nicht. Sie fangen nicht mit ihren Interessen, ihren Hobbys an, sondern mit dem, was ihnen naheliegend erscheint. Da spielen die Eltern eine große Rolle. Nach dem Motto: Mein Vater ist Industriemechaniker, also mache ich auch eine entsprechende Berufsausbildung. Doch auch wenn nicht jeder gleich den Beruf der Eltern ergreift, geben diese meistens zumindest die Antwort auf Fragen nach einer technischen, kaufmännischen oder sozialpflegerischen Ausbildung. Außerdem tragen die Eltern oft Erwartungen nach hohem Einkommen und Möglichkeiten des beruflichen Aufstiegs an euch heran. Daneben gibt es auch viele andere äußere Einflüsse auf eure Berufsentscheidung. So vermitteln „cool" erscheinende Kommissarinnen und Kommissare in Fernsehkrimis ein geschöntes Bild der Polizeiarbeit und bewirken bei der Polizei recht viele Bewerbungen.

Lasst euch auch nicht von Aussagen beeinflussen, dass bestimmte Berufe in Zukunft besonders gefragt sein werden. Die Tatsache, dass es auf dem Arbeitsmarkt heute einen großen Mangel an bestimmten Fachkräften gibt, bedeutet nicht, dass das auch noch der Fall sein wird, wenn ihr eure Ausbildung oder euer Studium abgeschlossen habt. Das Wichtigste für eure Berufswahl sollten eure Fähigkeiten, Interessen und Ziele sein.

Ausbildung, Studium oder beides?

Nachdem ihr euch gefragt habt, in welche Richtung eure berufliche Orientierung geht, ergibt sich die Antwort darauf, was ihr unternehmen müsst, um dahin zu kommen. Eine Berufsausbildung in Handwerk, Handel, Industrie oder in sozialen Einrichtungen garantiert euch ein solides Einkommen und vielerlei Aufstiegsmöglichkeiten. Wer nach dem Mittleren Bildungsabschluss mit guten Noten

---

M 1 Mathematisches Verständnis – wähle jeweils die richtige Lösung aus

1 Ein Anlagenmechaniker verlegt in zwei Stunden 13 m Rohre. Wie lange braucht er, um 52 m Rohre zu verlegen?

a 3 Stunden b 4 Stunden c 5 Stunden
d 6 Stunden e 7 Stunden f 8 Stunden

2 In einem Handwerksbetrieb machen die Materialkosten monatlich mit 24 000 Euro 30 % der gesamten Kosten aus. Wie hoch sind die gesamten Kosten?

a 64 000 € b 80 000 € c 104 000 €
d 84 000 € e 36 000 € f 56 000 €

3 Ihr seid damit beauftragt worden, an den Begrenzungen eines dreieckigen Grundstücks einen Zaun anzubringen. Die Länge der Seite b beträgt 3 m, die der Seite c 4 m. Ihr benötigt jedoch auch die Länge der Seite a. Wie lang ist sie?

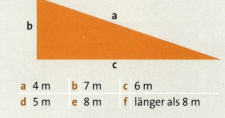

a 4 m b 7 m c 6 m
d 5 m e 8 m f länger als 8 m

die Allgemeine Hochschulreife, also das Abitur, erwerben will, kann u.a. ein Berufliches Gymnasium besuchen. Auch nach der Berufsausbildung gibt es viele Wege zur Studierfähigkeit, z.B. den erfolgreichen Besuch eines Einjährigen Berufskollegs zum Erwerb der Fachhochschulreife (s. S. 96/97).

Begabungen analysieren

Als ihr euch für einen sprachlichen oder einen anderen Wahlpflichtbereich an eurer Schule entschieden habt, wart ihr euch sicherlich schon im Klaren darüber, wo eure größeren Fähigkeiten liegen. Damit ihr eure Stärken und Schwächen noch deutlicher erkennt, hilft euch eine Potenzialanalyse*. Potenzialanalysen beginnen meist damit, vorhandene Kompetenzen zu hinterfragen, z.B. das mathematische (M1) oder das technische (M2) Verständnis. Drei einfache Aufgaben verdeutlichen euch, was damit gemeint ist. Ihr solltet die Aufgaben schnell und ohne Taschenrechner lösen können.

Selbstverständlich können die wenigen Beispiele von M1 und M2 kein abschließendes Bild über eure Begabungsschwerpunkte liefern. Dazu benötigt ihr ausführlichere Tests, die z.B. die Berufsinformationszentren (BIZ) der Agenturen für Arbeit anbieten. Bis ihr euren Schulabschluss in der Tasche habt, kann sich ohnehin noch vieles in euren Begabungsschwerpunkten verändern. Wer in eurem Alter schlechte Noten in Mathematik hat, bekommt vielleicht in einigen Jahren Spaß an dem Fach und wird später ein Mathefreak.

Untersuchungsbereiche von Potenzialanalysen sind auch das Leistungsverhalten und der Arbeitsstil. Aber darüber wisst ihr ja Bescheid. Trödelt ihr bei den Hausaufgaben? Verschiebt ihr die Vorbereitung zu Klassenarbeit auf die letzte Minute? Aber auch das muss noch keine Vorentscheidung für euren späteren Berufsweg sein. Viele wenig motivierten Schülerinnen und Schüler ziehen später ihre Berufsausbildung zielbewusst und erfolgreich durch.

* **Potenzialanalyse**
Darunter versteht man die Untersuchung des Vorhandenseins bestimmter persönlicher Kompetenzen, die für zukünftige Studien und die Berufsorientierung nutzbar gemacht werden können. Die „Kompetenzanalyse Profil AC", die an vielen Schulen durchgeführt wird, ähnelt einer Potenzialanalyse.

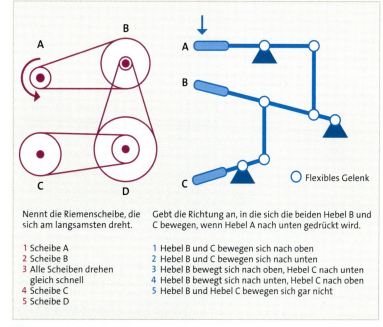

Nennt die Riemenscheibe, die sich am langsamsten dreht.

1 Scheibe A
2 Scheibe B
3 Alle Scheiben drehen gleich schnell
4 Scheibe C
5 Scheibe D

Gebt die Richtung an, in die sich die beiden Hebel B und C bewegen, wenn Hebel A nach unten gedrückt wird.

1 Hebel B und C bewegen sich nach oben
2 Hebel B und C bewegen sich nach unten
3 Hebel B bewegt sich nach oben, Hebel C nach unten
4 Hebel B bewegt sich nach unten, Hebel C nach oben
5 Hebel B und Hebel C bewegen sich gar nicht

M2 Technisches Verständnis

---

1 Führt die beiden Tests **M1** und **M2** durch. Beurteilt, ob die Ergebnisse eure Begabungen wirklich widerspiegeln.

2 Unter www.planet-beruf.de findet ihr einen Test, bei dem ihr feststellen könnt, wo der Schwerpunkt eurer beruflichen Interessen liegen könnte.
Führt den Test durch und ruft dort Vorschläge für eine Ausbildung ab, die für euch geeignet ist, oder für ein Studium, das infrage kommt.
Einen weiteren Test findet ihr unter http://portal.berufe-universum.de.

3 Zu euren Hobbys gehört das Mountainbike-Fahren? Dann sucht im Internet, z. B. über www.berufenet.de, Berufe, die zu diesem Hobby passen. Ähnlich könnt ihr mit anderen Hobbys verfahren, z. B. dem Fotografieren.

Ausbildungsberufe – eine Auswahl

M 1 Britta und Daniel

Britta und Daniel sind unsicher. Sie haben keine Ahnung, welcher Ausbildungsberuf zu ihnen passen könnte. Da entdeckt Britta in einer Tageszeitung, dass Ausbilder einige Berufe vorstellen. „Das lesen wir mal durch", meint Britta. „Vielleicht erkennen wir, in welche Richtung unsere Vorstellungen gehen."

M 2 Sozialversicherungsangestellte/-r

Erwarteter Schulabschluss: Mittlere Reife oder Abitur. Ausbildungsdauer: 2 bis 3 Jahre, je nach Schulabschluss.
Zu den Hauptaufgaben dieser AOK-Mitarbeiter gehört es, die Kunden in allen Fragen rund um die Kranken- und Pflegeversicherung gut zu beraten und auf deren individuelle Situation einzugehen. Anna Strecker ist bereits im dritten Lehrjahr. Sie berät die Kunden und arbeitet am PC. Zu ihren Aufgaben gehört auch die Bearbeitung, Genehmigung und Zahlung von Leistungen an die Kunden. „Die Abwechslung zwischen der Praxis und der Theorie in der Berufsschule und dem AOK-Bildungszentrum macht die Ausbildung spannend." Anna lernt die verschiedenen Abteilungen kennen und kann dort ihr neu erlerntes Wissen gleich anwenden. Nach ihrer Ausbildung hat Anna Strecker die Möglichkeit, sich zur Krankenkassen-Fachwirtin und zur Betriebswirtin für Krankenkassen fortzubilden.

M 3 Medientechnologe/-in Druck

Erwarteter Schulabschluss: Sehr guter Hauptschulabschluss oder mittlere Reife. Ausbildungsdauer: 3 Jahre.
„Unser Unternehmen BECHTLE Verlag & Druck fertigt vorwiegend Zeitschriften, Kataloge, Broschüren und Beilagen", berichtet Christopher Galiga. Christopher Galiga lernt während der Ausbildung, Papier einzulegen, Farben vorzubereiten und die Druckmaschinen einzurichten. Das setzt Verständnis im Umgang mit Elektronik und Mechanik voraus. Schließlich gilt es, trotz ständig wechselnder Produktions- und Falzarten ein Maximum an Qualität zu erzielen. Zur Ausbildung des 19-Jährigen gehören auch Wartungs- und Instandhaltungsarbeiten. Danach hat Christopher Galiga zahlreiche Möglichkeiten der Weiterbildung: zum Meister, Techniker oder mit den entsprechenden Voraussetzungen zum Druckingenieur.

M 4 Kauffrau/-mann im Groß- und Außenhandel

Erwarteter Schulabschluss: Mittlere Reife. Ausbildungsdauer: 3 Jahre
Ivana Lekic hat ihre Abschlussprüfungen bereits erfolgreich abgelegt und darf sich jetzt ganz offiziell „Kauffrau im Groß- und Außenhandel" nennen. Drei Jahre hat ihre Ausbildung gedauert und in dieser Zeit hat sie verschiedene Abteilungen

des Unternehmens durchlaufen. Zu ihren Aufgaben zählen „Angebote erfassen, Aufträge eingeben, Kundendaten anlegen, Telefonate führen und Reklamationen bearbeiten". Dass sie von Anfang an selbstständig arbeiten durfte und Verantwortung für Teilaufgaben übertragen bekam, findet sie gut. „Man ist ein vollwertiges Mitglied des Teams." Eine Herausforderung sei es gewesen, den Schulstoff zu erlernen und sich in die Produktwelt des Unternehmens einzuarbeiten. „Ich möchte hier erst einmal Berufserfahrung sammeln, und dann steht alles offen, z. B. eine Weiterbildung zum Handelsfachwirt", ergänzt Ivana Lekic.

M 5 Industriemechaniker/-in Fachrichtung Formen- und Werkzeugbau

Erwarteter Schulabschluss: Guter Hauptschulabschluss oder mittlere Reife. Ausbildungsdauer: 3,5 Jahre.

Technisches Interesse, handwerkliches Geschick und räumliches Vorstellungsvermögen sind bei der Ausbildung von Rivas Sagura gefragt. Denn in der Fachrichtung Formen- und Werkzeugbau fertigen Industriemechaniker/-innen bei dem Spritzguss-Formenhersteller Wilhelm Weber in Esslingen aus Stahllegierungen Formen für die Metall oder Kunststoff verarbeitende Industrie. Hierzu stellen sie einzelne Formteile nach technischen Zeichnungen her. Die Auszubildenden lernen, computergesteuerte Maschinen zu bedienen. Rivas Sagura lernt aber nicht nur das Erodieren, Fräsen, Schleifen und Drehen der Einzelteile, sondern auch das Zusammensetzen der vorgefertigten Metallteile zu einer kompletten Form. Danach werden diese auf Präzision und Funktion geprüft. Ebenso setzen Industriemechaniker beschädigte und verschlissene Formen instand und warten Maschinen sowie Werkzeuge. Rivas Sagura denkt schon an die Zukunft: „Ich würde gerne noch den Techniker oder Meister machen."

M 6 Mechatroniker/-in

Erwarteter Schulabschluss: Gute mittlere Reife. Ausbildungsdauer: 3,5 Jahre.

Daniel Lutz und Daniele Sinesi haben ihre Ausbildung bei dem Hersteller von Robotern und Werkzeugmaschinen FANUC begonnen. Beide lernen den Beruf des Mechatronikers. „Die Ausbildung ist sehr abwechslungsreich, da in dem Beruf Elektronik, Mechanik und Pneumatik zusammenkommen", erklärt Daniel Lutz. […] Bei der Ausbildung wechseln Berufsschule und der praktische Einsatz im Betrieb. Die Auszubildenden lernen, aus mechanischen, elektrischen und elektronischen Bauteilen Systeme zu bauen, zum Beispiel Roboter für die industrielle Produktion. Sie stellen die einzelnen Komponenten her und montieren sie anhand von Schaltplänen und Konstruktionszeichnungen zu Systemen und Anlagen. Die fertigen Anlagen nehmen sie in Betrieb und programmieren sie. Daniela Lutz und Daniele Sinesi wollen später die Fachhochschulreife nachholen und anschließend Maschinenbau studieren.

M2–M6 nach: Let's work. Goodbye Schule. Sonderbeilage der Eßlinger Zeitung, Juli 2016

1 Fertigt, am besten in Gruppenarbeit, eine Tabelle mit den waagerechten Spalten „Ausbildungsberufe", „Voraussetzungen", „Ausbildungsinhalte" und „Fortbildungsmöglichkeiten". Tragt jeweils Informationen aus M1 bis M6 ein.
2 Sucht unter www.berufenet.arbeitsagentur.de weitere Informationen zu dem Beruf, der euren Vorstellungen am nächsten kommt. Sucht dort auch nach ähnlichen Berufsbildern. Berichtet euren Mitschülern über das Ergebnis eurer Recherche.

Steigende berufliche Anforderungen

Rationalisierung
Alle Maßnahmen, die dazu dienen, eine bestimmte Leistung mit einem geringeren Kraft-, Zeit- und Kostenaufwand zu erzielen. Die durch Rationalisierungsmaßnahmen erzielten Kosteneinsparungen kann der Unternehmer zur Erhöhung seines Gewinns, zur Senkung der Warenverkaufspreise oder zur Erhöhung des Arbeitsentgelts verwenden.

Automatisierung
Während bei der Mechanisierung die menschliche Arbeitsleistung durch Maschinen unterstützt oder ersetzt wird, ist die Automatisierung darüber hinaus dadurch gekennzeichnet, dass auch der logische Ablauf der einzelnen Arbeitsschritte von den technischen Anlagen übernommen wird. Bei einem hohen Automatisierungsgrad laufen Produktionsprozesse vom Rohstoffeinsatz über die Erzeugung bis zur Verpackung des Produkts ohne menschliche Arbeit, d.h. automatisch ab. Die menschliche Arbeitsleistung wird dann nur noch zur Überwachung eingesetzt.

Von der Agrar- zur Dienstleistungsgesellschaft

In den letzten Jahrzehnten gab es gravierende Veränderungen im Beschäftigungssystem. Am augenfälligsten war der Wandel in der Landwirtschaft, dem sogenannten primären Sektor. Landwirtschaftliche Kleinbetriebe verschwanden nach und nach. Auf den verbleibenden mittleren und größeren Höfen revolutionierten Flurbereinigungen, landwirtschaftliche Maschinen, chemische Dünge- und Spritzmittel die Produktion.

Die Arbeitskräfte, die der Landwirtschaft den Rücken kehrten, gingen zunächst zu einem großen Teil in das produzierende Gewerbe, das für die Verarbeitung von Rohstoffen zuständig ist. Dazu zählen die Industrie, das Handwerk, die Energie- und Wasserversorgung. Die großen Gewinner dieser industriellen Expansionsphase waren der Maschinen-, der Automobilbau und die chemische Industrie. Zu den Verlierern gehörte u.a. der Kohlebergbau, da die Kohle immer häufiger durch Öl oder Erdgas als Brennstoff ersetzt wurde. Zusätzlich bewirkten Rationalisierung* und Automatisierung*, dass im sekundären Sektor immer mehr Arbeitsplätze verloren gingen. Nicht mehr konkurrenzfähige Industriebereiche wie große Teile der Textilindustrie wurden ins Ausland verlagert. Immer mehr Menschen wechselten nun in den Dienstleistungsbereich, den sogenannten tertiären Sektor (öffentlicher Dienst, Banken, Versicherungen).

Anforderung an die Beschäftigten

Wie die Arbeitswelt einem fortlaufenden Wandel unterliegt, so ändern sich im Zeitablauf auch die Arbeitsbedingungen. Zur Zeit eurer Eltern und Großeltern war der Berufsweg oft schon vorgegeben. Viele Kinder erlernten den Beruf ihrer Eltern. Wer in einem Betrieb Fuß gefasst hatte, konnte sich seines Arbeitsplatzes in der Regel sicher sein. Heutige Lebensläufe sind viel häufiger von Brüchen und Sprüngen, aber auch von neuen Chancen geprägt: Praktika, Zeiten der Arbeitslosigkeit, befristete Beschäftigungsverhältnisse, Elternzeiten, Teilzeitarbeit, Arbeitsplatzwechsel, berufliche Neuorientierung und Projektarbeit kennzeichnen das Erwerbsleben.

In der modernen Dienstleistungs- und Informationsgesellschaft müssen Unternehmen schnell und flexibel auf die Wünsche und Bedürfnisse der Kunden reagieren. Klassische Hierarchien und strenge Arbeitsabläufe nehmen ab. Stattdessen werden Zuständigkeiten projektabhängig immer wieder neu verteilt, die Teams unterschiedlich zusammengesetzt und die einzelnen Teammitglieder mit speziellen Aufgaben beauftragt. Im Zuge der Projektarbeit müssen Berufseinsteiger vielfach auch eine Bereitschaft zur bedarfsorientierten Arbeitszeit mitbringen, denn klassische Beschäftigungsverhältnisse mit strikt geregelten Arbeitszeiten nehmen in der freien Wirtschaft ab.

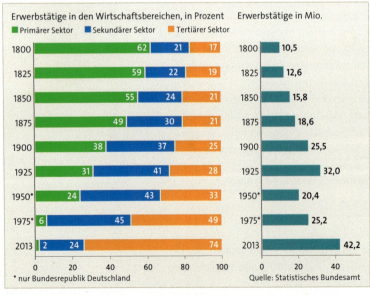

M1 Wandel der deutschen Wirtschaftsstruktur: *Primärer Sektor*: Landwirtschaft, Bergbau. *Sekundärer Sektor*: Industrie, Handwerk. *Tertiärer Sektor*: Dienstleistungen

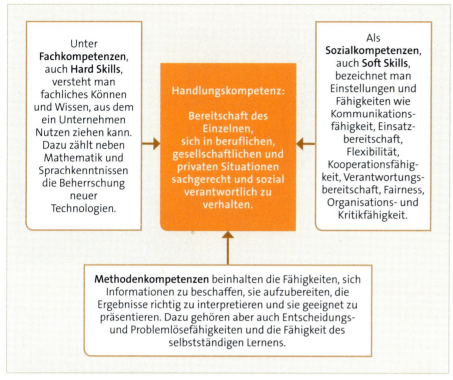

M2 Einteilung von Kompetenzen

Hard Skills – Soft Skills

Neben den zwingend erforderlichen Fachkompetenzen („Hard Skills") kommen den überfachlichen Qualifikationen („Soft Skills") in Zukunft eine noch größere Bedeutung zu, als diese ohnehin schon haben. Ohne diese Schlüsselkompetenzen gerät der Erfolg der Teamarbeit in Gefahr. Kommunikationsfähigkeit ist dabei unverzichtbar, damit ein Informationsaustausch sowohl innerhalb der Unternehmen aber auch zu den Kunden und Geschäftspartnern gewährleistet ist. Arbeitnehmer müssen in ihrem Beruf zudem flexibel sein. Zum einen, um wechselnde Aufgabenbereiche zu meistern, zum anderen aber auch im Hinblick auf berufliche Veränderungen.

Projekte managen

So arbeiten Ingenieure heute oft an Projekten, in denen keine Routine herrscht, aber der Stressfaktor hoch ist. Wer Projekte managt, ist selbstständig, eigenverantwortlich und kreativ. Auch arbeiten Ingenieure immer mehr als Externe in Unternehmen und decken dabei fast 70 Prozent kurzfristiger Auftragsspitzen ab. Viele Ingenieure wählen heute befristete Projektverträge, weil hier der Verdienst überdurchschnittlich gut und die Arbeit jeden Tag interessant und neu ist.
Viele Ingenieurbüros haben die Größe von rund 20 Personen – eine angenehme Größe, bei der es zumeist familiär zugeht.

---

1 Beschreibt mithilfe des Textes das Balkendiagramm (M 1). Welche Veränderungen beruflicher Anforderungen lassen sich daraus ableiten?
2 Nennt einige Vor- und auch Nachteile von Projektarbeit (Text).
3 Begründet, warum Arbeitnehmer nicht nur über „Hard Skills", sondern auch über „Soft Skills" verfügen müssen (M 2).

Berufe im Handwerk – eine Auswahl

M1 Anlagemechaniker/-in SHK (Sanitär, Heizung, Klima)

M2 Bäcker/-in

M3 Elektroniker/-in

M 4 Feinwerkmechaniker/-in

M 5 Fachverkäufer/-in im Lebensmittelhandwerk

M 6 Zimmerer/Zimmererin

1 Sucht Informationen über die abgebildeten Berufe in Handwerk und Einzelhandel. Das Internet hilft euch dabei. Einen ersten Überblick bekommt ihr, wenn Ihr z. B. bei Google die Begriffe Berufenet/ Steckbrief/ und dann den gesuchten Beruf eingebt.

2 Wägt ab, welche Vor- und welche Nachteile ein gewerblicher oder kaufmännischer Beruf in Handwerk und Einzelhandel im Vergleich zu einer Berufstätigkeit in Industrie und Großhandel haben könnte.

3 Neben gewerblichen und kaufmännischen gibt es eine große Anzahl sozialer Berufe. Recherchiert im Internet, welche Berufe gemeint sind und wie die jeweiligen Ausbildungsgänge organisiert sind.

Ausbildung in Betrieb und Schule

M 1 Arbeitsprobe eines Anlagenmechanikers für Sanitär-, Heizungs- und Klimatechnik

Ein Anlagenmechaniker für Sanitär-, Heizungs- und Klimatechnik fertigt eine Arbeitsprobe als Teil seiner Gesellenprüfung. In acht Stunden müssen dabei Trinkwasser-, Heizungs- und Warmwasserrohre verlegt, Flaschnerarbeiten und Elektroinstallationen ausgeführt und deren Funktion geprüft werden. (Schulwerkstätte der Gewerblichen Berufsschule Esslingen, 2015)

Ausbildung oder Studium?
Es muss beileibe kein Studium sein, das euch den Wunschberuf eröffnet. Infolge des Geburtenrückgangs in Deutschland bleiben immer häufiger schulische und betriebliche Ausbildungsplätze unbesetzt. Dagegen steigt die Zahl der Studentinnen und Studenten. Diese gegenläufige Entwicklung sehen viele Gewerbetreibende mit Besorgnis. Die Handwerkskammer Stuttgart reagiert mit Ironie (s. **M 2**).

Handwerksmeisterinnen oder Handwerksmeister haben die Möglichkeit, als Selbstständige ihre Fähigkeiten und Fertigkeiten zu beweisen. Sie haben zudem das Recht, Lehrlinge auszubilden. Die Meisterausbildung kann unmittelbar nach der Lehrzeit beginnen, im meist einjährigen Tages- oder im Abendunterricht.

Schulische Berufsausbildung
In den meisten Handwerksberufen werden die Auszubildenden (Lehrlinge) während des ersten Ausbildungsjahres an Einjährigen Berufsfachschulen, die an Gewerblichen Berufsschulen bestehen, in Berufstheorie und Berufspraxis unterwiesen. Die Auszubildenden schließen einen Vorvertrag mit den Handwerksbetrieben ab und bekommen eine Ausbildungsvergütung. Einige wenige gewerbliche Ausbildungsgänge finden auch vollkommen an Berufsschulen statt, z.B. an der Uhrmacherschule in Schwenningen. Solche Schulen verfügen nicht nur über Klassenzimmer, sondern auch über be-

M 2 „Mit Geld im Beutel"

Da strömen Heerscharen theorieunbegabter Schülerinnen und Schüler an Universitäten, um dort für Berufe ausgebildet zu werden, in denen sie nicht gebraucht werden. So wird nicht nur strukturelle Arbeitslosigkeit, sondern auch viel menschliches Unglück erzeugt. Die Hochschulen quellen über, im Handwerk fehlt es überall an Fach- und Führungskräften. Viele Hochschulabgänger sitzen später mit „weißen Kragen" kreuzunglücklich in einem Büro auf der hintersten Bank. Ihre gottgegebene Begabung zum praktischen Schaffen erproben sie allenfalls als Heimwerker. Als Handwerker wären sie andere Kerle geworden. Tatkräftig, zupackend, aufbauend, selbstbewusst – und mit Geld im Beutel!

Zit. nach: J. Kochendörfer, Vom Gewerbeverein zur Kreishandwerkerschaft, Esslingen 2014, S. 69f.

rufsspezifische Werkstätten, wo die praktische Unterweisung stattfindet. Die Zweijährigen Berufsfachschulen führen die Schülerinnen und Schüler mit Hauptschulabschluss zur Fachschulreife, einem mittleren Bildungsabschluss, der eine berufliche Grundbildung in einem anerkannten Ausbildungsberuf einschließt. Bei Pflegeberufen wird die schulische Ausbildung durch Praktika an Krankenhäusern ergänzt. Ähnlich ist es bei der beliebten Ausbildung zur Erzieherin oder zum Erzieher. In Baden-Württemberg findet die vierjährige Ausbildung dazu meist an Fachschulen für Sozialpädagogik statt. Phasen schulischer Ausbildung wechseln dabei mit Praktikumsphasen.

Das „Duale System"

Der Beruf der Erzieherin oder des Erziehers kann aber auch in Form einer dualen* Ausbildung erlernt werden. Die duale Berufsausbildung findet an den Lernorten Betrieb und Schule statt. Grundlage für die Ausbildungsinhalte sind die Ausbildungsordnungen* des zu erlernenden Berufes. Die ca. 330 Ausbildungsordnungen für staatlich anerkannte Ausbildungsberufe werden in kurzen Zeitabständen dem technischen und wissenschaftlichen Fortschritt angepasst. Viele neue Berufe sind in den letzten Jahren entstanden, vor allem im Bereich der Informations- und Kommunikationstechnologien. Die meisten Ausbildungsverträge werden für eine Dauer von 3½ Jahren abgeschlossen. Bei Auszubildenden, die in Betrieb und Schule gute Leistungen erbringen, wird die Lehrzeit meist um ½ Jahr verkürzt. Die Betriebe bezahlen ihren Lehrlingen eine monatliche Ausbildungsvergütung.

Die Ausbildungsbetriebe allein können die notwendigen Kompetenzen nicht vermitteln. Zu jeder beruflichen Ausbildung gehört deshalb eine aktuelle theoretische Qualifizierung. Die gewerblichen, kaufmännischen und sozialpädagogischen Berufsschulen – als zweiter Lernort der dualen Berufsausbildung – verknüpfen die berufstheoretischen Inhalte mit betrieblichen Aufgabenstellungen. Auszubildende erwerben ihre berufliche Handlungsfähigkeit, indem die Berufsschule die betriebliche Praxis als Grundlage für den Theorieunterricht nimmt. Die Bildungspläne orientieren sich deshalb an den Vorgaben der Ausbildungsordnungen. Die Inhalte für den berufsbezogenen Unterricht sind in Form von Lernfeldern* aufgebaut. An einem bis zwei Tagen in der Woche gehen die Auszubildenden in die Berufsschule. In Baden-Württemberg besteht wöchentlich für 13 Schulstunden Schulpflicht. Alternativ wird auch Blockunterricht durchgeführt, vor allem bei Berufen mit wenigen Ausbildungsplätzen an einem Ort. So besuchen Klavierbauer aus ganz Baden-Württemberg während ihrer Lehrzeit zweimal im Jahr jeweils sechs Wochen lang die Landesfachklasse für Klavier- und Cembalobauer an der Gewerblichen Berufsschule in Ludwigsburg. Während dieser Zeit wohnen sie in einem Internat.

Viele gewerbliche Lehrlinge bilden sich später zu Technikern oder Meistern, viele kaufmännische Auszubildende zu Fachwirten weiter. Diese Abschlüsse sind gesucht und meist gut bezahlt. Sie sind der Allgemeinen Hochschulreife gleichgestellt und berechtigen zum Fachhochschul- oder Hochschulstudium.

---

* **Duales System**
Zwei Partner teilen sich die Verantwortung für die Berufsausbildung: Ein Betrieb vermittelt die praktische Unterweisung, die Berufsschule die dazu notwendigen fachtheoretischen Kompetenzen und zusätzlich allgemeinbildende Inhalte.

* **Ausbildungsordnungen**
Sie legen für jeden Ausbildungsberuf die in dem Ausbildungsbetrieb und in der Berufsschule zu erwerbenden Fertigkeiten, Kenntnisse und Fähigkeiten fest einschließlich der Kompetenzen, die für das Bestehen der Abschlussprüfung erwartet werden.

* **Lernfelder**
Die meisten Unterrichtsinhalte der Berufsschule werden nicht nach Unterrichtsfächern, sondern in Form beruflicher Handlungszusammenhänge vermittelt.

---

1 Erklärt den Begriff „Duales System" der Berufsausbildung (Randspalte, Text).
2 Vergleicht Vor- und Nachteile einer dualen Berufsausbildung mit einem Hochschulstudium.
3 Nehmt Stellung zu der Aussage von M 2, auch vor dem Hintergrund von nahezu 30 Prozent Studienabbrechern.

Das Berufsausbildungsverhältnis

M 1 Berufliches Schulzentrum Esslingen

Solche Schulzentren bieten vielerlei Schularten an. An der abgebildeten Schule sind es u.a. eine duale Berufsschule für die Berufsfelder Metalltechnik, Elektrotechnik und Körperpflege, eine Zweijährige Berufsfachschule, ein Technisches Gymnasium mit den Profilen „Mechatronik", „Technik und Management" sowie „Umwelttechnik", ein Biotechnologisches und ein Ernährungswissenschaftliches Gymnasium, außerdem eine Technikerschule mit den Profilen „Maschinentechnik" und „Gebäudesystemtechnik" sowie ein „Einjähriges Berufskolleg zum Erwerb der Fachhochschulreife".

Die Berufsausbildung

Das Ziel einer Berufsausbildung besteht für die Auszubildenden darin, die für eine qualifizierte berufliche Tätigkeit notwendigen Fertigkeiten, Kenntnisse und beruflichen Fähigkeiten zu erwerben. Die Ausbilder, oft sind es Handwerks- oder Industriemeister, haben zusammen mit den Lehrerinnen und Lehrern der Berufsschule die Aufgabe, die dazu notwendigen theoretischen und praktischen Grundlagen zu vermitteln. Die Berufsausbildung ist rechtlich im Berufsbildungsgesetz (BBiG)* geregelt. Beim BBiG stehen die Schutzrechte für Auszubildende im Vordergrund, unabhängig von deren Alter. Handelt es sich bei Auszubildenden um Minderjährige, muss zusätzlich das Jugendarbeitsschutzgesetz (JArbSchG)* beachtet werden.

Bei einer dualen Ausbildung wird der Ausbildungsvertrag (s. S. 128) vom Arbeitgeber, dem Auszubildenden und bei Minderjährigen zusätzlich von deren gesetzlichen Vertretern unterschrieben. Eine Ausfertigung des Ausbildungsvertrags wird an die „zuständige Stelle*" weitergeleitet. Der Ausbildungsbetrieb informiert die für den Beruf zuständige Berufsschule und bekommt von dort deren Klasseneinteilung und Stundenplan übermittelt.

Jugendliche dürfen nur beschäftigt werden, wenn sie dem Arbeitgeber die Bescheinigung über eine ärztliche Untersuchung vorgelegt haben, die ihnen die körperliche Eignung für die Berufstätigkeit bescheinigt.

* **Berufsbildungsgesetz (BBiG)**
§ 10 Vertrag. (1) Wer andere Personen zur Berufsausbildung einstellt (Ausbildende), hat mit dem Auszubildenden einen Berufsausbildungsvertrag zu schließen. [...]
§ 11 Vertragsniederschrift. (1) Ausbildende haben unverzüglich nach Abschluss des Berufsausbildungsvertrages, spätestens vor Beginn der Berufsausbildung, den wesentlichen Inhalt des Vertrags [...] schriftlich niederzulegen. [...]
§ 20 Probezeit. Das Berufsbildungsverhältnis beginnt mit der Probezeit. Sie dauert mindestens einen Monat und darf höchstens vier Monate betragen.
§ 22 Kündigung. (1) Während der Probezeit kann das Berufsausbildungsverhältnis jederzeit ohne Einhaltung einer Kündigungsfrist gekündigt werden.

M 2

Claudia hat die Realschule abgeschlossen und einen Berufsausbildungsvertrag (Lehrvertrag) als Malerin und Lackiererin unterschrieben. Von ihrem Ausbilder erfährt sie, dass sie jede Woche ein bis zwei Tage die Berufsschule besuchen und außerdem mehrfach jährlich an Lehrgängen einer überbetrieblichen Ausbildungswerkstätte teilnehmen muss. So hatte sich Claudia ihre Lehrzeit nicht vorgestellt. Weiterhin zur Schule zu gehen, weiterhin Hausaufgaben machen zu müssen, ist das wirklich notwendig?

Prüfungen

Am Ende seiner Ausbildung bekommt jeder Auszubildende ein Abschlusszeugnis der Berufsschule und zusätzlich ein Prüfungszeugnis von der für seine Ausbildung zuständigen Stelle. Bei den meisten dieser Kammerprüfungen müssen die Auszubildenden in einer „gestreckten Prüfung" nachweisen, dass sie die für ihren Beruf notwendigen Kompetenzen erworben haben. Bei der gestreckten Prüfung wird eine Teilprüfung nach der ersten Ausbildungshälfte abgenommen, der zweite Teil am Ende der Ausbildung. Das Ergebnis des ersten Teils geht meist mit 40 Prozent in die Gesamtnote ein. Im Handwerk heißt die Kammerprüfung traditionell „Gesellenprüfung", das Zeugnis darüber „Gesellenbrief".

Das Berufsschul- und das Kammerzeugnis sind wichtige Bewerbungsunterlagen für den späteren Berufsweg. Sollte die Prüfung nicht bestanden werden, so kann die zuständige Kammer auf Antrag des Auszubildenden die Ausbildung bis zum nächsten Wiederholungstermin verlängern.

Kündigung

Fast jeder vierte Ausbildungsvertrag wird vor der Prüfung gelöst. Gründe gibt es viele: Mal gibt es Stress mit dem Ausbilder, mal werden die Erwartungen an die Ausbildung enttäuscht. Rund die Hälfte der Abbrecher setzt die Lehre in einem anderen Ausbildungsberuf oder Unternehmen fort. Bei Problemen während der Ausbildung können Eltern, Lehrerinnen und Lehrer der Berufsschule, Mitglieder des Betriebsrats und besonders die Ausbildungsberater der zuständigen Stellen Hilfe leisten. Bei Schulproblemen vermitteln die Agenturen für Arbeit kostenlose ausbildungsbegleitende Hilfen. Dabei findet außerhalb der Ausbildungszeit Förderunterricht in kleinen Gruppen statt, während dem der Unterrichtsstoff der Berufsschule durchgearbeitet wird und die Auszubildenden gezielt auf Prüfungen vorbereitet werden.

Auszubildende können nach der Probezeit mit einer Frist von vier Wochen schriftlich unter Angabe des Kündigungsgrunds kündigen, wenn sie ihre Ausbildung ganz aufgeben oder sich einer anderen Ausbildung zuwenden wollen.

Der Arbeitgeber kann den Auszubildenden nach der Probezeit nur außerordentlich (also fristlos) kündigen. Gründe können mehrfaches unentschuldigtes Fehlen in Betrieb oder Schule, häufiges Zuspätkommen in Betrieb oder Schule, mehrfacher Verstoß gegen Unfallverhütungsvorschriften, Disziplinprobleme, aber auch so schlechte Leistungen sein, dass das Ausbildungsziel nicht erreicht werden kann.

* **Jugendarbeitsschutzgesetz (JArbSchG)**
§ 8 Dauer der Arbeitszeit: (1) Jugendliche dürfen nicht mehr als acht Stunden täglich [in Ausnahmefällen achteinhalb Stunden] und nicht mehr als 40 Stunden wöchentlich beschäftigt werden.

* **Zuständige Stellen**
Sie überwachen die Berufsausbildung und führen ein Verzeichnis der Berufsausbildungsverhältnisse. Für Handwerksberufe sind es die Handwerkskammern (HWK), für Industrieberufe die Industrie- und Handelskammern (IHK).

M 3 Konflikte während der Ausbildung

---

1 Nennt Vertragspartner, die am Zustandekommen eines Ausbildungsvertrags beteiligt sind (Text).
2 Erklärt den Begriff „gestreckte Prüfungen" (Text).
3 Gebt Claudia (M 2) eine Antwort.
4 Charakterisiert die in M 3 dargestellte Situation. Nennt Möglichkeiten, wie sich der Auszubildende verhalten kann.

Aufstieg im Beruf

M1 Berufe verändern sich (Glasfenster im Esslinger Rathaus)

Veränderte Berufe

Gibt es in 20 Jahren noch den Beruf des Tankwarts? Wahrscheinlich nur noch selten. Bis dahin haben Elektroantriebe die umweltschädlichen Benzin- und Dieselmotoren verdrängt. Damit ändert sich auch das Berufsbild der Kfz-Mechatroniker, die nun die veränderte Technik beherrschen müssen. Der rasante Wandel beruflicher Anforderungen stellt an die Betriebe und deren Mitarbeiterinnen und Mitarbeiter immer höhere Anforderungen. Vieles, was gestern noch höchsten Ansprüchen genügte, ist oftmals morgen schon nicht mehr wettbewerbsfähig. Schnelles und flexibles Reagieren auf die sich verändernde Technik ist notwendig. Deshalb ist ein ständiges „Mitwachsen der beruflichen Qualifikationen" unverzichtbar. Wer sich nicht weiterbildet, fällt zurück – auch mit seinem Einkommen.

Durch vielfältige Möglichkeiten der Fortbildung* und Weiterbildung* kann ein Ausbildungsberuf nach dem Abschluss erweitert werden. Für jeden Auszubildenden ist es daher sinnvoll, schon während der Lehrzeit seine berufliche Weiterentwicklung zu planen und sie nach der Gesellen- oder Abschlussprüfung auch bald in Angriff zu nehmen.

Fachkarrieren

Die berufliche Entwicklung muss dabei aber keineswegs auf eine Vorgesetztenposition gerichtet sein. Die Hierarchien in Betrieben werden immer flacher, sodass es immer weniger Vorgesetzte gibt. Stattdessen steigt die Verantwortung hochqualifizierter Fachkräfte innerhalb der einzelnen Arbeitsteams. Solche Fachkarrieren bieten die Chance auf eine verantwortungsvolle, zufriedenstellende und gutbezahlte berufliche Tätigkeit. Die

M2 Einkommensstufen	
Entgelt-Gruppe	Monatsgrundentgelt
6	2920,50 €
7	3107,00 €
8	3324,50 €
9	3542,00 €
10	3775,00 €
11	4023,50 €

Bruttoeinkommen* von Beschäftigten der Metall- und Elektroindustrie in Baden-Württemberg mit abgeschlossener gewerblicher oder kaufmännischer Berufsausbildung 2017. Das Grundentgelt vermehrt sich noch um Zuschläge, vor allem um ein Leistungsentgelt von durchschnittlich 15 Prozent und um Urlaubsgeld. Industriemechaniker, Mechatroniker oder Industriekaufleute beginnen nach der Lehrzeit meist in Entgeltgruppe 7. Wenn sie später über zusätzliche Kompetenzen verfügen, die meist durch Fortbildungen erworben werden, kann ihr Einkommen bis zur Entgeltgruppe 10 ansteigen.

IG Metall: Tarifvertrag für Entgelte, Ausbildungsvergütungen und Urlaubsgeld der Metall- und Elektroindustrie Baden-Württemberg, 2017

---

* **Berufliche Fortbildung**
Maßnahmen, um seine Kenntnisse und Fertigkeiten im bereits ausgeübten Beruf dem technischen Fortschritt anzupassen und zu erweitern.

* **Berufliche Weiterbildung**
Erwerb einer zusätzlichen Qualifikation zu seinem Beruf mit einem dafür erworbenen zusätzlichen Abschluss, z. B. einer Prüfung als Meister oder Fachwirt.

* **Bruttoeinkommen**
Wenn ihr davon gesetzliche Abzüge wie Lohnsteuer, Arbeitnehmeranteil der Sozialversicherungsbeiträge und gegebenenfalls die Kirchensteuer abzieht, bekommt ihr das Nettoeinkommen, das an die Beschäftigten ausbezahlt wird.

Einkommensunterschiede innerhalb eines Berufes sind zwischen denjenigen, die sich ständig fortbilden, und anderen, die kaum über den fachlichen Stand während ihrer Berufsausbildung hinauskommen, beträchtlich (**M 2**). Eine Fachkarriere anzustreben bedeutet für die Betroffenen, durch geeignete Fortbildungsmaßnahmen in ihrem Fachgebiet gefragte Experten zu werden, auf die sich Vorgesetzte und Mitarbeiter verlassen können.

Fort- und Weiterbildung

Manche Fort- und häufiger noch Weiterbildungsmaßnahmen werden abends und an Wochenenden angeboten. Handwerkskammern, Industrie- und Handelskammern sowie Berufliche Schulen bieten ein breites Spektrum an Angeboten. Diese wahrzunehmen erfordert ein hohes persönliches Engagement. Die Kosten müssen von den Fort- oder Weiterbildungsbildungswilligen meist selbst bezahlt werden. Da sie steuerlich absetzbar sind, werden die Belastungen etwas gemildert.

Oft fördern aber auch Betriebe geeignete Mitarbeiter, um ihre Fähigkeiten dem fortschreitenden Stand der Technik anzupassen und ihnen gleichzeitig den beruflichen Aufstieg zu einer Fach- oder auch Führungskarriere zu erleichtern. Derartige Fortbildungsmaßnahmen werden zum Teil während der Arbeitszeit durchgeführt. Weiterbildungsmaßnahmen außerhalb der Arbeitszeit werden von vielen Unternehmen finanziell gefördert. Um dabei berücksichtigt zu werden, bedarf es oft der eigenen Initiative, z.B. eines Gesprächs mit Vorgesetzten über die möglichen beruflichen Perspektiven. Meist wird es gern gesehen, wenn Mitarbeiter den Wunsch äußern, sich beruflich weiterzuentwickeln.

Auch die Arbeitgeber sind verpflichtet, sich um die Weiterbildung ihrer Mitarbeiter zu kümmern:

M 3 Betriebsverfassungsgesetz (BetrVG)

§ 81. Der Arbeitgeber hat den Arbeitnehmer über die aufgrund einer Planung von technischen Anlagen, von Arbeitsverfahren und Arbeitsabläufen oder der Arbeitsplätze vorgesehenen Maßnahmen und ihre Auswirkungen auf seinen Arbeitsplatz, die Arbeitsumgebung sowie auf Inhalt und Art seiner Tätigkeit zu unterrichten. Sobald feststeht, dass sich die Tätigkeit des Arbeitnehmers ändern wird und seine beruflichen Kenntnisse und Fähigkeiten zur Erfüllung seiner Aufgaben nicht ausreichen, hat der Arbeitgeber mit dem Arbeitnehmer zu erörtern, wie dessen berufliche Kenntnisse und Fähigkeiten im Rahmen der betrieblichen Möglichkeiten den künftigen Anforderungen angepasst werden können. [...]
§ 82. [...] Der Arbeitnehmer kann verlangen, [...] dass mit ihm die Beurteilung seiner Leistungen sowie die Möglichkeiten seiner beruflichen Entwicklung im Betrieb erörtert wird [...].

Grundsätzlich gilt aber, dass diejenigen, die sorgfältig und zuverlässig arbeiten und darüber hinaus auch soziales Engagement zeigen, von ihren Betrieben häufiger zu Fortbildungsveranstaltungen geschickt oder zu Weiterbildungen ermutigt werden, als andere, die nur Durchschnittsleistungen erbringen. In den meisten Betrieben werden Mitarbeiter, die sich nach dem Abschluss ihrer Lehrzeit weiterbilden wollen, nicht entlassen, sondern beurlaubt.

---

1. Unterscheidet die Begriffe „Fachkarriere" und „Führungskarriere".
2. Nennt Rechte, die einem Arbeitnehmer zustehen, der sich weiterbilden möchte (Text, **M 3**).

Studieren in Baden-Württemberg

Studentinnen und Studenten in Baden-Württemberg	Insgesamt	Anteil in Prozent
Universitäten	174 606	50,7
Kunst- und Musikhochschulen	4 592	1,3
Pädagogische Hochschulen	24 141	7,0
Duale Hochschule	33 979	9,9
Hochschulen für Angewandte Wissenschaften (Fachhochschulen)	102 148	29,7
Hochschule der Verwaltung	4 959	1,4
Hochschulen insgesamt	344 425	100,0

M1 Studierende in Baden-Württemberg nach Hochschularten im Wintersemester 2013/14 (Nach: Statistisches Landesamt Baden-Württemberg)

* **Vorlesungen**
Hochschullehrerinnen und -lehrer vermitteln einen Überblick über Inhalte des Studienfachs. Die Studierenden können sich auf das Zuhören und Mitschreiben konzentrieren. Zur Vertiefung der Lehrinhalte finden Übungen statt.

* **Seminare**
Lerninhalte werden von den Studierenden selbstständig erarbeitet, in Form von schriftlichen Hausarbeiten dargestellt oder als Referate vorgetragen.

* **Bachelor**
Das drei bis vier Jahre dauernde Studium vermittelt wissenschaftliche Grundlagen, Methodenkompetenzen und berufsfeldbezogene Qualifikationen.

* **Master**
Masterstudiengänge dienen der fachlichen und wissenschaftlichen Spezialisierung oder Vertiefung. Sie dauern ein bis zwei Jahre und bauen auf dem Bachelorabschluss auf.

Studieren – aber wo?

Ungefähr die Hälfte aller Hochschulzugangsberechtigungen wird an beruflichen Schulen erworben, fast jedes dritte Abitur an einem Beruflichen Gymnasium.

Mit dem Abitur in der Tasche oder einer gleichwertigen Bildung habt ihr die Qual der Wahl. Wollt ihr vor dem Studium nicht doch lieber eine Berufsausbildung absolvieren oder den direkten Berufseinstieg wagen? Auf welchem Weg könnt ihr euren Traumberuf erreichen? Entsprechen eure Noten den Anforderungen des Studiums, das ihr anstrebt? Wie schätzt ihr eure Chancen auf dem Arbeitsmarkt nach dem Abschluss von Ausbildung oder Studium ein? In Baden-Württemberg gibt es eine vielfältige Hochschullandschaft (s. S. 94/95). Hier einige grundlegende Unterscheidungen:

M2 Studieren – aber wo?

- *Universitäten:* Für die neun Universitäten des Landes (s. S. 94/95) ist die theoriegeleitete wissenschaftliche Ausbildung und Nähe zur Forschung kennzeichnend. In Vorlesungen* und Seminaren* werden Fachkenntnisse und Methodenwissen vermittelt. Bei der Auswahl von Lehrveranstaltungen und der Gewichtung von fachlichen Schwerpunkten habt ihr an der Universität Gestaltungsmöglichkeiten entsprechend euren Neigungen. Dieser Freiraum erfordert ein hohes Maß an Selbstständigkeit und Disziplin bei der Studienplanung und der nachträglichen Vertiefung des Gelernten. Nach sechs bis acht Semestern wird mit dem Bachelor* ein erster berufsqualifizierender Abschluss erworben. Nach weiteren zwei bis vier Semestern kann ein weiterqualifizierender Abschluss zum Master* angestrebt werden. In einigen Studiengängen, wie der Medizin, steht am Ende des zehn- bis zwölfsemestrigen Studiums ein Staatsexamen.

- *Pädagogische Hochschulen:* Wenn ihr in Baden-Württemberg Lehrerin oder Lehrer an einer Grund-, Gemeinschafts- oder Realschule werden wollt, studiert ihr an einer der sechs Pädagogischen Hochschulen (PH). Das praxisnahe, insgesamt zehnsemestrige Studium gliedert sich in einen Bachelor- und einen darauf aufbauenden Masterstudiengang.

- *Hochschulen für angewandte Wissenschaften (Fachhochschulen):* Die 23 Fachhochschulen in Baden-Württemberg ermöglichen euch eine berufsnahe, wissenschaftlich basierte Ausbildung. Sie bieten schwerpunktmäßig eine Ausbildung in den Fächergruppen Technik, Wirtschaft, Soziales und Gestaltung an. Das Fachhochschulstudium ist deutlicher nach vorgegebenen Stundenplänen strukturiert.

- *Duale Hochschule:* Ungefähr 9000 Betriebe und Sozialeinrichtungen stellen in Baden-Württemberg Ausbildungsplätze für ein duales Studium in den drei Bereichen Wirtschaft, Technik oder Sozialwesen zur Verfügung. Das Studium an neun Standorten geht über sechs Semester. Der dreimonatige Wechsel zwischen Theorie- und Praxisphase steht für einen abwechslungsreichen Hochschulalltag und Berufserfahrung schon während des Studiums. Ob Gesundheits- oder Pflegewissenschaften, ob Wirtschaftsinformatik oder Betriebswirtschaftslehre – die Studienrichtung Wirtschaft bietet für viele Interessenten den passenden Studiengang. In der Fachrichtung Technik stehen den Studierenden der Fächer Elektrotechnik, Mathematik, Wirtschaftsingenieurwesen und Maschinenbau modern eingerichtete Labors zur Verfügung. Studiengänge in den Bereichen Pflege und Rehabilitation, Jugend-, Familien- und Sozialhilfe sowie Gesundheitswesen werden an der Fakultät Sozialwesen angeboten.
- *Kunst- und Musikhochschulen:* Ihr möchtet Musiker, Schauspieler, Designer, bildender Künstler oder auch Musik- bzw. Kunstlehrer werden? Die acht Musik- und Kunsthochschulen des Landes vermitteln euch neben künstlerischen Fertigkeiten auch pädagogische und wissenschaftliche Kenntnisse.

Ministerium für Wissenschaft, Forschung und Kunst Baden-Württemberg: Studieren in Baden-Württemberg, Schuljahr 2015/16, S. 30 ff.

M 3 MINT-Berufe

Sie gelten als gefragte Berufsgruppe, die Fachkräfte aus Mathematik, Informatik, Naturwissenschaften und Technik (MINT). Laut der Arbeitsagentur gab es im vergangenen Jahr rund 7,3 Millionen versicherungspflichtige Beschäftigte in einem MINT-Beruf. Die meisten arbeiten demnach im Bereich Technik: 86 Prozent, also rund 6,3 Millionen Arbeitnehmer, sind dort tätig – Elektroniker, Heizungsbauer, Tischler oder Ingenieure zum Beispiel. Jeder elfte MINT-Beschäftigte arbeitet in der Informatik oder Softwareentwicklung, nur jeder 20. hat seinen beruflichen Schwerpunkt in Mathematik oder Naturwissenschaften. MINT impliziert auch nicht automatisch einen akademischen Bildungsweg: Gut 60 Prozent der MINT-Beschäftigten haben eine duale oder schulische Berufsausbildung. Jeder Vierte kann einen Meister-, Techniker- oder Bachelorabschluss vorweisen, nur rund 15 Prozent haben eine mindestens vierjährige Hochschulausbildung absolviert.

Michael Vogel: Die Statistik der Vielumworbenen, Stuttgarter Zeitung v. 12.4.2014, S. V 5.

Unterscheidet die Studienmöglichkeiten an den unterschiedlichen Hochschultypen (M 1, M 2).
Erklärt den Begriff „MINT-Berufe" (M 3).
Wählt unter www.jobboerse.arbeitsagentur.de einen euch attraktiv erscheinenden Beruf aus, für den ein Studienabschluss erforderlich ist. Gebt dann euren Wohnort ein und vergleicht, wie viele Stellenangebote dafür vorhanden sind.
Recherchiert im Internet unter www.studieninfo-bw.de, wo sich in der Nähe eures Schulorts eine Duale Hochschule befindet und welche Studienfächer dort angeboten werden.

Hochschulen – die Auswahl ist groß

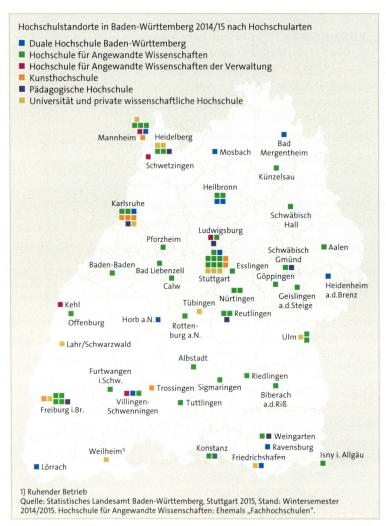

M1 Hochschulstandorte in Baden-Württemberg

Studieren, auch ohne Abitur

Die Karte **M1** verdeutlicht, dass es in Baden-Württemberg eine große Zahl von Universitäts- und Hochschulstandorten gibt. Voraussetzung für ein Studium sind i. d. R. die Allgemeine oder die Fachhochschulreife.

Für Schülerinnen und Schüler mit mittlerem Bildungsabschluss gibt es aber viele Möglichkeiten, anschließend die Studierfähigkeit zu erwerben. Die Anforderungen des Abiturs an Beruflichen Gymnasien und an Berufsoberschulen entsprechen denen der allgemeinbildenden Gymnasien. Schülerinnen und Schüler mit diesen Abschlüssen sind auf ein Studium gut vorbereitet. Absolventen der vor, während oder nach der Berufsausbildung zur Fachhochschulreife führenden Bildungswege haben es dagegen zum Teil schwer, die an den Fachhochschulen erwarteten Anforderungen zu erfüllen. Sie sollten sich deshalb nur bei überdurchschnittlichen Schul- und Prüfungsleistungen innerhalb dieser Bildungsgänge und ebenso während ihrer Berufsausbildung für ein Studium entscheiden.

M2 Wege zur Fachhochschulreife

- *Zweijähriges Berufskolleg:* Es bietet Schülerinnen und Schülern mit mittlerem Bildungsabschluss die Möglichkeit, in zwei Jahren Vollzeitunterricht eine Berufsausbildung zu erwerben. Die Absolventen erhalten die Berufsbezeichnung „Staatlich geprüfter Assistent". Die Teilnehmer haben die Möglichkeit, durch zusätzlichen Unterricht die Fachhochschulreife zu erwerben. Zweijährige Berufskollegs gibt es u. a. für Informations- und kommunikationstechnische, für elektrotechnische und für chemisch-technische Assistenten.
- *Dreijähriges duales Berufskolleg (BK):* Die Ausbildung erfolgt dual, also im Ausbildungsbetrieb und in der Berufsschule. Das duale gewerbliche BK wird in anerkannten Ausbildungsberufen angeboten, u. a. in Berufen der Metalltechnik, Fahrzeugtechnik, Elektronik und Bautechnik. Die Teilnahme am Zusatzunterricht und an der Zusatzprüfung zum Erwerb der Fachhochschulreife ist freiwillig.
- *Berufskolleg I und II:* Das ein Jahr dauernde technische oder kaufmännische Berufskolleg I vermittelt fachtheoretische und fachpraktische Grundkenntnisse für Tätigkeiten in Technik oder Wirtschaft und vertieft die Allgemein-

bildung. Mit dem Abschluss des darauf aufbauenden, ebenfalls einjährigen technischen oder kaufmännischen Berufskollegs II kann bei Teilnahme an einem Zusatzprogramm die Fachhochschulreife erworben werden.
- *Einjähriges Berufskolleg zum Erwerb der Fachhochschulreife gewerblicher, kaufmännischer oder sozialpädagogischer Fachrichtung:* Es baut auf dem mittleren Bildungsabschluss sowie einer abgeschlossenen Berufsausbildung auf und qualifiziert durch vertieften allgemeinbildenden und fachtheoretischen Unterricht zum Studium an Fachhochschulen. Die Ausbildung dauert ein Schuljahr und endet mit einer Abschlussprüfung, durch deren Bestehen die Fachhochschulreife erworben wird.
- *Zusatzqualifikation während der Berufsausbildung:* Leistungsstarke und engagierte Auszubildende können an vielen Beruflichen Schulen parallel zur mindestens dreijährigen Berufsausbildung in zusätzlichen Unterrichtsstunden und Prüfungen die Fachhochschulreife erwerben.

Autorentext

M 3 Wege für Schüler mit mittlerem Bildungsabschluss zur Allgemeinen Hochschulreife

- *Berufliche Gymnasien:* Sie führen in drei Jahren zur allgemeinen Hochschulreife (Abitur). Gleichzeitig vermitteln sie berufliche Grundkenntnisse. Sie werden in unterschiedlichen Bereichen angeboten, z. B. agrarwissenschaftlich, biotechnologisch, technisch und wirtschaftswissenschaftlich. Eine Sonderform sind sechsjährige Berufliche Gymnasien, die mit Klasse 8 beginnen.
- *Berufsoberschulen:* Der Unterricht an der Berufsoberschule für Sozialwesen, der Technischen Oberschule oder der Wirtschaftsoberschule dauert zwei Jahre und führt zur Allgemeinen Hochschulreife. Voraussetzung ist neben dem mittleren Bildungsabschluss eine abgeschlossene Berufsausbildung. Schülerinnen und Schüler mit Fachhochschulreife können meist direkt in das zweite Jahr einsteigen.
- *Fachschulen:* Abschlussprüfungen von Technikern, Meistern und Fachwirten sind der Allgemeinen Hochschulreife gleichgestellt und berechtigen zum Hochschulstudium.

Autorentext

1 Sucht im Internet, welche natur-, geistes- und gesellschaftswissenschaftlichen Studiengänge es an der Hochschule gibt, die eurem Schulort am nächsten liegt.
2 Listet auf, welche Wege zum Erwerb der Studienberechtigung an einer Fachhochschule (M 2) oder Hochschule (M 3) für Schülerinnen und Schüler mit einem mittleren Bildungsabschluss an Beruflichen Schulen bestehen. Unterscheidet dabei Bildungswege vor, während und nach der Lehrzeit sowie solche ohne Berufsausbildung.
3 Tragt zusammen, am besten in Gruppenarbeit, welche weiterführenden Bildungswege an gewerblich-technischen, kaufmännischen, hauswirtschaftlich-sozialpflegerischen und landwirtschaftlichen Berufsschulen in eurer Umgebung bestehen. Die Informationen bekommt ihr persönlich, telefonisch oder aus dem Internet.
4 Zeichnet ein Schaubild mit Weiterbildungsmöglichkeiten vom mittleren Bildungsabschluss zur Fachhochschul- und zur Hochschulreife.
5 Studentenwohnungen sind meist teuer. Sucht auf der Karte (M 1) nach Studienorten, die ihr mit öffentlichen Verkehrsmitteln erreichen könnt.

Eine Betriebsbesichtigung vorbereiten und durchführen

M1 Betriebsbesichtigung

Vorbereitung einer Betriebsbesichtigung

Wollt ihr wissen, welche Aufgaben einzelne Mitarbeiter in einem Betrieb oder einer Sozialeinrichtung zu bewältigen haben? Diesen und weiteren Fragen könnt ihr während einer Betriebsbesichtigung nachgehen. Solche Besichtigungen haben dann einen besonders großen Informationswert, wenn ihr nicht nur durch einzelne Abteilungen oder Werkstätten geführt werdet, sondern anschließend mit einem oder mehreren Mitarbeitern Gespräche führt.

Eure Eltern können dabei helfen, Kontakte zu Einrichtungen herzustellen, in denen sie vielleicht sogar selbst beschäftigt sind. Die Besichtigungen führt ihr in Gruppen durch. Jeweils vier bis sechs Schülerinnen und Schüler können einen Industrie- oder Handwerksbetrieb, aber auch eine Sparkasse oder ein Krankenhaus besuchen. Eine Besichtigung einschließlich eines Gesprächs mit fachkundigen Mitarbeitern, vielleicht aus der Personalabteilung, kann zwei bis drei Stunden dauern. Vielleicht dürft ihr auch fotografieren, und sicherlich bekommt ihr schriftliche Unterlagen zur Verfügung gestellt, z. B. über die hergestellten Waren oder zu erbringenden Dienstleistungen. Die Auswertung eurer Eindrücke während der Besichtigung und die Ergebnisse eurer Gespräche könnt ihr anschließend in Form einer Wandzeitung dokumentieren und der Klasse arbeitsteilig präsentieren (s. M2).

Analysieren

1. *Internetrecherche:* Bevor ihr einen Betrieb oder eine andere Einrichtung erkundet, solltet ihr euch im Internet schlau machen, damit ihr schon einmal in groben Zügen Bescheid wisst und gezielt Fragen vorbereiten könnt. Im Internet findet ihr oft Angaben über Waren oder Dienstleistungen, die der Betrieb oder die Sozialeinrichtung anbietet, über die Zahl der Mitarbeiter und über die Rechtsform.

2. *Eindrücke während der Besichtigung:* Sitzende oder stehende Tätigkeit, schwere körperliche Belastung der Mitarbeiter, abwechslungsreiche oder monotone Arbeit, Teamarbeit, Lärm, Staub, Hitze.

3. *Fragen im Anschluss an die Besichtigung:* Stellt einem leitenden Mitarbeiter Fragen, die ihr vorbereitet habt. Die Fragen könnt ihr themenorientiert strukturieren. Jeweils ein Mitglied eurer Gruppe befasst sich mit einem Thema und notiert die Ergebnisse.

M 2 Anfertigung einer Wandzeitung

Wozu eine Wandzeitung?
Wandzeitungen dienen vor allem dazu, Informationen zu einem gewählten Thema den Mitschülerinnen und -schülern zu präsentieren, aber auch um Ideen oder Meinungen auszudrücken. Wenn ihr eine Wandzeitung erstellt, müsst ihr zunächst einmal das Thema formulieren. Überlegt euch, was ihr genau mit der Wandzeitung erreichen möchtet. Soll die Zeitung informieren, Meinungen gegenüberstellen oder einen Projektverlauf darstellen? Ist das Thema gefunden, so heißt es, informatives Material zusammenzutragen. Dies können beispielsweise Zeitungsartikel, Fotos, Bilder oder selbst verfasste Texte sein. Die grobe Struktur der Wandzeitung könnt ihr auf einem DIN-A4-Blatt vorzeichnen, damit ihr einen Überblick bekommt, ob die Zeitung in sich schlüssig gegliedert ist und ob sie für einen Außenstehenden übersichtlich und gut verständlich zu lesen ist. Die Grundlage der Zeitung bilden Plakate oder Pinnwände, die ihr auch in der Aula der Schule aufstellen könnt.

- Soziale Gesichtspunkte: Beginn und Ende der Arbeitszeit, Urlaub, Pausen, Betriebskantine, Akkordarbeit, Schichtarbeit, Berufskleidung, betriebliche Mitbestimmung.
- Wirtschaftliche Gesichtspunkte: Art der herzustellenden Erzeugnisse oder zu erbringenden Dienstleistungen, Einblicke in die Verwaltungsarbeit, Auftragslage, Internetpräsenz, Konkurrenzsituation.
- Ökologische Gesichtspunkte: Recycling von Rohstoffen, Umgang mit Abfällen, Solarzellen auf Betriebsgebäuden.
- Technologische Gesichtspunkte: Fertigungsabläufe, Bearbeitungsverfahren, Möglichkeiten und Grenzen der Rationalisierung, verarbeitete Werkstoffe, Aspekte der Standortwahl.
- Berufe: Struktur der Beschäftigten (Akademiker, Fachkräfte, Hilfskräfte), Ausbildungsberufe, Art der Ausbildung, Lehrwerkstatt, Möglichkeiten der beruflichen Fortbildung, Art der Eignungsprüfung bei Bewerbern.

Anwenden

1. *Anfertigen von Wandzeitungen für jeden besuchten Betrieb:* Fertigt selbstverfasste Texte und ergänzt sie durch bereits vorhandene Materialien. Macht Fotos, zumindest von außen. Im Inneren des Betriebs ist Fotografieren oft nicht erlaubt. Fertigt Übersichten über die Erzeugnisse oder die Dienstleistungen des Betriebs, über die Umsatzentwicklung u. a. Es empfiehlt sich, das Material in mehrere Merkmale zu gliedern. Jedes Gruppenmitglied fertigt eine Zusammenfassung der Ergebnisse seiner Eindrücke und seiner Thematik bei dem Mitarbeitergespräch.

2. *Erläuterung der Wandzeitung vor der Klasse:* Jedes Gruppenmitglied stellt die zusammengefassten Ergebnisse des Thementeils vor, mit dem es sich vorwiegend beschäftigt hat.

3. *Bewertung:* Erörtert, ob die Besichtigung einschließlich der dabei geführten Gespräche mit Mitarbeitern euch neue Einsichten gebracht hat. Was hättet ihr anders machen sollen, welche Fragen sind offengeblieben?

Sich richtig bewerben

die meisten Betriebe ihr Ausbildungs- oder Arbeitsplatzangebot zur Vermittlung an. Außerdem erfahrt ihr dort etwas über die Anforderungen, die an Bewerber gestellt werden. Stellenangebote gibt es auch in Tageszeitungen, im Internet (Jobboerse.arbeitsagentur.de) und bei örtlichen Jobbörsen, die u.a. von Industrie- und Handelskammern organisiert werden. Die meisten Unternehmen erwarten entweder eine schriftliche Bewerbung auf dem Postweg oder eine Online-Bewerbung. Dazu gehören jeweils ein Anschreiben, ein Lebenslauf, ein Bewerbungsfoto, Zeugnisse und Bescheinigungen z.B. über Ferienjobs. Wenn ihr eine ehrenamtliche Tätigkeit ausübt, z.B. als Schülersprecher oder Jugendtrainer in einem Sportverein, solltet ihr das in eurem Lebenslauf vermerken. Das Anschreiben umfasst eine DIN-A4-Seite. Dort begründet ihr, warum ihr euch für diese Stelle bewerbt und warum ihr glaubt, dafür geeignet zu sein. Die Bewerbung muss übersichtlich gegliedert sein. Wenn beim Lebenslauf die Stationen wegen einer schlechten Gliederung durcheinander erscheinen, vermittelt das sofort den Eindruck von Unordnung. Das Foto klebt ihr rechts oben auf den Lebenslauf oder auf ein Deckblatt der Bewerbungsmappe.

Schriftliche Bewerbung

Eine erfolgreiche Präsentation eurer Person gelingt umso besser, je sorgfältiger ihr euch darauf vorbereitet.

Wenn ihr wissen möchtet, welche Ausbildungs- oder Arbeitsplätze angeboten werden, seid ihr bei den Berufsinformationszentren der Agenturen für Arbeit an der richtigen Adresse. Denn dort melden

Online-Bewerbung

Ihr müsst eure Bewerbung nicht per Post schicken, viele Arbeitgeber sind mit einer Online-Übermittlung einverstanden. Manchmal stellen die Unternehmen sogar Vordrucke ins Netz, die nur ergänzt und mit Anlagen versehen werden müssen.

M 2 Prägnantes Anschreiben

Der Einstieg: Habt Mut zu einem emotionalen Einstieg: Beschreibt, dass ihr von dem Betrieb fasziniert seid, was euch an der angebotenen Stelle begeistert, oder hebt eure Motivation hervor. Möglich ist auch ein klassischer Einstieg, indem ihr darauf eingeht, wo ihr die Stellenausschreibung entdeckt habt.

Der mittlere Teil: Jetzt ist es an der Zeit, von euch persönlich zu schreiben. Erklärt, warum ihr euch gerade für diesen Betrieb bewerben wollt und was euch persönlich damit verbindet. Sucht Punkte aus eurem alltäglichen Leben – das kann die Schule oder euer Umfeld sein – oder Kompetenzen, mit denen ihr an das

Aufgabenfeld in eurem gewünschten Betrieb anknüpfen könnt. Ihr solltet auch erwähnen, wann genau ihr die Schule abschließt bzw. in welcher momentanen Situation ihr euch befindet. So kann der Leser gleich einschätzen, ab wann er mit euch rechnen kann.
Der Schluss: Im letzten Absatz habt ihr nochmals die Gelegenheit, darauf einzugehen, warum ihr euch gerade bei diesem Betrieb bewerbt und warum ihr mit euren Fähigkeiten und Interessen perfekt auf die Stelle passt. Achtet darauf, noch einmal den Namen des Betriebs zu erwähnen. Der letzte Satz sollte freundlich klingen. Etwa so: „Ich freue mich sehr auf die Einladung zu einem persönlichen Gespräch. Mit freundlichen Grüßen…".

www.abi.de/bewerbung.htm; Link: Bausteine des Anschreibens.

M 4 Bewerbung online

Weil viele Personaler die angehängten Dateien des Bewerbers auf ihrem Computer speichern, sollte man das Anschreiben nicht nur in die E-Mail packen, sondern auch als Anhang mitschicken. Die E-Mail kann man kurz halten, aber man sollte trotzdem Neugier wecken. […] Zwei Dateien sind ideal: Anschreiben und Lebenslauf kommen in die erste, Zeugnisse, Arbeitsproben und alles Weitere in die zweite. […]
Vor allem große Unternehmen setzen immer häufiger auf eigene Bewerbungsplattformen. In die Textfelder schreibt man alle Angaben zur Person, zum Lebenslauf und zur Motivation. Meist sind die Fragen klassisch, wie „Warum wollen Sie bei uns arbeiten?" oder „Welche Berufserfahrung haben Sie schon gesammelt?" […]
Oft dauert es vier Wochen, bevor sich Firmen zurückmelden. Doch manche reagieren bewusst schnell, rufen zum Beispiel ein paar Minuten nach dem Absenden der Daten an, um die Bewerber zu überraschen.

Mischa Drautz: Worauf muss ich im Netz achten? Die Zeit, Campus Ratgeber 1/2015, S. 38

M 3 Anschreiben – Muster

Melanie Musterfrau
Musterstr. 2
12345 Musterstadt
Tel.: 01234 56789
E-Mail: melanie.mustermann@e_mail.de

Name des Absenders beginnt in der fünften Zeile vom oberen Rand.

Musterstadt, 22.Juli 2017

Ort und Datum rechtsbündig in erste Schriftzeile

sieben Zeilen bis zur Anschrift des Empfängers

Beispiel Landschaftsbau
Bernd Beispiel
Beispielstr. 20
12345 Beispielstadt

Anschrift von Unternehmen und Ansprechpartner/in

Linker Rand ca. 24 mm

Bewerbung um einen Ausbildungsplatz als Gärtner - Garten- und Landschaftsbau

Sehr geehrter Herr Beispiel,   persönliche Anrede

mit großem Interesse habe ich Ihre Anzeige in der JOBBÖRSE der Agentur für Arbeit gelesen. Auf Ihrer Homepage habe ich mich über Ihren Betrieb und Ihr Ausbildungskonzept informiert. Dies hat mich davon überzeugt, mich bei Ihnen zu bewerben.

Während meines einwöchigen Praktikums in der Gärtnerei Blum konnte ich erste Einblicke in den beruflichen Alltag eines Gärtners gewinnen. Dabei gefielen mir besonders die Bepflanzung und die Pflege von Hausgärten. Ich arbeite sehr gern an der frischen Luft und bin körperlich belastbar. Da mir diese Arbeit viel Spaß macht, habe ich mich für den Beruf des Landschaftsgärtners entschieden.

Zurzeit besuche ich die Margareten-Hauptschule, die ich im Sommer nächsten Jahres erfolgreich abschließen werde.

Gerne biete ich Ihnen an, ein Praktikum bei Ihnen zu absolvieren, damit Sie sich ein Bild von mir machen und sich von meinen Fähigkeiten überzeugen können.

Auf eine Einladung zu einem persönlichen Gespräch freue ich mich sehr.

Freundliche Grüße

Melanie Musterfrau

Anlagen
Lebenslauf
Foto
Letztes Schulzeugnis
Praktikumsbescheinigung

Grund des Anschreibens, Begründung der Wahl des Ausbildungsbetriebes

Interesse, Motivation, Eignung begründen

Zeitpunkt des Schulabschlusses

---

1 Sucht unter www.jobboerse.arbeitsagentur.de einen Ausbildungsplatz in der Nähe eures Wohnorts in einem Beruf, den ihr euch vorstellen könnt. Informiert euch im Internet über den Arbeitgeber und unter www.berufenet.arbeitsagentur.de über die Anforderungen an den Beruf. Formuliert ein Anschreiben entsprechend der Gliederung von M 2 und M 3.

2 Sucht im Internet nach Informationen zum Thema „Online-Bewerbungen". Fasst die Ergebnisse zusammen und tragt sie in der Klasse vor.

Die Bewerberauswahl

M1 Assessment-Center*

* **Assessment-Center** (assessment = engl. Beurteilung) Gemeint ist ein Gremium, das ein Personalauswahlverfahren durchführt. Mitarbeiter der Personalabteilung des Unternehmens oder einer Beratungsfirma wählen unter mehreren, meist gleichzeitig anwesenden Bewerbern solche aus, die den Anforderungen der zu besetzenden Stelle am ehesten entsprechen. Die Bewerber werden bei dem Verfahren vor Probleme gestellt, die sie praxisnah zu lösen haben.

Eignungstest

Wenn ihr euch nach dem Ende eurer Schulzeit, eurer Berufsausbildung oder eures Studiums um eine attraktive Stelle bewerben wollt, müsst ihr euch gründlich auf das Bewerberverfahren vorbereiten.

Größere Betriebe führen für Stellenbewerber oft einen Einstellungstest durch. Schulnoten oder Studienabschlüsse geben den Personalchefs nicht genügend Informationen über euer Leistungsvermögen. Zeugnisse von verschiedenen Schultypen oder Hochschulen sind zudem nicht immer vergleichbar. Dazu kommt, dass Berufsarbeit auch Voraussetzungen fordert, über die Noten nichts aussagen, z.B. räumliches Vorstellungsvermögen, IT-Kenntnisse oder soziale Kompetenzen wie Kommunikationsfähigkeit. Bei dem beliebten Arbeitgeber Polizei gliedert sich der computergestützte Einstellungstest in ein Lückendiktat (Rechtschreibetest), einen Sprachverständnistest im Multiple-Choice-Verfahren und einen computergestützten Intelligenztest mit verschiedenen Aufgabenbereichen. Zu den Schwerpunkten zählen unter anderem Sprache, Mathematik und Logik. Die nötige Fitness weisen Polizeibewerber in Baden-Württemberg durch die Vorlage eines Sportabzeichens nach. Anschließend folgt ein ausführliches Bewerbungsgespräch.

Vorstellungsgespräch

Die Auswahl der Bewerber bei den Unternehmen beginnt mit der Vorauswahl derjenigen, die in die engere Wahl gekommen sind. Dazu werden zunächst die Bewerbungsunterlagen verglichen. Die Arbeitgeber laden nur die aussichtsreichsten Bewerber zu einem Vorstellungsgespräch ein. In diesem Gespräch werden meist noch ergänzende Fragen zu den eingereichten schriftlichen Unterlagen gestellt, z.B. zu Einzelheiten des bisherigen schulischen oder beruflichen Werdegangs, zu beruflichen Qualifikationen und Erwartungen der Bewerber an die neue Stelle.

Eine gründliche Vorbereitung ist Grundlage für eine gute Präsentation eurer Person und erhöht die Einstellungschancen. Informiert euch also vor dem Gespräch über das Unternehmen und über die Anforderungen der angestrebten Berufstätigkeit (www.berufenet.arbeitsagentur.de). Während des Vorstellungsgesprächs gibt euch der Arbeitgeber Hinweise über die Ansprüche an den zu besetzenden Arbeitsplatz und oft auch über berufliche Perspektiven. Ihr müsst als Bewerber unter Beweis stellen, dass ihr für die angebotene Stelle wirklich geeignet seid.

Der Arbeitgeber muss alle Informationen aus dem Bewerbungsverfahren vertraulich behandeln und die Bewerbungsunterlagen nach einer erfolglosen Bewerbung zurückgeben. Er ist verpflichtet, Kosten für Fahrt und Verpflegung zu ersetzen, wenn er euch zur Vorstellung aufgefordert hat. Dies gilt unabhängig davon, ob er mit euch einen Arbeitsvertrag abschließt oder nicht. Bei einem Vorstellungsgespräch darf der Arbeitgeber nur berechtigte Fragen stellen:

M2 Fragen beim Vorstellungsgespräch

Noch vor dem Vorstellungsgespräch vereinbaren manche Unternehmen nach einer eingegangenen Bewerbung ein Telefongespräch, bei dem sich Mitarbeiter der Personalabteilung einen ersten Eindruck über eure Person machen wollen. Größere Unternehmen lassen die Personalauswahl vor allem von Führungskräften von einem Assessment-Center (s. **M1**) treffen.

M3 Antworten von Personalchefs auf die Frage: „Was ist Ihnen bei einer Bewerbung besonders wichtig?"

HARIBO: Die Bewerbung vermittelt den ersten Eindruck über eine/n Bewerber/in. Daher sollte man schon hier zeigen, was in einem steckt. [...] Besonders wichtig ist der individuelle Bezug zu Haribo – die Leidenschaft für das Unternehmen muss bereits in einer Bewerbung vermittelt werden. Achten Sie außerdem auf Vollständigkeit der Unterlagen.
CLAAS-Landmaschinen: Ihre Bewerbung bei uns ist Ihre Eintrittskarte – heben Sie sich mit Ihren Stärken ab und zeigen Sie uns, warum Sie zu uns passen. Wenn Sie Interesse an Hightechmaschinen und einem internationalen Arbeitsumfeld haben, überzeugen Sie uns.

Deloitte Wirtschaftsprüfung: Sorgfältiges Arbeiten ist äußerst wichtig für unseren Erfolg, deshalb freuen wir uns über Bewerber, die uns bereits anhand ihrer Unterlagen zeigen, dass auch ihnen dieser Punkt ein Anliegen ist.
FERRERO: Bei Bewerbungen sind uns ein klares Profil und ein roter Faden wichtig. Zudem muss die Begeisterung für Ferrero und seine Markenvielfalt mit 26 starken Marken, wie „Ferrero-Küsschen", „Kinder-Riegel" oder „Nutella" zu spüren sein. Eine Bewerbung lebt aber auch von der persönlichen Note.
Die Zeit, Campus Ratgeber 1/2015, S. 118 ff.

1 Erklärt, warum viele Firmen bei der Einstellung Assessment-Center durchführen (**M1**).
2 Im Internet findet ihr Fragen, die bei Bewerbungsgesprächen häufig gestellt werden. Bereitet in Partnerarbeit ein Rollenspiel zwischen einem Personalchef und einem Bewerber z. B. um die Stelle eines Bankkaufmanns/einer Bankkauffrau oder eines Modedesigners/einer Modedesignerin vor. Simuliert das Rollenspiel vor der Klasse.
3 Fasst zusammen, welche Anforderungen Personalchefs an schriftliche Bewerbungen stellen (**M3**).

„Go" und „No-Go" bei Bewerbungen

M1 Beim Bewerbungsgespräch

Wie die Bewerbung sein soll	
Anschreiben	**Lebenslauf**
• Ihr habt Adresse, Anrede und Datum korrekt angegeben. • Eure Unterschrift ist eigenhändig. • Das Anschreiben ist nicht allgemein, sondern auf den Betrieb bezogen formuliert. • Zur besseren Lesbarkeit habt ihr Absätze eingefügt. • Das Anschreiben ist nicht länger als eine Seite.	• Es gibt keine größeren zeitlichen Lücken. • Eure Angaben über Schulausbildung und eventuelle Praktika sind vollständig. • Unter der angegebenen Telefon- oder Handynummer seid ihr zu bestimmten Zeiten erreichbar.
Anlagen	**Formales**
• Ein professionelles Foto von euch ist aufgeklebt. • Euer letztes Schulzeugnis ist beigefügt, ebenso Bescheinigungen über ehrenamtliche Tätigkeiten und über Praktika. • Die Dokumente liegen in der richtigen Reihenfolge in der Bewerbermappe.	• Vermeidet Rechtschreib- und Grammatikfehler. Verlasst euch nicht nur auf das Korrekturprogramm eurer Software, sondern lasst die Bewerbung von einer anderen Person prüfen.
Richtiges Vorstellungsgespräch	
Zuverlässigkeit	**Erscheinung Jungen**
• Kommt lieber etwas zu früh als zu spät zum Gespräch, wenn trotzdem etwas schiefgeht, sagt sofort dem Ansprechpartner Bescheid und erklärt die Situation. • Den Namen des Ansprechpartners müsst ihr für die bevorstehende Begrüßung im Kopf haben.	• Lasst vorher eure Haare schneiden, duscht, falls nötig, rasiert euch sorgfältig. • Entfernt Piercings, bedeckt eventuelle Tattoos mit Kleidung. • Eure Kleidung ist sauber, die Schuhe sind geputzt. • Die Art der Kleidung entspricht der Tätigkeit, für die ihr euch bewerbt.
Persönliche Wirkung	**Erscheinung Mädchen**
• Gebt euer Bestes, zeigt Interesse.	• Verwendet kein oder nur dezentes Make-up, die Nägel sind kurz geschnitten.

- Macht euch schon vor dem Gespräch Gedanken über mögliche Fragen und wie sie zu beantworten sind.
- Legt euch Fragen zurecht, die ihr selbst stellen wollt, z. B. über berufliche Entwicklungsmöglichkeiten.
- Eure Kleidung ist gebügelt, die Schuhe sind geputzt, die Absätze nicht zu hoch.
- Piercings, Tattoos, große Ohrringe sind bei einer Friseurin möglich, bei einer Bankkauffrau aber unpassend.

Was in der Bewerbung nicht sein darf

Anschreiben
- Ihr habt eine fehlerhafte Adresse oder Anrede verwendet.
- Das Anschreiben ist ein allgemein gehaltenes „Massenschreiben", das eure Persönlichkeit nicht erkennen lässt.
- Ihr habt kariertes, liniertes, farbiges Papier oder Papier in einem nicht üblichen Format verwendet.
- Eure Bewerbung ist knittrig, fleckig oder riecht nach kaltem Rauch.

Lebenslauf
- Ihr habt zeitliche Lücken gelassen oder gelogen.
- Ihr verwendet eine unseriöse E-Mail-Adresse z. B. hasi73@gmx.de.
- Als Bewerbungsfoto habt ihr einen Selfie-Schnappschuss aus dem letzten Urlaub ausgewählt.
- Ihr wisst nichts zu schreiben über euch, z. B. über Hobbys oder ehrenamtliche Tätigkeiten.

Anlagen
- Euer Lebenslauf liegt nur als Fotokopie vor, die Unterschrift ist nicht von Hand.
- Ihr habt überflüssige Unterlagen beigefügt, zum Beispiel Zeugnisse der Grundschule.
- Die Dokumente liegen ungeordnet in einer Plastikhülle anstatt in einer Bewerbungsmappe.

Formales
- Eure Bewerbung enthält Rechtschreib- und Grammatikfehler.
- Ihr habt das Kuvert unzureichend frankiert oder als Einschreiben mit Rückschein geschickt.
- Die Daten im Lebenslauf stimmen mit denen in den Zeugnissen nicht überein.

Fehler beim Vorstellungsgespräch

Zuverlässigkeit
- Ihr kommt zum Bewerbungsgespräch oder zum Einstellungstest zu spät.
- Ihr habt euch nur unzureichend über das Unternehmen informiert.
- Ihr seid übermüdet und unkonzentriert.
- Bei der Begrüßung gebt ihr einen laschen Händedruck.

Erscheinung Jungen
- Ihr kommt mit ungewaschenen oder mit viel Gel gestylten Haaren, ihr kaut Kaugummi.
- Ausgewaschene Designerjeans mit Löchern und Flipflops sind unpassend.
- Körpergeruch oder starker Geruch von Deos schrecken ab.
- Vermeidet sichtbare Tattoos, Piercings.

Persönliche Wirkung
- Ihr habt ein schrilles Outfit, das besser für einen Discobesuch passt.
- Ihr verwendet eine flapsige Jugendsprache.
- Während des Gesprächs klingelt euer Handy.
- Auf Fragen seid ihr nicht vorbereitet.

Erscheinung Mädchen
- Schuhe mit hohen Absätzen oder das Zeigen von viel Haut wirkt unseriös.
- Stark geschminkt oder parfümiert – das geht für die meisten Berufe nicht.
- Vermeidet sichtbare Tattoos, Piercings oder auffälligen Schmuck.
- Schmuddelige, zu enge oder zu schrille Kleidung ist unpassend.

Berufsorientierung – ein Praktikum als Einstieg

Einblick in die Arbeitswelt

Die meist einwöchige „Berufsorientierung" soll euch helfen, einen Einblick in die Arbeitswelt zu bekommen. Ein Kurzpraktikum kann Weichen für euren späteren Berufsweg stellen – und manchmal auch für einen Arbeitsplatz. Vielleicht findet ihr in dem Betrieb, in dem ihr das Praktikum leistet, später eine Lehrstelle oder nach dem Abitur einen Ausbildungsplatz an der dualen Hochschule. Seid ihr pünktlich, zuverlässig und den erwarteten Anforderungen gewachsen? Am Ende des Praktikums bekommt ihr eine Bescheinigung, die ihr für spätere Bewerbungen verwenden könnt.

Bewerbung

Bei größeren Unternehmen reicht oft eine Online-Bewerbung. Bei kleineren und mittelgroßen Betrieben wird aber fast immer eine schriftliche Bewerbung mit Lebenslauf und Zeugniskopien verlangt. Einstellungsgespräche gibt es nur selten. Die meisten Anbieter von Schülerpraktika möchten aber, wie ihr auch in **M3** seht, wissen, was euch dazu veranlasst hat, in dem gewählten Berufsfeld* tätig zu werden. Da müsst ihr euch etwas einfallen lassen. Ein aussagefähiges Bewerbungsschreiben ist für die meisten Anbieter von Schülerpraktika viel wichtiger als Schulnoten.

* Berufsfelder
– Wirtschaft und Verwaltung
– Metalltechnik
– Elektrotechnik
– Bautechnik
– Holztechnik
– Textiltechnik und Bekleidung
– Chemie, Physik, Biologie
– Drucktechnik
– Farbtechnik und Raumgestaltung
– Gesundheit
– Körperpflege
– Ernährung und Hauswirtschaft
– Agrarwirtschaft

M1 Warum dieses eine Praktikum? – Auszüge aus Bewerbungen

Mediengestaltung: Da ich glaube, musikalisch und sprachlich begabt zu sein, und auch glaube, die anderen für den Beruf benötigten Eigenschaften wie gestalterisches und organisatorisches Talent sowie eine gute Teamfähigkeit zu besitzen, habe ich mich für ein Praktikum in dieser Branche entschieden. Ich hoffe, bei diesem Praktikum einen breiten Einblick in das Berufsfeld eines Tonstudios und besonders in die Arbeit eines Mediengestalters Bild und Ton bekommen zu können. Toll wäre es, wenn ich möglichst viel selbst ausprobieren dürfte, um mir so sicher werden zu können, dass dieser Beruf, falls ich ihn später wirklich ausüben werde, zu mir passt.

IT-Dienstleistung: Da ich mich für die Computertechnik interessiere und auch gerne sowohl an meinem eigenen als auch an Computern Bekannter Probleme behebe, entschied ich mich dafür, meine Praktikumswoche in einer EDV-Abteilung durchzuführen.

Informationstechnik: Ich entwerfe und baue eigene Schaltungen für mich selbst und für andere. Für mich ist es wichtig, herauszufinden, ob meine aktuelle Vorstellung über das Berufsfeld auch zutrifft.

Biologie/Chemie: Mir ist die Umwelt schon immer sehr wichtig gewesen, deshalb möchte ich in meinem späteren Beruf helfen, ihre fortschreitende Zerstörung zu stoppen. Meiner Meinung nach geht Umweltschutz nur über Forschung, über die Entwicklung und Verbesserung von Luft-, Wasser- und Bodenreinigungsmaßnahmen und über die Optimierung von Verfahren zur Energieeinsparung. Hierfür ist man als Bio- und Chemieingenieur besonders kompetent. Ich möchte das Praktikum dafür nutzen, den Berufsalltag des Forschers und Bio-/Chemieingenieurs mitzuerleben.

Erziehung: Ich möchte in dem Schülerhort, in dem ich selbst so viele Jahre war, mein Praktikum absolvieren. Ich finde es spannend, das Prinzip der Ganztagsbetreuung auch von der anderen Seite aus zu betrachten. Die Erzieher sind sehr wichtig in unserer Gesellschaft, da die Eltern, die zunehmend ganztags arbeiten, die Erziehung ihrer Kinder ein Stück weit an die Betreuer weitergeben (s. **M3**).

Autorentext nach Praktikumsberichten im Internet

M 2 Bewerbungsschreiben in einem Internetforum für ein Kurzpraktikum

Hallo, wie ist das untenstehende Bewerbungsanschreiben an eine Sparkasse? Bitte ehrliche Beurteilungen!

Sehr geehrte Damen und Herren,
hiermit möchte ich mich um einen Praktikumsplatz bei Ihnen bewerben. Mein Name ist Max Mustermann. Ich bin 16 Jahre alt, wohne in … und besuche derzeit die … Realschule in … Ich gehe in die 9. Klasse und muss wie jeder andere Schüler ein Praktikum absolvieren. Die Berufsorientierung an Realschulen (BORS) ist ein Pflichtpraktikum und dauert eine Woche. In dieser Zeit können wir ein Berufsfeld unserer Wahl kennenlernen. Das Praktikum geht vom 15. Oktober bis zum 19. Oktober dieses Jahres. Ich habe großes Interesse an Finanzthemen. Deshalb möchte ich Ihr Unternehmen unterstützen, aber auch selber praktische Erfahrungen und Kenntnisse sammeln. Interessiert bin ich vor allem am Umgang mit Menschen. Dies liegt auch daran, dass mein Vater selbstständiger Obst- und Gemüsehändler ist und viel mit Menschen zu tun hat. Ich habe ihm schon geholfen und dabei festgestellt, dass ich gut mit Menschen umgehen kann.
Ich hoffe, bei Ihnen bald mein Praktikum absolvieren zu können. Über eine schnelle Rückmeldung würde ich mich freuen.
Mit freundlichen Grüßen
Max Mustermann

Autorentext nach einem Chat im Internet

Bewerbung für ein Schülerpraktikum

Angaben zur Person

Anrede: ☐ Herr ☐ Frau
Nachname:
Vorname:
Straße/Nr.:
PLZ/Ort:
Geburtsdatum:
email-Adresse:
Telefon:

1. Warum interessieren Sie sich für diesen Beruf/e?
2. Was erwarten Sie sich von diesem Praktikum?

M 3 Eingabemaske für Online-Bewerbungen bei der Daimler AG, Standort Mannheim (Auszug)

M 4 Mögliches Berufsziel: Erzieher

1. Berufsorientierung – Abwechslung vom Schulalltag oder mehr? Charakterisiert die Ziele des Schülerpraktikums (Text).
2. Wie würdet ihr dem Ratsuchenden (**M 2**) antworten? Zieht **M 2** auf S. 98/99 hinzu.
3. „Bitte nehmen Sie hierzu Stellung", wird in der Online-Bewerbungsmaske der Daimler AG gefragt. Begründet in drei bis vier Sätzen, warum ihr euch für ein technisch oder kaufmännisch orientiertes Praktikum bei dem Automobilhersteller interessiert.

Die Arbeitswelt im Wandel

M1 Produktion der Daimler-S-Klasse in Sindelfingen

Schlanke Produktion („Lean Production")
Vielseitig ausgebildete Arbeitskräfte wirken in Gruppen zusammen, um Bauteile herzustellen („Jobenlargement") oder diese zu Fertigerzeugnissen zusammenzubauen. Die Gruppen teilen anfallende Arbeiten untereinander auf („Jobrotation"). Durch die schlanke Produktion erhalten die Mitarbeiter mehr Entscheidungsbefugnisse und mehr Verantwortung, ihre Motivation nimmt zu.

Taylorismus
Von dem US-Amerikaner Frederick W. Taylor (1856–1915) begründetes Prinzip der Steuerung von Arbeitsabläufen. Sie führt im Bereich der Massenfertigung zu einer kostengünstigen Produktion, die größtenteils mit angelernten Arbeitskräften durchgeführt werden kann. Die Teilung der Arbeit in kleinste Einheiten, die aufgrund des geringen Arbeitsinhalts schnell zu wiederholen sind, geschah erstmals bei Henry Ford, der 1909 bei seinem Modell „Ford T" („Tin Lizzy") die Fließbandproduktion einführte.

Produktivität
Verhältnis der Produktionsmenge zu den dazu eingesetzten Werkstoffen, Maschinen oder Arbeitskräften. So berechnet sich z. B. die Arbeitsproduktivität aus der in einem bestimmten Zeitraum erzeugten Produktionsmenge im Verhältnis zu den dazu eingesetzten Arbeitsstunden.

„Schlanke Produktion" in der Automobilindustrie

Während heute deutsche und japanische Unternehmen weltweit ungefähr gleich viele PKW herstellen, waren im letzten Viertel des 20. Jahrhunderts die Europäer und Amerikaner der starken japanischen Konkurrenz immer weniger gewachsen: 1992 exportierte Japan 5,7 Millionen Personenkraftwagen, Deutschland als zweitgrößter Fahrzeughersteller 2,7 Millionen. Die japanische Automobilindustrie hatte damals eine neue Produktionskonzeption eingeführt, eine „schlanke Produktion*" („Lean Production"). Sie konnte damit beachtliche Produktivitätsfortschritte erzielen, nicht nur im Fahrzeugbau.

Während in Deutschland und anderen westlichen Industriestaaten überwiegend der Taylorismus* mit seiner kleinschrittigen Arbeitsteilung und traditionellen, auf große Stückzahlen ausgelegte Fließfertigung praktiziert wurde, konnten die Japaner mit ihrer „schlanken Produktion" in immer schnellerer Folge neue Fahrzeugtypen auf den Markt bringen und jedes einzelne Fahrzeug individuell entsprechend den Kundenwünschen ausstatten. Die Produktivität* der japanischen Fahrzeughersteller war dennoch doppelt so hoch wie die der europäischen Konkurrenz, die Fertigungstiefe dagegen wesentlich geringer. Bei japanischen Autobauern wurde nur das produziert, was andere, also die Zulieferer, nicht besser, schneller und preisgünstiger anbieten konnten.

In Japan, wo fast 70 Prozent der Beschäftigten in Arbeitsgruppen organisiert waren, kamen Montagefehler wesentlich seltener vor als in europäischen oder amerikanischen Betrieben. Bei der Gruppenarbeit ist das Arbeitsteam für seinen Bereich verantwortlich, vor allem für die Qualitätskontrolle und -sicherung. Da den Arbeitsgruppen ein großes Maß an Selbstständigkeit und Eigenverantwortung zukommt, können Meister, Vorarbeiter und Kontrolleure weitgehend eingespart werden. Der Personalbedarf wird deutlich geringer. Zur schlanken Produktionsstrategie, die sich mittlerweile in allen Industriestaaten durchgesetzt hat, gehört auch, dass der Maschinenpark durch eine flexible Automatisierungstechnik gekennzeichnet ist, der schnelle Modellwechsel zulässt. Ungelernte Hilfskräfte werden bei solchen Fertigungssystemen kaum mehr gebraucht, zumal die meisten körperlich schweren und sich monoton wiederholenden Arbeitsschritte durch Maschinen oder Roboter erledigt werden.

2015 verkaufte Toyota 10,15 Mio., VW 9,98 Mio. und Opel 9,80 Mio. Autos.

M 2 Rationalisierung im 18. Jahrhundert

Ein Arbeiter, der noch niemals Stecknadeln gemacht hat und auch nicht dazu angelernt ist [...], könnte, selbst wenn er sehr fleißig ist, täglich höchstens eine, sicherlich aber keine zwanzig Nadeln herstellen. Aber so, wie die Herstellung von Stecknadeln heute betrieben wird, ist sie nicht nur als Ganzes ein selbstständiges Gewerbe. Sie zerfällt vielmehr in eine Reihe getrennter Arbeitsgänge, die zumeist zur fachlichen Spezialisierung geführt haben. Der eine Arbeiter zieht den Draht, der andere streckt ihn, ein dritter schneidet ihn, ein vierter spitzt ihn zu, ein fünfter schleift das obere Ende, damit der Kopf aufgesetzt werden kann. Auch die Herstellung des Kopfes erfordert zwei oder drei getrennte Arbeitsgänge. Das Ansetzen des Kopfes ist eine eigene Tätigkeit, ebenso das Weißglühen der Nadel, ja, selbst das Verpacken der Nadeln ist eine Arbeit für sich. Um eine Stecknadel anzufertigen, sind somit etwa 18 verschiedene Arbeitsgänge notwendig, die in einigen Fabriken jeweils verschiedene Arbeiter besorgen, während in anderen ein einzelner zwei oder drei davon ausführt. Ich selbst habe eine kleine Manufaktur dieser Art gesehen, in der nur zehn Leute beschäftigt waren, sodass einige von ihnen zwei oder drei solcher Arbeiten übernehmen mussten. Obwohl sie nun sehr arm und nur recht und schlecht mit dem nötigen Werkzeug ausgerüstet waren, konnten sie zusammen am Tage doch etwa 12 Pfund Stecknadeln anfertigen, wenn sie sich einigermaßen anstrengten. Rechnet man für ein Pfund über 4000 Stecknadeln mittlerer Größe, so waren die zehn Arbeiter imstande, täglich etwa 48 000 Nadeln herzustellen, jeder also ungefähr 4800 Stück. Hätten sie indes alle einzeln und unabhängig voneinander gearbeitet, noch dazu ohne besondere Ausbildung, so hätte der Einzelne gewiss nicht einmal 20, vielleicht sogar keine einzige Nadel am Tag zustande gebracht. Mit anderen Worten, sie hätten mit Sicherheit nicht den zweihundertvierzigsten, vielleicht nicht einmal den viertausendachthundertsten Teil von dem produziert, was sie nunmehr infolge einer sinnvollen Teilung und Verknüpfung der einzelnen Arbeitsgänge zu erzeugen imstande waren.

Adam Smith: Der Wohlstand der Nationen (1776), München (dtv) 1978, S. 11f.

---

1 Unterscheidet die Arbeitsabläufe nach dem System des „Taylorismus" und der „Lean Produktion" (Text, Randspalte).
2 Beurteilt die Arbeitsabläufe in **M 1**.
3 Fasst die Aussagen Von Adam Smith in **M 2** zusammen. Definitionen der Begriffe „Rationalisierung" und „Automatisierung" findet ihr auf S. 84.

Roboter verändern die Arbeit

M1 Das Mercedes-Benz-Werk Düsseldorf ist das größte Transporterwerk der Daimler AG. Im Rohbau fertigen über 500 Roboter die Karosserien

*Flexible Fertigungssysteme
Sie bestehen aus mehreren verschiedenen, sich ergänzenden, rechnergesteuerten Maschinen oder Bearbeitungszentren und einem vollautomatischen Materialflusssystem. Dadurch kann die Durchlaufzeit der zu bearbeitenden Werkstücke stark verringert werden. Der computergesteuerte Werkzeugwechsel ermöglicht eine schnelle Umrüstung der Maschinen auf unterschiedlich herzustellende Produkte.

*Ergonomie
Anpassung der Arbeit an den Menschen durch körpergerechte Gestaltung von Arbeitsabläufen.

Auf dem Weg zur „Industrie 4.0"

Heute werden immer flexiblere Fertigungssysteme* benötigt, Maschinen müssen immer schneller auf veränderte Produkte umgerüstet werden. Der Einsatz von Robotern spielt dabei eine immer größere Rolle. Die Ziffer 4.0 verweist auf eine vierte Industrielle Revolution. Die erste Industrielle Revolution begann Ende des 18. Jahrhunderts. Sie war geprägt vom Einsatz technischer Errungenschaften wie der Dampfmaschine. Lokomotiven und Schiffe mit Dampfantrieben erhöhten die Transportgeschwindigkeiten. Die zweite Industrielle Revolution stand im Zeichen der elektrischen Energie und begann Anfang des 20. Jahrhunderts. Fließbänder erhöhten die Arbeitsgeschwindigkeit. Die dritte Industrielle Revolution war geprägt von der Automatisierung und begann etwa Mitte der 1970er-Jahre. Dominiert von Elektrotechnik und Informatik konnten Arbeitsabläufe geplant und gesteuert werden. Maschinenbau, Elektrotechnik und zunehmend auch die Informatik griffen ineinander und sorgten für extrem leistungsstarke Produktionsstätten. Roboter ersetzten viele Arbeitsschritte, die zuvor durch menschliche Handgriffe durchgeführt werden mussten. Produktionsprogramme konnten auf Datenträgern gespeichert werden. Die vierte Industrielle Revolution – die Industrie 4.0 – hat bereits in Ansätzen seit Beginn des 21. Jahrhunderts begonnen, wird voraussichtlich jedoch erst in den nächsten zwei Jahrzehnten ihre volle Blüte erreichen. Wandlungsfähige, effiziente und ergonomische* Produktionsprozesse sind das Ziel von Industrie 4.0. Bis zu 10 000 Einzelteile sind heute in einem Auto verbaut. Die Toleranzen zugelieferter Teile müssen durch digitale Vernetzung weltweit aufeinander abgestimmt werden. Schwere körperliche Arbeiten werden zunehmend von Robotern geleistet.

M 2 VW-Arbeitsdirektor Horst Neumann

Erstens muss Volkswagen für einen Roboter heute nur ungefähr fünf Euro pro Stunde aufbringen – alle Faktoren eingerechnet. Ein Beschäftigter kostet das Unternehmen hingegen mindestens 40 Euro. Diese Kostenvorteile muss man sich – gerade im Wettbewerb mit China und Osteuropa – zunutze machen. Zweitens sollte unmenschliche Arbeit abgeschafft und den Robotern überlassen werden. Gemeint sind ergonomisch belastende Routinetätigkeiten wie die Überkopf-Montage im Innenraum eines Fahrzeugs oder die stundenlange Versorgung von Nockenwellen mit sechs mal acht Tropfen Öl – dies im Minutentakt.

Matthias Schiermeyer: Seit an Seit mit dem Kollegen Roboter, Stuttgarter Zeitung v. 3.1.2015, S. 12

M 3 Zeitungsinterview mit dem Leiter des Stuttgarter Fraunhofer-Instituts für Arbeitswirtschaft und Organisation

Herr Bauer, können Sie sich noch daran erinnern, wie es sich anfühlte, ohne Computer und Internet zu arbeiten?
Ja, nehmen wir das Ende der 1970er-Jahre. […]
Was die wissenschaftlichen Mitarbeiter von Hand schrieben, wurde von Schreibkräften, meist Frauen, getippt. Seitdem hat vor allem das Internet unsere Arbeit drastisch verändert. Wenn die Leitung einmal nicht funktioniert, geht nichts mehr. Keine Mails, keine Zugriffe auf unsere Daten, auch keine Internetsuche.
Wie verändert das Internet selbst traditionelle Berufe in der Industrie?
Wir vernetzen nicht nur die Menschen über das Internet, sondern auch die Gegenstände und Maschinen. Künftig werden die Menschen ausschließlich mit digitalen Medien arbeiten. Auch der Fabrikarbeiter nimmt mit Smartphone oder Tablet Aufträge an und steuert die Maschinen. Der Arbeitsauftrag des Meisters auf Papier ist passé.
Was bleibt für den Industriearbeiter überhaupt noch zu tun?
Er muss konzeptionell und kreativ denken – Sacharbeit ist immer seltener gefragt. Stattdessen kümmert er sich zunehmend um die Koordination und Steuerung der Produktion.
Und arbeitet mit Robotern zusammen.
Künftig wird es immer mehr Leichtbauroboter geben, die auch diffizile, aber monotone und gesundheitsschädliche Montagetätigkeiten übernehmen. Die Roboter sind mit Sensoren bestückt, intelligent, haben große Displays und arbeiten menschenähnlicher. Der Fabrikarbeiter steuert und überwacht sie. Sollte es zu einem unvorhergesehenen Zusammenprall kommen, sind sie so konstruiert, dass sie den Arbeiter nicht verletzen.
Was ist von allem schon Realität?
Wir sind mittendrin. Moderne, große Unternehmen haben schon Bausteine davon eingeführt, wie Daimler mit seinem Werk in Sindelfingen. Die total vernetzte Fabrik wird in 15 bis 20 Jahren Standard sein.
Nun die Gretchenfrage: Werden durch die Digitalisierung mehr Arbeitsplätze geschaffen oder vernichtet?
Wenn wir vorne dranbleiben, bin ich optimistisch, dass unter dem Strich in Deutschland mehr Arbeitsplätze geschaffen werden.

Daniel Gräfe: Kein Beruf ist unantastbar, Stuttgarter Zeitung v. 1.2.2015, S. 4 [Text gekürzt]

---

1. Unterscheidet die im Text genannten vier Industriellen Revolutionen.
2. Fasst die Vorteile von „Industrie 4.0" für Unternehmer und für Beschäftigte zusammen (Text, M 1, M 3).
3. Nennt Probleme, die als Folge des technischen Fortschritts entstehen könnten (M 3).

Der technische Wandel verändert die Berufsausbildung

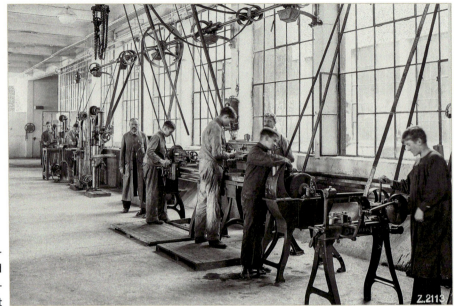

M1 Industrielle Berufsausbildung 1920: Lehrlinge und Meister bei der Daimler-Motoren-Gesellschaft

M2 Gewerblicher Unterricht an Fortbildungsschulen, den früheren Berufsschulen. Der Unterricht fand abends nach einem meist zehnstündigen Arbeitstag statt. Die Lehrzeit begann mit 14, oft schon mit 13 Jahren (Ansichtskarte, um 1910)

Berufsausbildung im Wandel

Durch die digitalisierte Arbeitswelt steht das Berufsbildungssystem vor großen Herausforderungen. Die Berufsausbildung der früheren Jahrhunderte, bei der ein Meister oder Bürovorsteher einen Tätigkeitsschritt so lange vormachte, bis ihn der gewerbliche oder kaufmännische Lehrling selbstständig nachvollziehen konnte, genügt für die heutige Berufsausbildung längst nicht mehr. Nicht allein Fertigkeiten werden heute erwartet, sondern Kompetenzen (s. S. 85). Deren Vermittlung während der Berufsausbildung vollzieht sich vor dem Hintergrund von Prozessen, die einen Kundennutzen erzeugen.

Prozesse in einem gewerblich-technischen Handwerksberuf beginnen meist mit der Annahme eines Auftrags von einem Kunden, setzen sich mit der Planung, Durchführung und Kontrolle der Arbeitsaufgabe fort, machen eine Kostenberechnung notwendig, erfordern den sparsamen Umgang mit Rohstoffen und Energie sowie die umweltgerechte Beseitigung von Abfällen und enden mit der Übergabe des erfüllten Auftrags an den Kunden. Technische, kaufmännische und ökologische Aufgaben sind während des Prozesses zu bewältigen. Ähnliche Abläufe gelten für kaufmännische Ausbildungsberufe.

Die Ausbildung in gewerblichen, kaufmännischen und sozialen Berufen darf dem technischen Fortschritt nicht hinterherhinken. Gründliche Kenntnisse von Informations- und Kommunikationstechnologien, kostenbewusstes und umweltverträgliches Handeln und die Fähigkeit zur Teamarbeit werden in nahezu allen Berufen schon während der Ausbildungszeit erwartet. Ausbildungsordnungen werden deshalb in kurzen Zeitabständen aktualisiert. Mit der Neuordnung der zunehmend anspruchsvolleren Inhalte geht oft auch eine Umbenennung der Berufe einher. Aus den früheren Kfz-Mechanikern wurden „Kfz-Mechatroniker", aus Bürokaufleuten „Kaufleute für Büromanagement" und aus Arzthelferinnen und Arzthelfern „Medizinische Fachangestellte".

Den Ausbildungsbetrieben geht es auch darum, mit der Ausbildung an Universitäten und Dualen Hochschulen Schritt halten zu können. Bei vielen vor allem kaufmännischen Tätigkeiten konkurrieren Beschäftigte, die eine duale Berufsausbildung haben, mit Bachelors, die ihren Abschluss an einer Hochschule erworben haben.

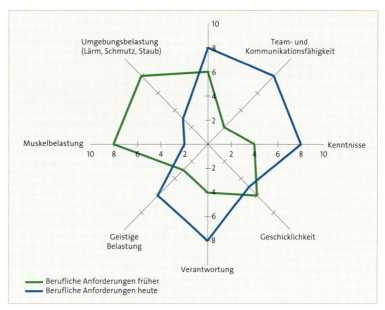

M 3 Qualifikationswandel bei industriellen Arbeitsverhältnissen während der letzten 20 Jahre

M 4 Industrie 4.0 in der Ausbildung

Siegfried Czock glaubt nicht, dass die zunehmende Vernetzung und Digitalisierung in der Produktion zum Wegfall von Berufsbildern und ganzen Ausbildungsgängen führen wird. „Wir werden auch in zehn Jahren noch Industriemechaniker brauchen, nur mit mehr Kompetenzen im IT-Bereich als bisher", sagte der Leiter Aus- und Weiterbildung bei Bosch. Der Technologiekonzern will das Thema Industrie 4.0 künftig noch stärker als bisher in seine Ausbildung einbinden. IT-Know-How sei dabei eine der Schlüsselkompetenzen.
Die bisherige Ausbildung bietet Czock zufolge genügend Raum, um Kompetenzen wie die Bedienung von Anlagen via Tablet oder Smartphone sowie Basiskenntnisse über Netzwerke und Funktechnologien zu vermitteln.

Thomas Thieme: Bosch rüstet Azubis für digitale Zukunft, Stuttgarter Zeitung v. 5.8.2015, S. 11

---

1 Beschreibt M 1 und M 2. Verdeutlicht die Unterschiede, die sich für die gewerblichen Berufsausbildung ergeben.
2 Erklärt, auch mithilfe des Textes, wie sich die Berufsausbildung in den letzten Jahrzehnten verändert hat.
3 Gebt die Aussagen von M 3 in eigenen Worten wieder.

Das kann ich …

Wichtiges zusammengefasst

1. Was will ich werden?

2. Duales System der Berufsausbildung

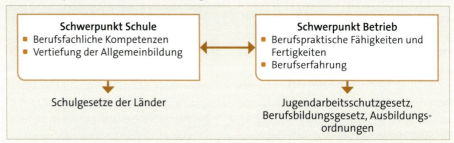

3. Ausbildungsmöglichkeiten, um später eine Gärtnerei zu leiten und Lehrlinge auszubilden

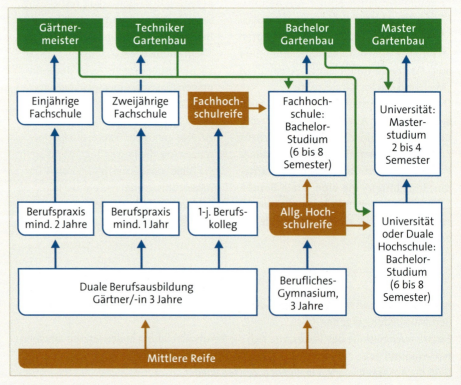

Kompetenz-Check

4. Wandel der industriellen Arbeitsabläufe seit den 1990er-Jahren

Wissens-Check

1. Stellt die Berufsausbildung im Dualen System dar.
2. Nennt die Vertragspartner, die am Abschluss eines Ausbildungsvertrags beteiligt sind.
3. Unterscheidet die „Fachkompetenz" von der Sozialkompetenz" und der „Methodenkompetenz". Nennt jeweils Beispiele.
4. Beschreibt Möglichkeiten des Erwerbs eines mittleren Bildungsabschlusses für Hauptschüler und des Erwerbs der Fachhochschulreife für Schülerinnen und Schüler mit einem mittleren Bildungsabschluss.
5. Erörtert die Erfolgsaussichten eines Studiums an einer Fachhochschule für Schülerinnen und Schüler mit Realschulabschluss und dem anschließenden Erwerb der Fachhochschulreife.
6. Gestaltet ein (aus höchstens fünf Sätzen bestehendes) Anschreiben einer Bewerbung für ein Betriebspraktikum bei einem Kreditinstitut.
7. Analysiert das folgende Bewerbungsschreiben um einen Ausbildungsplatz:

> Liebe Frau Müller,
> ich schreibe Ihnen, um mich als Auszubildende zur „Kauffrau für Büromanagement" zu bewerben. Ich werde die beste Auszubildende sein, die Sie sich vorstellen können. Ich bin ehrgeizig, klug, aufgeschlossen, dynamisch, flexibel, mobil und kommunikativ.
> Ich würde gern 1600 Euro im Monat verdienen, bin aber auch mit weniger einverstanden, wenn Sie mir stattdessen einen Firmenwagen zur Verfügung stellen. Alle Informationen über meinen schulischen Werdegang und meine persönlichen Interessen können Sie in den Anlagen finden.
> Ich würde mich sehr freuen, wenn wir uns bei einem persönlichen Gespräch näher kennenlernen könnten.
> Herzliche Grüße
> Petra Schulze

8. Beurteilt den zunehmenden Einsatz von Robotern in der Arbeitswelt.
9. Erklärt den Begriff „Industrie 4.0".

Arbeitnehmer haben Rechte

Arbeitnehmer schließen mit Arbeitgebern Arbeitsverträge ab, die sie zur Dienstleistung verpflichten. Arbeitgeber können Handwerksmeister, Einzelhändler, Industrie- und Handelsunternehmen oder auch öffentliche Einrichtungen wie Krankenhäuser sein. Gut ausgebildete Bewerber sind meist wählerisch und suchen nach Arbeitsplätzen, die nicht nur eine angemessene Vergütung gewährleisten, sondern auch ein gutes Betriebsklima und Aufstiegsmöglichkeiten erwarten lassen. Ähnlich wählerisch sind Auszubildende bei der Wahl ihres Ausbildungsbetriebs. In den Berufsausbildungsverträgen sind, ebenso wie in den Arbeitsverträgen, die Rechte und Pflichten aus dem Berufsausbildungs- oder Arbeitsverhältnis festgelegt. Zusätzliche Regelungen ergeben sich aus Tarifverträgen, Betriebsvereinbarungen und gesetzlichen Bestimmungen. Arbeitnehmerinnen und Arbeitnehmer setzen ihre Interessen häufig mithilfe von Streiks und Demonstrationen durch, wie die Frauen auf dem Foto im Februar 2015 in Berlin, die für eine Entgelterhöhung kämpften.

In diesem Kapitel lernt ihr Rechte und Pflichten von Arbeitnehmern und Auszubildenden kennen. Ihr beurteilt Interessenkonflikte und zeigt Lösungsmöglichkeiten auf. Ihr erfahrt, wie der Gesetzgeber die Rechte von Arbeitnehmern und vor allem von Auszubildenden stärkt.

Arbeiten – warum und wofür?

Wozu müssen wir arbeiten?

Der älteste Zweck von Arbeit ist es, das eigene Überleben zu sichern. Menschen müssen essen, trinken, wohnen, wollen aber auch darüber hinausgehende Bedürfnisse stillen. Beschäftigte verbringen wöchentlich ungefähr 40 Stunden mit Arbeit, oft noch viel mehr. Manchmal sind sie länger am Arbeitsplatz mit ihren Arbeitskollegen zusammen als zu Hause mit der eigenen Familie.

Für die meisten Arbeitnehmer dient die Berufstätigkeit nicht allein der Existenzsicherung, sondern auch der Selbstverwirklichung. Darunter versteht man die weitgehende Realisierung der eigenen Wünsche und Sehnsüchte am Arbeitsplatz. Damit verbunden ist eine möglichst umfassende Ausschöpfung der eigenen Fähigkeiten und Fertigkeiten.

Prekäre Beschäftigung

Ein sicherer Arbeitsplatz schafft die materielle Grundlage, die man für ein zufriedenes Leben braucht. Arbeitslosigkeit oder prekäre Arbeitsverhältnisse beeinflussen das Selbstbewusstsein und manchmal sogar das Ansehen im Freundeskreis. Prekäre Arbeitsverhältnisse liegen vor, wenn Arbeitnehmer keine Arbeitsplatzsicherheit haben, also nicht vor Arbeitslosigkeit geschützt sind und das Einkommen kaum oder gar nicht zur Existenzsicherung und zum Aufbau einer angemessenen Altersvorsorge ausreicht. Die betroffenen Menschen leiden unter der Unsicherheit. Ihre Lebensverhältnisse sind schwierig, sie sind vom sozialen Abstieg bedroht oder haben diesen erlitten.

Befristete Arbeitsverhältnisse*, die nicht auf Dauer angelegt sind, oder Leiharbeit* gehen mit einem Verlust an Planungssicherheit und der Zufriedenheit am Arbeitsplatz einher. Manche Beschäftigte verdienen so wenig, dass sie außer ihrer Haupttätigkeit zusätzlich noch einen Minijob* ausüben, z.B. als Zeitungsausträger in den frühen Morgenstunden.

---

* **Befristete Arbeitsverhältnisse**
Das Arbeitsverhältnis endet nach einer vereinbarten Frist. Vor allem bei Arbeitsverträgen unmittelbar nach einer Berufsausbildung oder einem Studium werden Arbeitsverträge oft auf ein bis zwei Jahre befristet, um damit die gesetzliche Probezeit von höchstens sechs Monaten zu umgehen.

* **Leiharbeit (Zeitarbeit)**
Unternehmen leihen sich von Zeitarbeitsfirmen Arbeitnehmerinnen und Arbeitnehmer für eine bestimmte Zeit aus. Durch diese Arbeitnehmerüberlassung können personelle Engpässe (zum Beispiel bei Auftragsspitzen) ausgeglichen, Urlaubs- und Krankheitszeiten überbrückt oder Mitarbeiterinnen im Mutterschutz vertreten werden.

* **Minijob (450-Euro-Job)**
Bei einem Haupt- oder Nebeneinkommen bis zu 450 Euro pro Monat zahlt allein der Arbeitgeber Steuern und Sozialversicherungsbeiträge. Beschäftigte sind aber, wenn sie keine weitere Tätigkeit ausüben, weder kranken- noch arbeitslosenversichert.

M 1 Berufung oder Broterwerb? Interview mit einem Arbeitspsychologen

ZEIT ONLINE: Viele junge Menschen wissen nicht, was sie mit ihrem Leben anfangen und welchen Beruf sie ergreifen sollen.

Hagemann: Junge Menschen können heute unter vielfältigen Lebensentwürfen wählen. Blicken wir mal auf die 1950er-Jahre zurück: Nach dem Weltkrieg hatten die Menschen ein großes Bedürfnis nach Sicherheit. Entsprechend waren bürgerliche Berufe hoch angesehen, die ein sicheres Auskommen und ein angepasstes Leben versprachen. Dann kamen die 1968er, die nach Selbstverwirklichung strebten. In den Siebzigerjahren entstanden neue kreative und soziale Berufsbilder. Ob Werbung und Medien, Sozialpädagogik – auf einmal ging es um ideelle Selbstverwirklichung. Parallel dazu sorgte die Emanzipation für neue Lebensentwürfe. Frauen mussten sich nicht mehr mit der Rolle als Hausfrau und Mutter begnügen. Mit den Wahlmöglichkeiten stieg jedoch die Erwartungshaltung, etwas aus dem eigenen Leben zu machen. Es ging nicht mehr nur darum, einen Beruf zu ergreifen, sondern etwas Sinnvolles zu tun und gleichzeitig materiell abgesichert zu sein. [...]

ZEIT ONLINE: Nun ist der Sinn des Lebens ja nicht allein vom Job abhängig.

Hagemann: Der Beruf hat einen hohen Stellenwert. Er ist prägend für die eigene Identität und weist auch unsere gesellschaftliche Stellung zu. Wenn man jemanden neu kennenlernt, ist eine der ersten Fragen: Was machen Sie beruflich?

Tina Groll: Nicht jeder Mensch ist für Arbeit geboren, Zeit online, 21.6.2011, in: www.zeit.de (Zugriff: 10.2.2016)

M 2 Wozu arbeiten wir? Aus einem Internetforum

Frage: Der normale Lebensweg ist: Wir gehen in die Schule, studieren, und schon sind die ersten 25 Lebensjahre weg. Dann arbeiten wir, und am Ende können wir uns mit 50 etwas leisten. Dann wird es aber mit der Gesundheit schwierig. Gibt es noch einen anderen Weg als diesen?

Kommentare:
- Klar, als Aussteiger. Geh nach Jamaica, oder in ein nigerianisches Dorf, wo du aber Nahrung finden musst, um zu überleben. Krankenversicherung und Internet gibt's dort aber auch nicht.
- Falscher Ansatz. Es ist doch nicht schlecht, zu lernen und zu studieren. Du lernst und arbeitest doch, weil es Spaß macht, Neues zu lernen. Den meisten macht das Spaß.
- Es ist doch nicht so, dass wir nur arbeiten, sondern wir haben auch Freizeit. Was machst du überhaupt, wenn du den ganzen Tag nichts tust? Würden wir alle so pessimistisch denken wie du, säßen wir wie Urmenschen in Höhlen und hätten nichts von unserer heutigen Welt.
- Wenn keiner arbeiten würde, wo bekommst du deine ganzen Sachen her? Essen, Wasser, Strom etc.?
- Das Problem ist, dass wir zwar für uns arbeiten, damit es uns besser geht, aber letztlich noch mehr für die „Oberen". Deshalb solltest du dich aber auch fragen, wer das Geldsystem entworfen hat und warum alles so geregelt ist, dass der normale Bürger nie wirklich Geld hat.
- Wie willst du denn sonst die 87 Jahre (statistische Lebenserwartung) ausfüllen? Ich wüsste nichts, als mich weiterzubilden und zu arbeiten.
- Ich sehe das anders. In der Schule wurde mir gesagt, die Schulzeit sei die schönste Zeit. Ich sehe das heute zwar etwas anders, aber schön war damals, dass ich oft schon mittags zu Hause war und nach den Hausaufgaben frei hatte. Und die Ferien: Von so langen Ferien träume ich heute noch. Heute bin ich erwachsen, habe oft einen 10-Stunden-Arbeitstag, dazu Familie, Haus und Garten. Doch auch heute habe ich noch genug Zeit, das Leben zu genießen und Spaß zu haben.

Autorentext nach einem Internetforum

M 3 Arbeit – wie im Hamsterrad?

---

1. Erklärt die Begriffe:
   - Leiharbeit
   - befristetes Arbeitsverhältnis
   - prekäres Arbeitsverhältnis
2. Deutet die die Darstellung (M 3). Wie könnt ihr verhindern, dass es euch so geht?
3. Fasst die Ansichten des Arbeitspsychologen Hagemann (M 1) hinsichtlich der Arbeitszufriedenheit zusammen.
4. Fasst die Stellungnahmen von M 2 zusammen. Welche Meinung wird aus den meisten Kommentaren deutlich? Formuliert eine eigene Antwort auf die in dem Forum gestellte Frage.

Arbeitnehmer und Unternehmer – Partner oder Gegner?

M1 Partnerschaft?

* **Gewinn**
Darunter versteht man den Umsatz (Preis x Menge) abzüglich der Kosten eines Betriebs. Sind die Kosten höher als die Umsätze, entstehen Verluste. Gewinne stehen den Eigentümern oder Gesellschaftern als Einkommen oder als Erhöhung ihres Betriebsvermögens zu.

Unternehmer brauchen Gewinne
Um langfristig bestehen zu können, müssen Unternehmer wirtschaftlich handeln und Gewinne* erzielen. Gewinne sind der Antrieb für ihr unternehmerisches Handeln, sie sind die Belohnung für die Inkaufnahme ihrer Risiken und sie bilden die Zinsen für das von den Unternehmern eingesetzte Eigenkapital. Darüber hinaus sind Gewinne die Voraussetzung für Investitionen. Unternehmer müssen ihre Produktion jederzeit dem technischen Fortschritt und den Bedürfnissen der Kunden anpassen und dafür neue Maschinen und Werkzeuge beschaffen. Und schließlich müssen die Unternehmer mit den Gewinnen auch ihren Lebensunterhalt bestreiten. Anders als ihre Mitarbeiter bekommen zumindest die Einzelunternehmer kein Arbeitsentgelt in Form von Löhnen oder Gehältern.

Arbeitnehmer und Arbeitgeber
Wie sollte das Verhältnis zwischen Arbeitgebern und Arbeitnehmern aussehen, wie zwischen Vorgesetzten und Mitarbeitern? In der heutigen Arbeitswelt gibt es viele verschiedene Verhaltensweisen. Da gibt es noch vereinzelt die veraltete Arbeitgebereinstellung: „Ich habe für einen Job gesorgt, und wir haben uns auf die Vergütung geeinigt. Was verlangt ihr denn noch? Ihr seid hier, um das zu tun, was ich euch auftrage." Und dazu gibt es die entsprechenden Arbeitnehmereinstellung: „Ich werde das tun, was mir aufgetragen wird, aber mein Chef kann nicht mehr als das verlangen. Es ist nur ein Job, nicht mein Leben."

Es gibt aber immer mehr Arbeitgeber, die die Fürsorgepflicht für ihre Mitarbeiter sehr ernst nehmen. Neben ihrem Interesse, Gewinne zu erzielen, ist es ihr Wunsch, die Mitarbeiter zu fördern, deren Fähigkeiten zu erhöhen, ihre Gaben und Talente zu entdecken und ihnen Gelegenheit zu geben, ihr Können voll auszuschöpfen. Sie behandeln ihre Mitarbeiter mit großem Respekt und lassen sie wissen, dass sie Wert auf sie legen. Arbeitnehmer, die spüren, dass sie geschätzt werden, reagieren mit Fleiß und Einsatzbereitschaft. Sie wissen, dass der Erfolg des Unternehmens auch ihre Arbeitsplätze und ihren beruflichen Aufstieg sichert.

M 2 Was Arbeitnehmer wollen. Erfahrungen eines Unternehmensberaters

Deutsche Arbeitnehmer suchen vielfach Erfüllung in ihrer Tätigkeit. Gleichzeitig soll Arbeit die wirtschaftliche Existenz sichern. Tatsächlich spielt der Umgang mit den Kollegen eine große Rolle. Ein gutes Betriebsklima macht die Arbeitsatmosphäre angenehm. Deutsche Rentner berichten vielfach von nur einem Arbeitgeber in ihrem Leben. Wo sie ihre Ausbildung begonnen hatten, gingen sie auch in Rente. Die Bindung an das Unternehmen war entsprechend groß. Loyalität war also keine Frage. Das Unternehmen gehörte praktisch mit zur Familie. Heute ist die Arbeitswelt aber weltweit im Umbruch. Die Menschen erweisen sich als immer flexibler bei der Suche nach einen Arbeitsplatz, um persönlich bessere Bedingungen wie einen beruflichen Aufstieg zu erlangen. Arbeitnehmer suchen ihre Erfüllung nicht nur im Beruf, sondern auch in ihrer Freizeit. Diese versucht so mancher Arbeitnehmer durch kürzere Tarifarbeitszeiten zu erreichen. Besonders Frauen nutzen die Möglichkeit flexibler Arbeitszeitgestaltung, um Arbeit und Familie miteinander in Einklang zu bringen.

Welche Erwartungen haben Arbeitnehmer international an Arbeitgeber?, www.saatkorn.com (Zugriff: 20.1.2015)

M 3 Was Arbeitgeber wollen

Die Top-Kompetenzen, die die Unternehmen von Hochschulabsolventen erwarten, sind Einsatzbereitschaft, Verantwortungsbewusstsein, selbstständiges Arbeiten, Kommunikationsfähigkeit und Teamfähigkeit. Das Fachwissen ist zwar ebenfalls sehr wichtig, es wird aber nach Abschluss eines Fachstudiums als selbstverständlich vorausgesetzt.

Entgegen der öffentlichen Wahrnehmung spielen Auslandserfahrungen und das Einhalten der Regelstudienzeit nicht die entscheidende Rolle für die Mehrheit der Unternehmen. Stattdessen werfen die Unternehmen einen wesentlich detaillierteren Blick auf die Absolventen und schätzen vor allem soziale und persönliche Kompetenzen.

Kevin Heidenreich: Erwartungen der Wirtschaft an Hochschulabsolventen, Deutscher Industrie- und Handelskammertag, 2011, in: www.ihk-lahndill.de (Zugriff: 10.2.2016)

Die Pflichten von Arbeitgebern und Arbeitnehmern im Betrieb ergeben sich aus einer Vielzahl von Bestimmungen des Arbeitsrechts:

Arbeitgeber	Arbeitnehmer
• Zahlung der vereinbarten Vergütung (Vergütungspflicht) und der Sozialversicherungsbeiträge • Pflicht, Sicherheitsvorschriften zu beachten, Ruhepausen, Urlaubsregelungen sowie Rauch- oder Alkoholverbote einzuhalten (Fürsorgepflicht) • Ausstellen eines Zeugnisses spätestens am Ende des Arbeitsverhältnisses (Zeugnispflicht) • Schutz des Arbeitnehmers vor Mobbing, sexueller Belästigung oder Ausländerfeindlichkeit • Pflicht zur Entgeltfortzahlung im Krankheitsfall bis zur Dauer von sechs Wochen (Ausnahme: grobes Verschulden, z. B. alkoholbedingter Unfall)	• Pflicht, die vereinbarte Arbeitsleistung persönlich zu erbringen (Arbeitspflicht) und Weisungen des Arbeitgebers zu befolgen (Gehorsamspflicht) • Pflicht zur Beachtung von Regelungen hinsichtlich des Verhaltens und der Ordnung im Betrieb, der Verschwiegenheit über Betriebsgeheimnisse und die Anzeige- und Nachweispflicht bei Krankheit (Treuepflicht) • Pflicht, Maschinen und Werkzeuge pfleglich zu behandeln (Sorgfaltspflicht) • Verbot von Nebentätigkeiten, die dem Arbeitgeber Konkurrenz machen (Wettbewerbsverbot) oder unter denen die Arbeitskraft des Arbeitnehmers leidet

M 4 Rechte und Pflichten aus dem Arbeitsverhältnis

1 Begründet, warum Unternehmen Gewinne erzielen müssen.
2 Beschreibt die Darstellung (M 1).
3 Fasst mit eigenen Worten zusammen, welche Rechte und Pflichten sich aus einem Arbeitsverhältnis ergeben (M 4).
4 Formuliert gemeinsame und gegenläufige Interessen von Arbeitnehmern und Arbeitgebern (Text).
5 Stellt die Forderungen und Wünsche von Arbeitgebern und von Arbeitnehmern einander gegenüber (M 2, M 3)

Der Arbeitsvertrag begründet das Arbeitsverhältnis

M1 Beispiel eines Arbeitsvertrags

Arbeitsvertrag

Zwischen der Maschinenbaugesellschaft Karlsruhe, Fabrikstraße 5–9 (Arbeitgeber) und Herrn Tahib Ylmaz, Goethestraße 3 (Arbeitnehmer) wird folgender Vertrag geschlossen:

1. **Beginn des Arbeitsverhältnisses:** Das Arbeitsverhältnis beginnt am 1. September 2017.
2. **Tätigkeit:** Der Arbeitnehmer wird als Industriekaufmann eingestellt und besonders mit folgenden Arbeiten beschäftigt: Entgegennahme von Aufträgen, Führen von Verkaufsgesprächen, Erstellen von Rechnungen, Planung von Werbemaßnahmen, Zuarbeiten für Buchführung und Kostenrechnung.
3. **Ort:** Arbeitsort ist die Fabrikstraße. Eine zeitweise Beschäftigung im Zweigwerk Freiburg der Maschinenbaugesellschaft ist möglich.
4. **Probezeit:** Das Arbeitsverhältnis wird auf unbestimmte Zeit geschlossen. Die ersten drei Monate gelten als Probezeit. Während der Probezeit kann das Arbeitsverhältnis von beiden Seiten mit einer Frist von zwei Wochen gekündigt werden.
5. **Arbeitszeit:** Die tarifvertraglich festgelegte regelmäßige wöchentliche Arbeitszeit beträgt 38 Stunden. Bei erheblichem Arbeitsanfall ist der Arbeitnehmer verpflichtet, wöchentlich bis zu drei Überstunden zu leisten.
6. **Urlaub:** Der Urlaubsanspruch beträgt 30 Arbeitstage im Kalenderjahr. Die rechtliche Behandlung des Urlaubs richtet sich im Übrigen nach den Bestimmungen des Manteltarifvertrags.
7. **Vergütung:** Der Arbeitnehmer erhält eine Bruttovergütung von 2 600,- EUR pro Monat. Im Übrigen richtet sich die Vergütung nach den tariflichen Vorgaben. Dies gilt auch für die Vergütung von Überstunden.
8. **Krankheit:** Ist der Arbeitnehmer infolge unverschuldeter Krankheit arbeitsunfähig, so besteht Anspruch auf Fortzahlung der Arbeitsvergütung bis zur Dauer von sechs Wochen. Die Arbeitsverhinderung ist dem Arbeitgeber unverzüglich mitzuteilen. Außerdem ist vor Ablauf des 3. Kalendertags nach Beginn der Erkrankung eine ärztliche Bescheinigung über die Arbeitsunfähigkeit und deren voraussichtliche Dauer vorzulegen.
9. **Verschwiegenheitspflicht:** Der Arbeitnehmer verpflichtet sich, während der Dauer des Arbeitsverhältnisses und auch nach dem Ausscheiden, über alle Betriebs- und Geschäftsgeheimnisse Stillschweigen zu bewahren.
10. **Nebentätigkeit:** Jede entgeltliche oder das Arbeitsverhältnis beeinträchtigende Nebentätigkeit ist nur mit Zustimmung des Arbeitgebers zulässig.
11. **Kündigung:** Nach Ablauf der Probezeit richtet sich die Kündigungsfrist nach den gesetzlichen Vorschriften. Die Kündigung bedarf der Schriftform.

Karlsruhe, 15. August 2017
Ort, Datum

i. A. *Peter Müller*
Unterschrift Arbeitgeber

Tahib Ylmaz
Unterschrift Arbeitnehmer

---

* **Arbeitszeit**
Gemäß dem Arbeitszeitgesetz (ArbZG) darf die tägliche Arbeitszeit acht Stunden nicht überschreiten. Sie kann auf bis zu zehn Stunden verlängert werden, wenn innerhalb eines halben Jahres im Durchschnitt acht Stunden nicht überschritten werden. Die Arbeit ist durch Ruhepausen von mindestens 30 Minuten bei einer Arbeitszeit von mehr als sechs Stunden zu unterbrechen.

* **Urlaub**
Entsprechend dem Bundesurlaubsgesetz (BUrlG) stehen jedem Arbeitnehmer jährlich mindestens vier Wochen Erholungsurlaub zu. In den meisten Arbeitsverträgen wird ein längerer Urlaub vereinbart, oft sind es sechs Wochen.

* **Gewerkschaft**
Vereinigung von Arbeitnehmern zur Vertretung ihrer wirtschaftlichen Interessen.

Der Einzelarbeitsvertrag

Arbeitsverträge sind grundsätzlich formfrei. Das bedeutet, dass sie auch mündlich abgeschlossen werden können. Aus Beweisgründen schließen aber die meisten Unternehmen schriftliche Vereinbarungen mit ihren Arbeitnehmern ab, z.B. über deren Arbeitszeit*, Urlaub* und das Arbeitsentgelt. In den Arbeitsverträgen kann auch auf tarifvertragliche Regelungen Bezug genommen werden. Diese gelten auch dann, wenn Arbeitnehmer nicht Mitglied einer Gewerkschaft* sind. Zwischen Arbeitgeber und Arbeitnehmer kann im Arbeitsvertrag vereinbart werden, dass das Arbeitsverhältnis mit einer Probezeit beginnt. Die Dauer der Probezeit soll sechs Monate nicht überschreiten. Während dieser Zeit kann das Arbeitsverhältnis mit einer gesetzlichen Frist von zwei Wochen gekündigt werden. Normalerweise gilt ein Arbeitsvertrag für unbestimmte Zeit. Unter bestimmten Voraussetzungen können auch befristete Verträge (Arbeitsverträge auf Zeit) abgeschlossen werden.

Wurde kein schriftlicher Arbeitsvertrag abgeschlossen, ist der Arbeitgeber verpflichtet, spätestens einen Monat nach dem vereinbarten Beginn des Arbeitsverhältnisses dem Arbeitnehmer eine Niederschrift über die wesentlichen Arbeitsbedingungen auszuhändigen.

Erfüllung des Arbeitsvertrags

Der Arbeitgeber hat die Arbeitnehmer über deren Aufgaben und Verantwortung im Betrieb sowie über die Art ihrer Tätigkeit zu unterrichten. Er muss ihnen auf Verlangen die Berechnung und Zusammensetzung ihres Arbeitsentgelts erläutern, ihnen die Möglichkeit zu Gesprächen über betriebliche Angelegenheiten geben und dabei mit ihnen auch ihre mögliche berufliche Entwicklung im Betrieb erörtern. Arbeitnehmer haben das Recht, Einsicht in ihre Personalakte zu nehmen und sich bei ihren Vorgesetzten zu beschweren, wenn sie sich von Vorgesetzten oder Kollegen benachteiligt oder ungerecht behandelt fühlen.

Im Arbeitsrecht sind u.a. Urlaub, Ruhepausen und Höchstgrenzen für die Arbeitszeiten geregelt. Ein Arbeitnehmer, dessen Arbeitsverhältnis länger als sechs Monate bestanden hat, kann verlangen, dass seine Arbeitszeit verringert wird, dass er also eine Teilzeitarbeit bekommt. Der Arbeitgeber muss gemäß den Bestimmungen des Teilzeit- und Befristungsgesetzes (TzBfG) diesem Wunsch zustimmen, soweit betriebliche Gründe nicht entgegenstehen.

Gleichbehandlung

Nach Art. 3 Abs. 2 des Grundgesetzes (GG) sind Männer und Frauen gleichberechtigt und nach Abs. 3 darf niemand wegen seines Geschlechts, seiner Abstammung, Nationalität, Sprache, Heimat und Herkunft oder seiner religiösen, politischen und gewerkschaftlichen Einstellung benachteiligt oder bevorzugt werden. Diese Grundsätze gelten auch für das Arbeitsleben. Im Allgemeinen Gleichbehandlungsgesetz (AGG) ist zusätzlich dargelegt, dass niemand wegen Behinderung, des Alters oder der sexuellen Ausrichtung benachteiligt werden darf. Dies gilt auch für die Bewerberinnen und Bewerber für ein Beschäftigungsverhältnis.

M 2 Ein Arbeitsrechtler erklärt Besonderheiten des Arbeitsvertrags

Aufgaben: Die Aufgaben sollten so detailliert wie möglich aufgelistet sein. Häufig gibt es in diesem Zusammenhang eine Formulierung wie „diese und gleichwertige Aufgaben". Damit es später keinen Ärger gibt, sollte man im Vorfeld klären, was der Chef darunter versteht.

Ort: „Der Arbeitnehmer wird derzeit am Betriebsort X eingesetzt. Der Arbeitgeber behält sich vor, ihn auch am Betriebsort Y zu beschäftigen." Solche Klauseln sind durchaus üblich. Am besten man fragt nach, welche Standorte gemeint sind und wann so ein Wechsel vorkommen kann.

Arbeitszeit: Die genaue Wochenarbeitszeit sollte auf jeden Fall im Arbeitsvertrag stehen. Vorsicht ist beim Verweis auf Überstunden geboten. Viele Firmen halten im Vertrag fest, dass die Arbeitnehmer verpflichtet sind, Überstunden zu leisten. Oftmals steht dabei, dass die Überstunden – jedenfalls bis zu einem bestimmten Umfang – mit dem Monatsgehalt abgegolten sind. Das heißt dann: Es gibt keinen Zuschlag.

Alfred Borsch: Worauf muss ich beim Vertrag achten? Zeit Campus Ratgeber 1/2015, S. 68

Fasst mit eigenen Worten wesentliche Inhalte von Arbeitsverträgen zusammen (M 1, Text).
Nennt Inhalte des „Allgemeinen Gleichbehandlungsgesetzes".
Beurteilt, ob im Arbeitsvertrag (M 1) den gesetzlichen Vorgaben des ArbZG und des BUrlG entsprochen wurde. Inwieweit sind die Forderungen nach M 2 berücksichtigt?

Die Bedeutung von Tarifverträgen

M1 Rede eines Gewerkschaftssekretärs vor der Belegschaft eines Maschinenbaubetriebs

Liebe Kolleginnen und Kollegen, von euch wird immer mehr verlangt. Die Ansprüche an die Qualität eurer Arbeit werden von Jahr zu Jahr größer. Das Arbeitstempo wächst, eure Verantwortung und Belastung bei der Bedienung immer komplexerer Fertigungssysteme wird immer höher. Ihr müsst euch ständig fortbilden. Diese Leistungen müssen anerkannt werden.
Aber das ist noch nicht alles. Die Lebenshaltungskosten sind gestiegen. Mieten und Energiekosten werden immer höher. Und weil die gesetzlichen Renten weiter sinken, müsst ihr immer mehr für eure private Altersvorsorge bezahlen. Wir wollen dafür einen Ausgleich und zusätzlich eine Entgelterhöhung für die gestiegene Leistung, die ihr erbringt. Es wird auch höchste Zeit, dass eure wöchentliche Arbeitszeit verringert wird, der immer größere Stress ist sonst einfach nicht mehr zu ertragen. Schließlich habt ihr auch noch ein Privatleben. Die Unternehmer haben im letzten Jahr gut verdient. Die Exporte sind gestiegen. Ohne die hohe Qualität eurer Arbeitsleistung wäre das nicht möglich gewesen. So geht das nicht weiter. Wir verlangen Änderungen der Tarifverträge, darunter eine Entgelterhöhung von 5 Prozent und die Verkürzung der wöchentlichen Arbeitszeit um zwei Stunden.

Autorentext

M2 Rede eines Arbeitgebervertreters an die Belegschaft

Liebe Mitarbeiterinnen und Mitarbeiter, wir wissen sehr wohl, dass ihr gute Arbeit erbringt. Und wir schätzen eure Bereitschaft, euch immer wieder in neue Technologien einzuarbeiten. Aber das tun auch andere. Maschinenbaubetriebe in China und Südkorea werden eine immer größere Konkurrenz für uns. Dort sind die Arbeitsentgelte wesentlich geringer. Mit den Verkaufspreisen für Werkzeugmaschinen aus diesen Ländern können wir nur mithalten, wenn wir die Automatisierung und die Digitalisierung der Produktion vorantreiben. Das kostet sehr viel Geld. Mehr Arbeitsentgelt, das wissen wir alle, bedeutet weniger Gewinn. Wir brauchen aber Gewinne, um unsere Investitionen bezahlen zu können.
Und im Übrigen: In den letzten 10 Jahren sind die Arbeitsentgelte in der Metall- und Elektroindustrie Jahr für Jahr stärker gestiegen als die Inflationsraten. Unsere Beschäftigten verdienen gut. Noch mehr geht nicht. Die von den Gewerkschaften geforderte Einkommenserhöhung von 5 Prozent und zusätzlich auch noch eine Verringerung der Arbeitszeit können wir nicht erbringen. Wir sind schon jetzt gezwungen, einen Teil unserer Produktion ins Ausland, vor allem nach Osteuropa zu verlagern. Jede Entgelterhöhung im Inland beschleunigt diesen Prozess.

Autorentext

Wozu Tarifverträge?

Tarifverträge sind das Ergebnis von Verhandlungen zwischen Vertragspartnern mit unterschiedlichen Interessen. Tarifvertragsparteien sind Gewerkschaften, einzelne Arbeitgeber oder Vereinigungen von Arbeitgebern. Das Recht, Arbeitgeberverbände und Gewerkschaften zu bilden (Koalitionsrecht*), ist im Grundgesetz garantiert. Könnten Arbeitgeber nicht auf Tarifverträge zurückgreifen, müssten sie bei jeder Einstellung alle Arbeitsbedingungen, vom Arbeitsentgelt über die Arbeitszeit und den Urlaub, mit dem neuen Beschäftigten verhandeln. Der Aufwand wäre groß. Jeder Arbeitsvertrag enthielte andere Verhandlungsergebnisse. Innerhalb eines Unternehmens und erst recht zwischen Unterneh-

---

* **Vereinigungsfreiheit (Koalitionsrecht)**
Art. 9 Grundgesetz. (1) Alle Deutschen haben das Recht, Vereine und Gesellschaften zu bilden. [...] (3) Das Recht, zur Wahrung und Förderung der Arbeits- und Wirtschaftsbedingungen Vereinigungen zu bilden, ist für jedermann und für alle Berufe gewährleistet. [...]

men derselben Branche gäbe es erhebliche Einkommensunterschiede für gleichwertige Tätigkeiten. In Zeiten der Hochkonjunktur könnten Bewerber für einen Arbeitsplatz hohe Entgelte durchsetzen, bei schlechter Konjunkturlage müssten sie sich mit dem gesetzlichen Mindestlohn zufriedengeben.

Bei Tarifverhandlungen müssen bei Interessenkonflikten Kompromisse gefunden werden, die die Arbeitsbedingungen verbessern, ohne die Zukunft der Unternehmen zu gefährden. Mit Tarifverträgen wird der „soziale Frieden" hergestellt. Das bedeutet, dass für die Dauer, für die ein Tarifvertrag abgeschlossen wird, Friedenspflicht besteht, dass demnach keine Partei eine Bestimmung einseitig verändern kann. Tarifparteien werden aufgrund ihrer gemeinsamen Verantwortung für das Wohl von Wirtschaft und Beschäftigten auch als „Tarifpartner"* oder als „Sozialpartner" bezeichnet.

M 4 Tarifverträge sind wichtig

* **Tarifpartner**
Bezeichnung für die Verhandlungspartner, die für einen bestimmten Zeitraum Lohnhöhe, Urlaubstage, Lohnfortzahlung im Krankheitsfall u.a. für die Beschäftigten in ihrer Branche aushandeln und in Tarifverträgen festschreiben.

M 3 Tarifverträge aus Gewerkschaftssicht

Stell dir vor, du erbst nichts, du nennst keine Häuser dein Eigen, hortest kein Vermögen und bist nicht Firmenchef. Also musst du vom Lohn deiner Arbeit leben. Stell dir vor, du müsstest diesen Lohn selbst mit deinem Chef aushandeln. Du rechnest ihm vor, was deine Arbeit wert ist, wie er deine besondere Qualifikation vergüten und die Belastungen der Schichtarbeit ausgleichen sollte. Klar, das grenzt an Bettelei. Damit es dazu nicht kommt, gibt es Tarifverträge. Die werden zwischen Arbeitgebern und Gewerkschaften ausgehandelt und geschlossen. Ein schriftlicher Vertrag, rechtlich abgesichert und einklagbar. Damit der Chef nicht plötzlich auf die Idee kommt, weniger zu zahlen oder Urlaubstage zu streichen. Im Tarifvertrag sind neben Lohn und Gehalt auch die Arbeitsbedingungen geregelt, etwa die Dauer der Arbeitszeit oder des Urlaubs. [...]

Ob es der Gewerkschaft gelingt, eine Tariferhöhung oder bessere Arbeitsbedingungen mit dem Arbeitgeberverband auszuhandeln, hat nicht allein mit Verhandlungsgeschick zu tun, sondern damit, ob genügend Druck gemacht wird. Das können Protestaktionen und Kundgebungen sein, doch am wirkungsvollsten ist die Arbeitsniederlegung. Der Streik ist das wichtigste Mittel im Arbeitskampf, um den Druck auf die Arbeitgeber so zu erhöhen, dass sie am Verhandlungstisch einlenken. Der Druck ist umso mächtiger, je mehr Beschäftigte die Arbeit niederlegen.

Tarifverträge fallen nicht vom Himmel, o. J., in: www.verdi.de (Zugriff: 30.12.2015)

1. Stellt die in M 1 und M 2 genannten Argumente, die für und die gegen eine Entgelterhöhung und Arbeitszeitverkürzung sprechen, einander gegenüber.
2. Erklärt den Begriff „Koalitionsrecht" (Randspalte).
3. Nennt Gründe für die Notwendigkeit von Tarifverträgen (M 3, Text).
4. Erklärt die Karikatur (M 4).

Tarifverträge ergänzen den Arbeitsvertrag

M1 Flugblatt der Dienstleistungsgewerkschaft ver.di, 2015

Tarifautonomie

In Arbeitsverträgen wird fast immer auf Tarifverträge verwiesen, die zwischen dem Arbeitgeber oder einer Arbeitgebervereinigung und einer Gewerkschaft (s. S. 120) abgeschlossen wurden. Wenn eine Gewerkschaft mit einem einzelnen Arbeitgeber einen Tarifvertrag abschließt, spricht man von einem Haustarifvertrag. Von einem Flächentarifvertrag spricht man, wenn sie in einem Tarifgebiet, z.B. in Nordwürttemberg/Nordbaden, mit einem Arbeitgeberverband einen Tarifvertrag abschließt, dem viele Unternehmen derselben Branche angehören, z.B. der Metall- und Elektroindustrie.

Die Tarifparteien schließen Verträge u.a. über Entgelterhöhungen und wöchentliche Arbeitszeiten. Sie handeln dabei selbstständig, also autonom. Staatliche Stellen wie Regierung und Parlament mischen sich nicht ein. Man spricht deshalb von der „Tarifautonomie" der Arbeitgeber und Gewerkschaften.

Vertragsarten

In Manteltarifverträgen* mit meist langer Laufzeit werden grundlegende Arbeitsbedingungen geregelt wie Urlaub, Arbeitszeiten, sofern sie von den gesetzlichen Bestimmungen abweichen, und – immer häufiger – auch flexible Arbeitszeiten. Dabei müssen bei großem Arbeitsanfall mehr Stunden pro Woche gearbeitet werden, eventuell auch an Wochenenden. Überstunden werden nicht vergütet, sondern bei geringerem Arbeitsanfall durch Freizeit ausgeglichen. Ziel ist eine bessere Reaktionsfähigkeit der Betriebe auf die Auftragslage. In Rahmentarifverträgen* werden Entgeltgruppen festgelegt, die nach einem Punktesystem bewertet sind. Die Eingruppierung in eine bestimmte Entgeltgruppe hängt u.a. von der Ausbildung, der Verantwortung, der Kommunikationsfähigkeit und dem Führungsstil ab.

* **Manteltarifverträge**
Sie legen die Arbeitsbedingungen fest. Dazu gehören u.a. Arbeitszeit, Urlaub, Kündigungsfristen und Überstundenzuschläge. Die Vereinbarungen sind für die Beschäftigten meist günstiger als die gesetzlichen Regelungen.

* **Rahmentarifverträge**
Sie regeln die Festlegung von Entgeltgruppen und die Zuordnung bestimmter Tätigkeiten und Merkmale dieser Gruppen. Eine Küchenhilfe wird meist in Entgeltgruppe 4 eingestuft, ein Industriemechaniker in Gruppe 7 oder 8.

M2 Tarifverträge

M3 Entgelt-Rahmentarifvertrag der Metall- und Elektroindustrie in Baden-Württemberg

Ausbildung	Punkte
▪ Abgeschlossene, in der Regel mindestens dreijährige Berufsausbildung	13
▪ Abgeschlossene Berufsausbildung und eine darauf aufbauende Fachausbildung (z. B. staatlich geprüfter Techniker)	19
▪ Abgeschlossenes Hochschulstudium	29

Berufserfahrung	Punkte
▪ bis zu einem Jahr	1
▪ mehr als 5 Jahre	10

Denken	Punkte
▪ Aufgaben mit festgelegten Lösungswegen	3
▪ Neuartige Problemstellungen, die es erfordern, neue Lösungswege zu entwickeln	16

Verantwortung	Punkte
▪ Die Arbeitsdurchführung erfolgt nach Anweisung	1
▪ Die Arbeitsdurchführung für eine komplizierte Aufgabe ist selbstständig zu planen	14

Kommunikation	Punkte
▪ Festgelegte Abstimmung in Einzelfragen	3
▪ Verhandlungen mit Beschäftigten auch aus anderen Abteilungen	13

(Maximal können 64 Punkte erreicht werden. Daraus entstehen 17 Entgeltgruppen.)
ERA-Tarifvertrag Baden-Württemberg (vereinfachter Auszug)

Die tarifliche Eingruppierung richtet sich nach dem Anspruchsniveau der Arbeitsaufgabe. Wenn ein Techniker ähnliche Aufgaben erbringen kann wie ein Hochschulabsolvent, bekommt er die gleiche Bezahlung – und umgekehrt.
Entgelttarifverträge* (früher hießen sie Lohn- oder Gehaltstarifverträge) mit meist kurzen Laufzeiten regeln die Höhe der Vergütung in den einzelnen Entgeltgruppen.
Für Beschäftigte, die Mitglied in einer Gewerkschaft sind, gelten die in den Tarifverträgen vereinbarten Regelungen. Die meisten Arbeitgeber wenden aber die tariflichen Vereinbarungen auch für Arbeitnehmer an, die keiner Gewerkschaft angehören. Der Bundesarbeitsminister hat zudem die Möglichkeit, Tarifverträge für allgemeinverbindlich zu erklären. Dann sind sie auch für solche Unternehmen verbindlich, die keinen Tarifvertrag abgeschlossen haben.

* **Entgelttarifverträge**
Sie enthalten Arbeitsentgelte, die für Arbeitnehmer in den jeweiligen Entgeltgruppen zu zahlen sind. Zwischen Löhnen und Gehältern wird in den meisten Tarifverträgen nicht mehr unterschieden.

M 4 „Mahle will Stellen streichen"

Rund 800 Mahle-Beschäftigte haben vor der Hauptverwaltung des Stuttgarter Automobilzulieferers für höhere Tarifgehälter im Metallbereich und gegen Personaleinsparungen bei Mahle selbst demonstriert. „Hände weg von unserem Tarifvertrag", stand auf den Transparenten. „Zukunft statt Abzocke", riefen Demonstranten. Bei Mahle geht es nicht nur um die laufende Metall-Tarifrunde. Das Stiftungsunternehmen strebt auch Einsparungen an. Die Personalkosten sollen um 15 Prozent gesenkt werden, etwa über längere Arbeitszeiten. [...]
Mahle begründet die Einsparpläne mit dem „verschärften Wettbewerb mit Standorten in Osteuropa und anderen Weltregionen", teilte das Unternehmen mit. Wegen des Preisdrucks werde es immer schwieriger, Aufträge in diesen Regionen zu akquirieren.

Inge Nowak: Mahle will Stellen streichen, Stuttgarter Zeitung v. 20.2.2015, S. 9

---

1 Erklärt die Fachbegriffe: Tarifpartner, Tarifautonomie, Manteltarifvertrag, Entgelttarifvertrag, flexible Arbeitszeit.
2 Erläutert anhand von M 4, warum die Möglichkeiten der Gewerkschaften, Entgelterhöhungen durchzusetzen, begrenzt sein können.
3 Beschreibt, wie die Entgelthöhe eines tariflich bezahlten Arbeitnehmers aus der Metall- und Elektroindustrie ermittelt wird (M 3).
4 Erörtert den Inhalt des Flugblatts (M 1).

Wie können Arbeitsverträge gekündigt werden?

M 1 Vortäuschen von Arbeitsunfähigkeit

Sicherheit am Arbeitsplatz

Ungefähr elf Jahre verbringen deutsche Arbeitnehmer im Durchschnitt beim selben Arbeitgeber. Den ersten Job nach der Ausbildung oder dem Studium verlassen sie oft nach wenigen Jahren. An ihrem zweiten Arbeitsplatz bleiben sie dann meistens bis zum Renteneintritt. Sie gründen eine Familie, erwerben eine Immobilie und möchten an ihrem Wohnort bleiben.

Die Sicherheit am Arbeitsplatz ist in Deutschland vor allem eine Folge der sehr strengen Kündigungsschutzbestimmungen, die Arbeitnehmer vor ungerechtfertigten Entlassungen schützen. Dies gilt nicht bei groben Verletzungen des Arbeitsvertrags, die eine fristlose Kündigung rechtfertigen.

Bei einer Kündigung erklärt ein Partner des Arbeitsvertrags einseitig die Auflösung des Arbeitsverhältnisses. Die Kündigung muss schriftlich erfolgen. Sie wird erst wirksam, wenn sie dem Gekündigten zugeht. Man unterscheidet zwischen außerordentlichen und ordentlichen Kündigungen.

Außerordentliche Kündigung

Außerordentliche, d. h. fristlose Kündigungen sind nur zulässig, wenn für den Kündigenden die Fortsetzung des Arbeitsverhältnisses unzumutbar erscheint. Dazu ist ein wichtiger Grund erforderlich.

M 2 Berufliche Sicherheit

Ausbildung, Betrieb, erste feste Stelle, Weiterbildung, vielleicht sogar ein vom Betrieb unterstütztes Studium, schließlich Aufstieg und Führungsverantwortung. Genau so ist es bei Bernhard Schwab gelaufen: 1967 begann er als Werkzeugmacher beim Wälzlagerhersteller Ina, der zur Schaeffler-Gruppe gehört. [...] Inzwischen ist Schwab Ausbildungsleiter seines Konzerns, seit 43 Jahren im Unternehmen – und hört von seinen jungen Kollegen oft genug, dass sie sich eine ähnlich lange Betriebszugehörigkeit wünschen. Untersuchungen wie die Shell-Jugendstudie, Befragungen der Gewerkschaften und Erhebungen im Auftrag von Unternehmen liefern ähnliche Resultate. Die Sicherheit ihres Arbeitsplatzes hat für die meisten jungen Leute demnach einen wachsenden Stellenwert.

Philipp Krohn: Bis dass die Rente euch scheidet, FAZ online, 15.12.2010, www.faz.net (Zugriff: 10.2.2016)

M 3 Kündigungsgründe von Arbeitgebern

Personenbedingte Kündigungen sind z. B. möglich, wenn Arbeitnehmer nicht bereit sind, sich fortzubilden oder sich in neue Technologien einzuarbeiten. Auch Alkoholabhängigkeit oder andere Suchtkrankheiten können eine personenbedingte Kündigung rechtfertigen. Verhaltensbedingte Kündigungen sind u. a. bei häufig schlechter Arbeitsleistung, wiederholter Unpünktlichkeit, Schwarzarbeit oder auch bei Vortäuschen einer Arbeitsunfähigkeit (M 1) möglich.

Betriebsbedingte Kündigungen sind zulässig, wenn dringende betriebliche Erfordernisse, z. B. Auftragsrückgang oder Betriebsschließungen, den Wegfall von Arbeitsplätzen rechtfertigen. Wird einem Teil der Belegschaft betriebsbedingt gekündigt, hat eine Sozialauswahl unter den in Betracht kommenden Mitarbeitern stattzufinden. Der Arbeitgeber hat in diesem Fall abzuwägen, welche Arbeitnehmer am wenigsten hart betroffen sind. Bei betriebsbedingten Kündigungen bekommen die entlassenen Arbeitnehmer eine Abfindung, deren Höhe sich nach ihrer Betriebszugehörigkeit richtet.

Autorentext

M 4 Fristlose Kündigung durch Arbeitgeber

M 5 Fristlose Kündigung durch Arbeitnehmer

Ordentliche Kündigung

Wenn der Arbeitsvertrag keine längere Frist vorsieht, können Arbeitnehmer mit einer Frist von vier Wochen zum Fünfzehnten oder zum Ende eines Kalendermonats kündigen (§ 622 BGB). Bei Kündigungen durch den Arbeitgeber verlängert sich diese Frist mit der Dauer der Betriebszugehörigkeit. Vor allem in Betrieben mit mehr als zehn Mitarbeitern genießen Beschäftigte besondere Schutzrechte. Diese sind vor allem im Kündigungsschutzgesetz* (KSchG) geregelt.

---

* **Kündigungsschutzgesetz (KSchG)**
§ 1 Sozial ungerechtfertigte Kündigungen.
(1) Die Kündigung eines Arbeitsverhältnisses gegenüber einem Arbeitnehmer, dessen Arbeitsverhältnis in demselben Betrieb oder Unternehmen länger als sechs Monate bestanden hat, ist rechtsunwirksam, wenn sie sozial ungerechtfertigt ist.
(2) Sozial ungerechtfertigt ist die Kündigung, wenn sie nicht durch Gründe, die in der Person oder im Verhalten des Arbeitnehmers liegen, oder durch dringende betriebliche Erfordernisse, die einer Weiterbeschäftigung des Arbeitnehmers in diesem Betrieb entgegenstehen, bedingt ist. [...]
(3) Ist einem Arbeitnehmer aus dringenden betrieblichen Erfordernissen [...] gekündigt worden, so ist die Kündigung trotzdem sozial ungerechtfertigt, wenn der Arbeitgeber bei der Auswahl des Arbeitnehmers die Dauer der Betriebszugehörigkeit, das Lebensalter, die Unterhaltspflichten und die Schwerbehinderung des Arbeitnehmers [= Sozialauswahl] nicht oder nicht ausreichend berücksichtigt hat.

---

1 Recherchiert im Internet (§ 622 BGB), wie lang die Kündigungsfrist eines 28-jährigen Arbeitnehmers durch den Arbeitgeber in einem Kleinbetrieb nach fünf Beschäftigungsjahren ist. Aktuelle Gesetzestexte findet ihr im Internet unter dem Stichwort „Bundesrecht. Juris".

2 Erörtert den Wunsch vieler Beschäftigter, möglichst lang im selben Betrieb zu arbeiten (M 2, Text).

3 Fasst zusammen, in welchen Fällen ein Arbeitgeber eines Betriebs mit mehr als zehn Beschäftigten kündigen darf (M 3).

4 Übertragt den schwer verständlichen Gesetzestext (Randspalte) schriftlich in eure Umgangssprache.

Rechte und Pflichten aus dem Ausbildungsvertrag

B Die **Probezeit** beträgt [X] **4 Monate** [ ] andere Dauer (Die Probezeit muss mindestens einen und darf **höchstens vier Monate betragen**)

C Die regelmäßige **tägl.** Ausbildungszeit beträgt [7] Std. [30] Min., die regelm. **wöchentl.** Ausbildungszeit beträgt [37] Std. [30] Min.

D Der Ausbildende zahlt dem Lehrling eine angemessene Vergütung (§4), sie beträgt zur Zeit monatlich
[994,00 €] im 1. Ausbildungsjahr [1056,50 €] im 2. Ausbildungsjahr [1149,50 €] im 3. Ausbildungsjahr [1211,50 €] im 4. Ausbildungsjahr
Soweit Vergütungen tariflich geregelt und nach [F] vereinbart oder anwendbar sind, gelten die tariflichen Sätze.

E Die Urlaubsdauer richtet sich nach dem Jugendarbeitsschutzgesetz, dem Bundesurlaubsgesetz bzw. nach den gültigen Tarifverträgen. Der Ausbildende gewährt dem Auszubildenden Urlaub nach den geltenden Bestimmungen. Soweit nicht günstigere Urlaubsregelungen zur Anwendung kommen, besteht ein jährlicher Urlaubsanspruch
von mindestens **30 Werktagen**, wenn der Jugendliche zu Beginn des Kalenderjahres noch nicht **16 Jahre alt ist**,
von mindestens **27 Werktagen**, wenn der Jugendliche zu Beginn des Kalenderjahres noch nicht **17 Jahre alt ist**,
von mindestens **25 Werktagen**, wenn der Jugendliche zu Beginn des Kalenderjahres noch nicht **18 Jahre alt ist**,
von mindestens **24 Werktagen**, wenn der Jugendliche zu Beginn des Kalenderjahres das **18. Lebensjahr noch nicht vollendet hat**.

M1 Ausschnitt aus einem Berufsausbildungsvertrag für einen Feinwerkmechaniker mit einem nicht tarifgebundenen Kleinbetrieb 2017

* **Urlaubsanspruch**
JArbSchG §19 Urlaub.
(1) Der Arbeitgeber hat Jugendlichen für jedes Kalenderjahr einen bezahlten Erholungsurlaub zu gewähren.
(2) Der Urlaub beträgt jährlich
1. mindestens 30 Werktage, wenn der Jugendliche zu Beginn des Kalenderjahrs noch nicht 16 Jahre alt ist,
2. mindestens 27 Werktage, wenn der Jugendliche zu Beginn des Kalenderjahrs noch nicht 17 Jahre alt ist,
3. mindestens 25 Werktage, wenn der Jugendliche zu Beginn des Kalenderjahrs noch nicht 18 Jahre alt ist. [...]
(3) Der Urlaub soll Berufsschülern in der Zeit der Berufsschulferien gegeben werden. [...]

* **Unfallgefahren**
§ 22 BBIG (Berufsbildungsgesetz) Gefährliche Arbeiten.
(1) Jugendliche dürfen nicht beschäftigt werden [...] mit Arbeiten, die mit Unfallgefahren verbunden sind, von denen anzunehmen ist, dass Jugendliche sie wegen mangelnden Sicherheitsbewusstseins oder mangelnder Erfahrung nicht erkennen oder nicht abwenden können.

M2 Urlaubsanspruch nach Tarifvertrag

- Der Ausbildende hat dem Auszubildenden für jedes Urlaubsjahr Urlaub unter Fortzahlung der Ausbildungsbezüge, die der Auszubildende ohne Urlaub bekommen würde, zu gewähren.
- Der Urlaubsanspruch beträgt für Auszubildende jährlich 30 Arbeitstage. Entgeltzahlungspflichtige Feiertage, die in den Urlaub fallen, werden nicht als Urlaubstage angerechnet.
- Für den Urlaub ist eine zusätzliche Urlaubsvergütung in Höhe von 50 % der weiter zu zahlenden Ausbildungsvergütung zu zahlen.

Manteltarifvertrag für Auszubildende der Metall- und Elektroindustrie, Tarifgebiet Nordwürttemberg/Nordbaden

Gesetzliche und tarifvertragliche Regelungen

Wie ihr in **M1** seht, werden in dem Berufsausbildungsvertrag beim Urlaubsanspruch* Werktage genannt. Diese Regelung entspricht denen des Jugendarbeitsschutzgesetzes (JArbSchG). Werktage beziehen sich auf eine Sechstagewoche, wie sie noch bis in die 1960er-Jahre üblich war. Ein Urlaubsanspruch von 30 Werktagen entspricht demnach 5 Wochen, bei 24 Werktagen sind es 4 Wochen. Dort, wo nicht durch 6 geteilt werden kann, muss gerundet werden. Die meisten Tarifverträge haben für alle Auszubildenden einheitliche Regelungen (**M2**).

Der Ausbildungsvertrag bildet die Grundlage des Ausbildungsverhältnisses zwischen dem Arbeitgeber und dem Auszubildenden. Neben dem Urlaubsanspruch sind dort die Ausbildungsdauer, die Probezeit, die Vergütung sowie die tägliche Arbeitszeit geregelt. Vor allem aber sind die Rechte und Pflichten des Auszubildenden festgeschrieben (**M3**). Zur Fürsorgepflicht des Ausbildenden gehört es, Jugendliche vor Unfallgefahren* und Mobbing zu schützen, das Alkoholverbot zu überwachen und sie zum regelmäßigen und pünktlichen Schulbesuch anzuhalten.

M3 Rechte und Pflichten während der Berufsausbildung

Zur Berufsausbildung gehört eine angemessene Vergütung, die mindestens jährlich ansteigen soll. Anspruch auf Vergütung haben Azubis auch bei Teilnahme am Berufsschulunterricht, an Prüfungen sowie bei Ausbildungsmaßnahmen außerhalb der Ausbildungsstätte. Dafür haben Azubis ein Recht auf Freistellung. Am Ende der Ausbildung muss ein Zeugnis* Auskunft über Art, Dauer und Ziel der Berufsausbildung sowie über die erworbenen Fertigkeiten und Kenntnisse geben.

Vertraglich sind die Azubis dazu verpflichtet, Weisungen von Vorgesetzten und anderen höher gestellten Mitarbeitern im Betrieb gewissenhaft zu befolgen. Entsprechend müssen alle anstehenden Arbeiten nach diesen Vorgaben erledigt werden. Dabei sollte der Auszubildende immer das Bemühen zeigen, das Ausbildungsziel zu erreichen und die dafür benötigten Kenntnisse und Fertigkeiten des angestrebten Berufes zu erwerben. Die Teilnahme an Weiterbildungsmaßnahmen und der Besuch der Berufsschule gehört ebenfalls zu den Pflichten des Auszubildenden.

Auch die im Betrieb geltende Ordnung ist jeden Tag einzuhalten. Das gilt etwa für Sicherheitsbestimmungen oder die Einhaltung von vorgeschriebenen Schritten im Arbeitsprozess. Die vom Auszubildenden benutzten Einrichtungen, Maschinen, Fahrzeuge und Werkzeuge müssen pfleglich behandelt werden (Obhutspflicht). Darüber hinaus ist der Auszubildende verpflichtet, über Betriebs- und Geschäftsgeheimnisse Stillschweigen zu bewahren. [...]

Neben den Pflichten des Auszubildenden hat allerdings auch der Arbeitgeber Pflichten gegenüber dem Azubi zu erfüllen. Laut Berufsbildungsgesetz ist der Arbeitgeber dazu verpflichtet, dem Auszubildenden die Fertigkeiten und Kenntnisse zu vermitteln, die zum Erreichen des Ausbildungsziels in der vorgesehenen Ausbildungszeit erforderlich sind. Darüber hinaus hat der Ausbildungsbetrieb auch die Pflicht, alle zur Ausbildung und zur Ablegung der Prüfungen notwendigen Bücher, Werkzeuge und Werkstoffe dem Auszubildenden kostenlos zur Verfügung zu stellen.

Das sind die Rechte und Pflichten während der Ausbildung, Deutsche Handwerks-Zeitung Online vom 29.10.2013, in: www.deutsche-handwerkszeitung.de (Zugriff: 10.2.2016)

M4 Chemikalien-Auszubildende bei BASF in Ludwigshafen. Schutzhelm und Schutzbrille sind Pflicht

* Zeugnis
§ 16 BBIG Zeugnis. (1) Ausbildende haben den Auszubildenden bei Beendigung des Berufsausbildungsverhältnisses ein schriftliches Zeugnis auszustellen. [...]
(2) Das Zeugnis muss Angaben enthalten über Art, Dauer und Ziel der Berufsausbildung sowie über die erworbenen beruflichen Fertigkeiten, Kenntnisse und Fähigkeiten der Auszubildenden (einfaches Zeugnis). Auf Verlangen Auszubildender sind auch Angaben über Verhalten und Leistung aufzunehmen (qualifiziertes Zeugnis).

1 Die Rechte und Pflichten der Berufsausbildung sind gesetzlich geregelt. Stellt in zwei Spalten Pflichten von Ausbildungsbetrieben und von Auszubildenden einander gegenüber:
– Gewährleistung einer qualifizierten Ausbildung
– Pflicht, Weisungen zu befolgen
– Zahlung der Beiträge zur gesetzlichen Sozialversicherung
– Pflicht zum regelmäßigen Besuch der Berufsschule
– Schutz vor Mobbing
– Verschwiegenheitspflicht über Betriebsgeheimnisse
– Pflicht, Maschinen und Werkzeuge pfleglich zu behandeln
– Zahlung der tarifvertraglich festgelegten Ausbildungsvergütung
– Zurverfügungstellen der notwendigen Maschinen und Werkzeuge

2 Unterscheidet die gesetzliche von der tarifvertraglichen Urlaubsregelung (M1, M2, Randspalte).

Die Bedeutung des Dualen Systems

M1 Ausbildung in Betrieb und Schule

*Duale Lernorte
BBiG §2 Lernorte.
(1) Berufsbildung wird durchgeführt
1. in Betrieben der Wirtschaft. [...]
2. in berufsbildenden Schulen [...] und
3. in sonstigen Berufsbildungseinrichtungen außerhalb der schulischen und betrieblichen Berufsbildung. [...]
(2) Die Lernorte nach Absatz 1 wirken bei der Durchführung der Berufsbildung zusammen (Lernortkooperation).

Ausbildung an praktischen Abläufen

Die Berufsausbildung erfolgt in Deutschland, Österreich, der Schweiz und in ähnlicher Form auch in Dänemark im dualen System. In den meisten anderen EU-Staaten, z.B. in Frankreich, findet die Berufsausbildung überwiegend an Schulen mit Theorie- und oft auch Werkstattunterricht statt, also so ähnlich wie an den deutschen Berufsfachschulen (s. S. 87). Großbritannien ist, ähnlich den USA, noch traditionell durch den direkten Einstieg in ein Beschäftigungsverhältnis geprägt, um anschließend „on the job" Berufserfahrungen und Qualifikationen zu erwerben.

Beim dualen Berufsausbildungssystem an unterschiedlichen Lernorten* sind die Auszubildenden in die technischen, kaufmännischen oder sozialen Arbeitsabläufe ihrer Betriebe eingebunden. Sie übernehmen verantwortungsvolle Tätigkeiten, die einen Kundennutzen erbringen. Die Kosten der Ausbildung sind dadurch geringer als bei einer ausschließlich schulischen Ausbildung. Das duale Berufsausbildungssystem in Deutschland gilt als wichtiger wirtschaftlicher Standortfaktor, in dem ausgebildete Fachkräfte qualifizierte Leistungen erbringen. Die erfolgreiche duale Ausbildung, die es in Ansätzen bereits seit der Mitte des 19. Jahrhunderts gibt, gilt als einer der Gründe für die verhältnismäßig geringe Jugendarbeitslosigkeit in Deutschland. Andere Staaten, vor allem China, sind deshalb dabei, das deutsche Ausbildungssystem in ähnlicher Form zu übernehmen.

Zur Geschichte

Dass der dualen Ausbildung auch eine theoretische Prüfung an der Berufsschule, damals hieß sie Fortbildungsschule folgte, führte Ende des 19. Jahrhunderts in mehreren Städten des damaligen Königreichs Württemberg zu heftigen Protesten vieler Handwerksmeister:

M2 Leserbrief eines Esslinger Handwerksmeisters 1882

Glaubt so ein Schulenthusiast wirklich im Ernst, dass irgendein Meister wegen der Zeugnisse seines neuen Gesellen diesem eine bessere Stelle, einen höheren Lohn zuweisen wird, als einem ohne alles derartige aufgewachsenen tüchtigen Arbeiter? Man sehe sich nur in den Werkstätten um, und man wird finden: Nicht berechnen, nicht zeichnen, sondern „machen" ist die Aufgabe des Gesellen! Der Schmied braucht Draufschläger, die mit Hammer und Zange umgehen können, der Schlosser Feiler und Hobler, der Schneider Näher und Bügler, der Kupferschmied will Klopfer, keiner aber braucht Theoretiker, die wohl einen ordentlichen Aufsatz machen können, denen aber vor der Arbeit ihres Faches angst und bang ist. Der Schuhmachermeister sieht gewiss nicht auf den Aufsatz, sondern auf den Absatz, den der Geselle machen kann, den Wagner interessiert nicht der Stil, den sein Arbeiter schreibt, aber der Stiel, den derselbe schnitzt und hobelt, der Schneidermeister sieht dem Gesellen auf die Nähte und nicht auf dessen Zeichnungen.

M 3 Antwort des Schulleiters der Esslinger Fortbildungsschule

Aus dem Leserbrief spricht ein so wegwerfender Ton gegen Rechnen, schriftlichen Aufsatz, Zeichnen und gegen alle Schulbildung, dass man zweifeln möchte, ob der Herr Verfasser dem Schulmeister überhaupt je etwas zu verdanken gehabt hatte, und ob ihm aus der Schule hintendrein etwas anderes übrig blieb, als peinliche Rückerinnerungen. Warum steuert er nicht geradezu auf Schließung aller Schulen, der Fortbildungsschule vorne an, los? Wir würden ihn zwar in seinem Bestreben nicht folgen, ja wir zweifeln sogar, dass er als Kultusminister von Honolulu Glück haben würde mit seinen Anschauungen.

M 2, M 3: Eßlinger Zeitung vom 19.4.1882, Nach: Jürgen Kochendörfer: Klopfer und Aufsatzschreiber, Esslinger Zeitung v. 28.3.2009

Zu viel Theorie?

Ausbilder aus Industrie und Handwerk beklagen auch heute ab und zu die ihrer Ansicht nach zu lange Unterrichtszeit von 13 Unterrichtsstunden pro Woche beim dualen Berufsschulunterricht. Aber wenn Unterricht ausfällt, sei es wegen Lehrermangels oder weil ein Lehrer eine Fortbildungsveranstaltung besucht, gibt es wütende Anrufe bei den Schulleitern. Der Erfolg der Berufsausbildung sei gefährdet, beschweren sich die verärgerten Meister, und ihre Auszubildenden könnten auf keine einzige Unterrichtsstunde verzichten. Meinungsverschiedenheiten sind aber die Ausnahme. Die Lehrerinnen und Lehrer der beruflichen Schulen und die Ausbildenden der Betriebe stehen in engem und fast immer vertrauensvollem Kontakt. Verantwortungsbewusste Ausbildende informieren sich regelmäßig über die Schulleistungen ihrer Auszubildenden.

M 4 Beispiel Portugal

In deutschen Betrieben sind Vorgesetzte selbst Azubis gewesen, in anderen Ländern ist das nicht der Fall.
Ein Beispiel für die Schwierigkeiten ist Portugal. Hier dauert die normale Ausbildung zweieinhalb Jahre und findet komplett an der Berufsschule statt. Zum Abschluss machen die Auszubildenden ein mehrmonatiges Praktikum. Wenn Betriebe in Portugal sich schwer tun, eine Ausbildungsvergütung zu zahlen, liegt es wahrscheinlich daran, dass sie den hohen Wert, den diese Ausbildung für sie hat, nicht erkennen und sich nicht bewusst sind, dass die Auszubildenden bereits in der Ausbildung in zunehmendem Maße zum Produktionsergebnis des Betriebs beitragen.

Friederike Lübke: Ein deutsches Modell macht Schule, Zeit online vom 21.9.2013 [Text gekürzt], in: www.zeit.de (Zugriff: 12.2.2016)

1 Vergleicht die Ausbildungssysteme Frankreichs und Großbritanniens mit dem dualen System Deutschlands.
2 Erklärt die volkswirtschaftliche Bedeutung der dualen Ausbildung.
3 Formuliert eine Antwort auf den Leserbrief (M 2), die weniger provoziert als M 3.

Einen Wirtschaftstext analysieren

M1 Auswerten von Textquellen

Was sind „Quellen"?

In Artikel 5, Abs. 1 des Grundgesetzes heißt es: „Jeder hat das Recht, seine Meinung in Wort, Schrift und Bild frei zu äußern und zu verbreiten und sich aus allgemein zugänglichen Quellen ungehindert zu unterrichten." Der Begriff „Quelle" bezieht sich hier auf alle verfügbaren schriftlichen und mündlichen Informationen. Wirtschaftliche Quellen können sein: Geschäftsberichte und Pressekonferenzen von Unternehmen, Informationen von Verbänden (z.B. Arbeitgeberverbänden, Gewerkschaften, Verbraucherverbänden), Bekanntgaben von Finanz- und Wirtschaftsministerien, vertragliche Vereinbarungen, z.B. Tarifverträge, Berichte der Wertpapierbörsen oder Analysen des Statistischen Bundesamtes. Nachrichtensender und Printmedien fassen die große Zahl von Informationen in informierender und kommentierender Art zusammen, um sie den wirtschaftlich Interessierten näherzubringen.

M 2 Presseerklärung der gewerkschaftsnahen Hans-Böckler-Stiftung

Die Tarifabschlüsse 2015 sahen in den meisten Branchen für dieses Jahr Tarifsteigerungen zwischen 2,0 und 3,5 Prozent vor, mit einem Schwerpunkt zwischen 2,5 und 3,0 Prozent. [...] In der Metall- und Elektroindustrie erreichte die IG Metall eine Tariferhöhung von 3,4 Prozent. Der Anstieg der Verbraucherpreise bleibt in diesem Jahr mit rund 0,2 Prozent extrem niedrig.

Pressemitteilung der Hans-Böckler-Stiftung vom 16.12.2015 [Text gekürzt], www.boeckler.de (Zugriff: 12.2.2016)

M 3 Tarifverträge – aus der „Süddeutschen Zeitung"

Viele Menschen fühlen sich vom Gang der Welt geradezu überwältigt. Daraus ziehen sie einen verhängnisvollen Schluss, dass es auf eigenes Engagement sowieso nicht ankomme. Die Mitgliedschaft in einer Gewerkschaft? Wozu denn bitte das?

Kurz vor Weihnachten hat das Statistische Bundesamt seine neue Erhebung über die Entwicklung der Löhne veröffentlicht. Die Zahlen hören sich erfreulich an. Die Nominallöhne* sind in diesem Jahr bisher um 2,6 Prozent gestiegen, und weil es kaum Inflation gibt, bedeutet das auch real noch einen Anstieg um 2,4 Prozent. Ja, diese Zahlen sind gut. Aber es gibt noch etwas bessere. Die Statistiker des Bundesamts betrachten immer die Löhne aller Branchen und Beschäftigten. Die Statistiker der gewerkschaftsnahen Hans-Böckler-Stiftung hingegen schauen sich vor allem an, wie die Tariflöhne gestiegen sind: nämlich um bis zu 3,5 Prozent, meistens zwischen 2,5 und drei Prozent. Anders gesagt, es macht auch in diesem Jahr wieder auf dem Konto einen Unterschied, ob die Arbeitsbedingungen ausgehandelt werden zwischen einem Arbeitgeberverband und einer Gewerkschaft – oder ob man in einer Firma arbeitet, deren Chef nichts von Tarifverhandlungen hält und nach Gutdünken entscheidet, wem er wie viel zahlt und wann er das Gehalt in welcher Höhe mal erhöht. Wo aber verhandeln Gewerkschaften mit Aussicht auf Erfolg? Nur in Branchen und Firmen, in denen sie so viele Mitglieder haben, dass die Arbeitgeber wissen: Entweder wir kommen ihnen jetzt entgegen – oder demnächst wird wohl ein Streik unseren Betrieb lahmlegen. Gewerkschaften gehören zu den Institutionen, die eine Demokratie tragen können. Wenn derzeit die Chefs der Firma Amazon erklären, sie wollten zeigen, dass man auch ohne Einbeziehung von Gewerkschaften die Mitarbeiter fair behandeln könne, so zeigen sie damit im Grunde etwas anderes: dass sie Demokratie für eine Veranstaltung halten, die doch ganz gut im Bundestag oder an Wahlsonntagen aufgehoben ist. Erfolge, an denen man selber Anteil hat, wirken aber ganz anders als jene, die wie ein Naturereignis ins Leben treten.

Detlef Eschinger: Löhne – Engagement hilft, Motzen nicht, Süddeutsche Zeitung online, 22.12.2015 [Text gekürzt], www.sueddeutsche.de (Zugriff: 10.2.2016)

Analysieren

Ein Journalist der „Süddeutschen Zeitung" berichtet in einem Online-Zeitungsartikel (**M 3**) über Tariferhöhungen im vorangegangenen Jahr. Eine Pressemitteilung über Tariferhöhungen (**M 2**) gibt er nicht einfach wieder, sondern vergleicht sie mit der amtlichen Statistik aller Entgelterhöhungen. Darüber hinaus gibt er eine Bewertung der Ergebnisse ab, indem er die Wirksamkeit bürgerlichen und hier vor allem gewerkschaftlichen Engagements unterstreicht. Er will seine Leserinnen und Leser nicht nur informieren und statistische Aussagen transparent machen, sondern ihnen Denkanstöße vermitteln. Aus einer spröden Presseerklärung wird ein lesenswerter kommentierender Bericht.

Anwenden

Eure Aufgabe als Leser ist es zunächst, die Bedeutung der Begriffe und Inhalte zu verstehen und, falls nötig, euch das dazu notwendige Hintergrundwissen zu verschaffen. Das Internet hilft euch dabei, z. B. das Online-Lexikon Wikipedia. Anhand der Argumente und Stilmittel des Autors könnt ihr Rückschlüsse auf dessen Aussageabsicht ziehen und sogar mögliche Wirkungen vermuten.

Wirtschaftstexte z. B. in Tageszeitungen werden oft als besonders schwierig oder gar als langweilig empfunden. Das sind sie für euch aber gar nicht. Schließlich wisst ihr schon einiges, z. B. über die Funktion von Märkten einschließlich Wertpapierbörsen oder was man unter einem Tarifvertrag versteht. Bei der selbstständigen Bearbeitung solcher Texte hilft euch der Katalog von Fragewörtern nach **M 1**.

* **Nominallohnsteigerung**
Veränderung des Arbeitsentgelts eines Arbeitnehmers meist gegenüber dem Vorjahr. Anders als beim Reallohn wird die Veränderung des Preisniveaus nicht berücksichtigt. Die Höhe der Nominallohnsteigerung ist oft Ergebnis von Tarifverhandlungen.

Das kann ich ...

Wichtiges zusammengefasst

1. Pflichten von Ausbildenden und Auszubildenden während der Berufsausbildung

2. Unterschiedliche Interessen der Tarifpartner

3. Kündigung eines Arbeitsverhältnisses

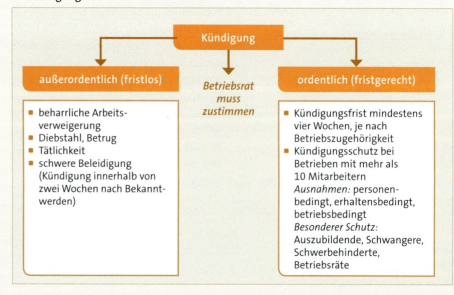

4. Kündigungsgründe von Arbeitsverträgen durch den Arbeitgeber

personenbedingt	verhaltensbedingt	betriebsbedingt
• mangelnde körperliche oder geistige Eignung • mangelnde Qualifikation • häufige Krankheit • fehlender Wille, sich fortzubilden oder sich in neue Technologien einzuarbeiten	schuldhafte Vertragsverletzungen z. B. • schlechte Leistungen • häufiges Zuspätkommen • Störung des Betriebsfriedens • Schwarzarbeit (vorherige Abmahnung erforderlich)	• Auftragsmangel • Schließung einzelner Betriebsteile • Rationalisierungsmaßnahmen (Berücksichtigung sozialer Gesichtspunkte der Beschäftigten: „Sozialauswahl")

Wissens-Check

1 Zählt Mindestinhalte eines schriftlichen Arbeitsvertrags auf.
2 Nennt wesentliche Pflichten des Arbeitgebers aus dem Arbeitsvertrag.
3 Unterscheidet die Arten von Tarifverträgen.
4 Stellt dar, was in Tarifvereinbarungen geregelt werden kann.
5 Schildert den möglichen Ablauf von Tarifverhandlungen, dem folgende Forderungen der Tarifpartner zugrunde liegen:
Gewerkschaft IG Metall:
– Entgelterhöhung von sechs Prozent bei einer Laufzeit des Tarifvertrags von 12 Monaten
Eine soziale Komponente zugunsten der unteren Entgeltgruppen
– Die 34-Stunden-Woche bei vollem Entgeltausgleich
– Statt Überstunden Neueinstellungen
Arbeitgeberverband Gesamtmetall:
– Entgelterhöhung von 2,5 Prozent bei einer Laufzeit des Tarifvertrags von 24 Monaten
– Flexibilisierung der Arbeitszeit je nach Arbeitsanfall
– Verschiebung der 34-Stunden-Woche oder Verzicht auf Entgeltausgleich
– Ein niedrigeres Eingangsentgelt für Langzeitarbeitslose
6 Unterscheidet zwischen einem einfachen und einem qualifizierten Arbeitszeugnis.
7 Erklärt die Bedeutung des dualen Systems der Berufsausbildung für den deutschen Arbeitsmarkt.

Glossar

Abmahnung Bei einer schriftlichen Abmahnung beanstandet der Arbeitgeber gegenüber dem Arbeitnehmer dessen Pflichtverstöße und verbindet damit in der Regel den Hinweis, dass im Wiederholungsfall das Weiterbestehen des Ausbildungs- oder Arbeitsverhältnisses gefährdet ist.

Aktie Das Eigenkapital von Aktiengesellschaften wird in Bruchteile unterteilt, die in Form von Aktien ausgegeben und an Wertpapierbörsen gehandelt werden. Aktionäre haften nur in Höhe des Nennwerts ihrer Aktien. Sie werden durch die Zahlung von Dividenden am unternehmerischen Erfolg (Gewinn) der AG beteiligt. Im Rahmen der ordentlichen Hauptversammlung, an der die Aktionäre teilnehmen können, haben sie die Möglichkeit, u. a. über die Gewinnverwendung mitzuentscheiden. Gute Geschäftsaussichten beflügeln den Börsenkurs der Aktie, bei schlechten sinkt der Kurs.

Anleihe (Festverzinsliches Wertpapier) Staatliche Stellen geben Anleihen mit unterschiedlichen Laufzeiten aus. Die Käufer dieser Papiere, die „dem Staat" damit Geld leihen, profitieren von den gleichbleibenden Zinsen. Auch Unternehmen geben oft Anleihen aus, um sich am Kapitalmarkt Geld zu beschaffen. Im Gegensatz zur Aktie erwerben Käufer einer Unternehmensanleihe keinen Anteil am Eigenkapital des Unternehmens, sondern gewähren ihm einen Kredit.

Arbeitslosengeld I Wer in Deutschland arbeitslos wird und zuvor in die Arbeitslosenversicherung eingezahlt hat, erhält Arbeitslosengeld (ALG I) von der Agentur für Arbeit. Demnach ist das Arbeitslosengeld keine Sozial-, sondern eine Versicherungsleistung. Voraussetzung ist die persönliche Arbeitslosmeldung bei der zuständigen Arbeitsagentur. Wer Arbeitslosengeld beziehen will, muss in den letzten zwei Jahren vor der Arbeitslosmeldung mindestens 12 Monate lang in die Arbeitslosenversicherung eingezahlt haben. Von dem im Vorjahreszeitraum erzielten monatlichen Nettoeinkommen erhält der oder die Arbeitslose 60 Prozent, wenn er oder sie Kinder hat, 67 Prozent Arbeitslosengeld. Die maximale Bezugsdauer beträgt ein Jahr, bei älteren Arbeitnehmern bis zu zwei Jahren. Bezieher von Arbeitslosengeld haben zusätzlich die Möglichkeit, Wohngeld zu beantragen.

Arbeitslosengeld II Wer mehr als ein Jahr arbeitslos ist, bekommt das gegenüber dem Arbeitslosengeld I meist viel geringere Arbeitslosengeld II, oft auch als „Hartz-IV-Leistung" bezeichnet. Arbeitslosengeld II wird aus Steuern finanziert, also nicht aus Mitteln der Arbeitslosenversicherung. Alleinstehende erhalten monatlich 404,00 Euro (Stand 2016). Zusätzlich werden die Kosten für Unterkunft und Heizung, soweit sie angemessen sind, übernommen.

Ausbildungsordnungen Sie legen für jeden Ausbildungsberuf die in dem Ausbildungsbetrieb und in der Berufsschule zu erwerbenden Fertigkeiten, Kenntnisse und Fähigkeiten fest einschließlich der Kompetenzen, die für das Bestehen der Abschlussprüfung erwartet werden.

Automatisierung Die Durchführung von Produktionsprozessen geschieht so, dass der Mensch für deren Ablauf nicht unmittelbar tätig werden muss, sondern alle Arbeitsgänge selbsttätig erfolgen. Während bei der Mechanisierung die menschliche Arbeitsleistung durch Maschinen unterstützt oder ersetzt wird, ist Automatisierung dadurch gekennzeichnet, dass durch sie auch der logische Ablauf der einzelnen Arbeitsschritte von den technischen Anlagen übernommen wird. Bei hoher Automatisierung laufen Produktionsprozesse vom Rohstoffeinsatz über die Erzeugung bis zur Verpackung des Produkts ohne menschliche Arbeit, d. h. automatisch, ab. Die menschliche Arbeitskraft wird dann nur noch zur Überwachung eingesetzt.

Bausparen Bausparer sparen zunächst in regelmäßigen Raten Eigenkapital an. Sie sichern sich damit zugleich ein günstiges Bauspardarlehen für später. Wenn die Bausparkasse die Vertragssumme nach einer Spardauer von beispielsweise acht Jahren auszahlt, steht ihrem Kunden für die Eigenheimfinanzierung meist mehr als das Doppelte dessen zur Verfügung, was er angespart hat. Nachteil des Bausparens sind die niedrigen Zinsen in der Sparphase. Davon gehen noch Gebühren ab. Doch dafür garantiert die Bausparkasse schon bei Vertragsabschluss ein Darlehen zu einem festgelegten Zinssatz – unabhängig davon, wie sich die Zinsen am Kapitalmarkt in späteren Jahren entwickeln. Bausparverträge können vom Staat durch Wohnungsbauprämien gefördert werden.

Dienstleistungen Sie werden u. a. von Handwerkern, Banken, Versicherungen, Rechtsanwälten, Ärzten oder Friseuren erbracht. Es geht also um Reparaturen, Beratungen oder Behandlungen. Wenn ein Handwerker ein Fenster einbaut, ist das Fenster ein Sachgut, der Einbau des Fensters eine Dienstleistung.

Duales System (der Berufsausbildung) Zwei Partner teilen sich die Verantwortung für die Berufsausbildung. Ein Betrieb vermittelt die praktische Unterweisung, die Berufsschule die dazu notwendigen fachtheoretischen Kompetenzen und zusätzlich allgemeinbildende Inhalte.

Geschäftsfähigkeit Fähigkeit, Willenserklärungen rechtsgültig abzugeben und entgegenzunehmen. Die unbeschränkte Geschäftsfähigkeit wird mit der Volljährigkeit erreicht. Geschäftsunfähig sind Kinder unter sieben Jahren, beschränkt geschäftsfähig Personen zwischen sieben und siebzehn Jahren.

Gewährleistung (Mängelhaftung) Sie beschreibt die gesetzlichen Ansprüche, die dem Käufer bei einem Kaufvertrag zustehen, wenn der Verkäufer eine mangelhafte Ware geliefert hat. Der Verkäufer muss dafür einstehen, dass die verkaufte Sache frei von Sachmängeln ist. Er haftet für alle Mängel, die schon zum Zeitpunkt des Verkaufs bestanden haben – auch für solche Mängel, die erst später bemerkbar werden. Die Gewährleistungsfrist beträgt zwei Jahre und kann bei Gebrauchtwaren auf ein Jahr verkürzt werden.

Gewinn Umsatz (Preis x Menge) abzüglich der Kosten eines Betriebs. Sind die Kosten höher als die Umsätze, entstehen Verluste. Gewinne stehen den Eigentümern oder Gesellschaftern von Unternehmen als Einkommen zu oder dienen der Erhöhung ihres Betriebsvermögens.

Inflation Anstieg des Preisniveaus. Es verändert sich also das Austauschverhältnis von Geld zu Gütern. Deshalb kann man unter einer Inflation auch eine Geldentwertung verstehen. Man unterscheidet eine schleichende und eine galoppierende Inflation, je nachdem, wie schnell die Preise steigen.

Insolvenz Sie beschreibt die Zahlungsunfähigkeit eines Schuldners, also dessen Unvermögen, seine fälligen Verbindlichkeiten zu erfüllen. Bei einem gerichtlichen Insolvenzverfahren können private Schuldner, die sich bemühen, ihre Schulden wenigstens teilweise zurückzuzahlen, nach sechs Jahren von ihren Restschulden befreit werden.

Kaufkraft In privaten Haushalten das monatliche für Konsumzwecke verfügbare Einkommen, also derjenige Betrag, der vom Einkommen übrigbleibt, nachdem alle regelmäßig wiederkehrenden Zahlungsverpflichtungen, z.B. Wohnungsmiete, Versicherungsbeiträge, abgezogen sind.

Marktversagen Der Markt versagt, wenn Preise nicht alle bei der Produktion anfallenden Kosten enthalten, weil z.B. Umweltbelastungen bei der Preisbildung nicht berücksichtigt werden. Ein anderer Fall von Marktversagen liegt vor, wenn es um öffentliche Güter geht. Niemand kann von der Nutzung von Straßen oder Schulen ausgeschlossen werden. Für deren Nutzung gibt es keinen Marktpreis. Schließlich liegt Marktversagen auch dann vor, wenn es nur einen oder nur wenige Anbieter oder Nachfrager (Monopol, Oligopol) für ein bestimmtes Gut gibt.

Maximalprinzip Wirtschaftlicher Grundsatz, nach dem mit vorgegebenen Mitteln ein größtmöglicher Erfolg erreicht werden soll. Nach dieser Formulierung des ökonomischen Prinzips bemühen sich z.B. Unternehmen, mit einer gegebenen betrieblichen Ausstattung an Maschinen, Beschäftigten und Rohstoffen oder mit einer bestimmten zur Verfügung stehende Geldmenge eine möglichst große Produktionsmenge zu erreichen.

Minimalprinzip Wirtschaftlicher Grundsatz, nach dem ein bestimmtes vorgegebenes Ziel unter Einsatz geringstmöglicher (Geld-)Mittel erreicht werden soll (Sparprinzip). Nach dieser Formulierung des ökonomischen Prinzips beabsichtigt z.B. ein Unternehmen, eine festgelegte Menge an Fertigungsmaterial mit möglichst geringen Kosten einzukaufen.

Monopol Marktform, bei der ein Unternehmen als alleiniger Anbieter auftritt und damit über eine besonders große Marktmacht gegenüber vielen Nachfragern verfügt. Er kann Preise und Verkaufsmengen frei bestimmen, vor allem dann, wenn er ein Patent für das von ihm hergestellte Produkt (z.B. Arzneimittel) besitzt.

Nachhaltiger Konsum Dabei kaufen Verbraucher umwelt- und sozialverträglich hergestellte Erzeugnisse. Ein Beispiel dafür sind Kaufentscheidungen zugunsten fair gehandelter Produkte. Verbraucher kaufen etwas teurere Güter, um Erzeuger mit gerechten Arbeitsbedingungen zu unterstützen. Auch sonst ist für eine nachhaltige Kaufentscheidung ausschlaggebend, dass die Betriebs- und Folgekosten eines Produktes beachtet werden. Das gilt für den Energieverbrauch ebenso wie für die leichte Reparierbarkeit oder die Langlebigkeit der Produkte.

Nachhaltigkeit Der Begriff kommt ursprünglich aus der Forstwirtschaft. Um ein nachhaltiges Handeln umzusetzen, sollen in einem Wald nur so viele Bäume geschlagen werden, wie im Wald in absehbarer Zeit wieder nachwachsen. Das Prinzip sollte also sicherstellen, dass ein natürliches System langfristig erhalten bleibt. Mit dieser Überlegung war der Grundstein des nachhaltigen Denkens und Handelns gelegt. Heute versteht man darüber hinaus unter einer nachhaltigen Wirtschafts- und Umweltpolitik, dass die Lebenssituation der heutigen Generation nur unter der Bedingung verbessert werden darf, dass die Lebenschancen kommender Generationen nicht gefährdet sind.

Nominallohn Gezahltes Entgelt für geleistete Arbeit, wobei keine Aussage über die Kaufkraft des Geldes, also den Geldwert, gemacht wird. Im Gegensatz dazu werden beim Reallohn die Veränderungen des Preisniveaus durch Inflation oder Deflation berücksichtigt.

Ökonomisches Modell Dabei werden wirtschaftliche Zusammenhänge auf möglichst einfache Art und Weise dargestellt. Es wird ein ausschließlich nach wirtschaftlichen Gesichtspunkten denkender und handelnder Mensch angenommen. Alle für die Entscheidung wichtigen Informationen, z. B. Preise oder Qualitäten, sind ihm bekannt. Er verfügt über eine vollständige Markttransparenz. Rahmenbedingungen, wie etwa gutes oder schlechtes Wetter auf dem Wochenmarkt, oder Ströme des Wirtschaftskreislaufs, die für eine bestimmte Aufgabenstellung nicht wichtig sind, bleiben unbeachtet.

Ökonomisches Prinzip Ein bestimmter Nutzen soll mit dem geringsten (Geld-)Einsatz erreicht werden (= Minimalprinzip), oder mit einem bestimmten (Geld-)Einsatz soll ein maximaler Nutzen erreicht werden (= Maximalprinzip).

Oligopol Marktform, bei der wenige Anbieter vielen Nachfragern oder wenige Nachfrager vielen Anbietern gegenüberstehen. Angebotsoligopole sind eine häufig anzutreffende Marktform (z. B. Automobilhersteller, Mineralölindustrie, Computerindustrie, Flugzeugbau, Arznei- und Waschmittelhersteller). Sie entstehen durch den zunehmenden Konzentrationsprozess in der Wirtschaft. Da jeder Wettbewerber einen hohen Marktanteil besitzt, zwingen Maßnahmen eines Oligopolisten, z. B. Preisänderungen oder neue Pkw-Modelle eines Autoherstellers, alle anderen Anbieter zu einer Gegenreaktion. Daraus kann sich ein scharfer Wettbewerb und Preiskampf entwickeln. Andererseits besteht die Gefahr, dass die wenigen großen Anbieter ihr Marktverhalten untereinander abstimmen, um durch Aufteilung der Märkte oder Preisabsprachen den Wettbewerb zu verhindern. Auch Nachfrageoligopole sind möglich. Für Straßen, Schulen oder Kindergärten gibt es wenige Nachfrager, aber oft viele Bauunternehmen, die solche Leistungen anbieten.

Polypol Marktform, bei der viele Anbieter und viele Nachfrager miteinander in Konkurrenz treten. Man spricht dann von einem vollkommenen Markt. Polypole gelten als die bestmögliche Marktform, da ein reger Wettbewerb unter den Anbietern und Nachfragern herrscht. Ein einzelner Anbieter kann den Marktpreis nicht direkt beeinflussen, da sein Marktanteil verhältnismäßig gering ist. Preisänderungen durch einen Anbieter führen somit nicht automatisch dazu, dass die anderen Anbieter ebenfalls ihre Preise ändern. Die Nachfrager haben deshalb die Möglichkeit, zu anderen Anbietern, die ihre Güter billiger anbieten, zu wechseln. Die gleichen Bedingungen gelten für die Nachfrager, die den Marktpreis genauso wenig beeinflussen können, weil sie nicht über die entsprechende Marktmacht verfügen.

Produktivität Verhältnis der Produktionsmenge zu den dazu eingesetzten Werkstoffen, Maschinen oder Arbeitskräften. So berechnet sich z. B. die Arbeitsproduktivität aus der in einem bestimmten Zeitraum erzeugten Produktionsmenge im Verhältnis zu den dazu eingesetzten Arbeitsstunden.

Rationalisierung Alle Maßnahmen, die dazu dienen, eine bestimmte Leistung mit einem geringeren Kraft-, Zeit- und Kostenaufwand zu erzielen. Die durch Rationalisierungsmaßnahmen erzielten Kosteneinsparungen kann der Unternehmer zur Erhöhung seines Gewinns, zur Senkung der Warenverkaufspreise oder zur Erhöhungen des Arbeitsentgelts verwenden.

Rechtsfähigkeit Fähigkeit, Träger von Rechten und Pflichten zu sein. Rechtsfähigkeit besitzen alle Personen, auch Minderjährige.

Rendite Gesamtertrag eines gesparten oder angelegten Geldbetrags. Sie wird meist in Prozent des Geldbetrags für den Zeitraum von einem Jahr berechnet. Die Rendite ist eine Richtgröße für Geldanleger oder Sparer bei der Auswahl geeigneter Anlageformen.

Tarifverträge Sie legen die Mindeststandards für alle wichtigen Arbeits- und Einkommensbedingungen fest: Arbeitsentgelte, Ausbildungsvergütungen, auch Arbeitszeit, Urlaubsansprüche und Kündigungsfristen, soweit sie günstiger sind als die gesetzlichen Regelungen. Tarifverträge werden in der Regel zwischen einer Gewerkschaft und einem Arbeitgeberverband (Flächentarifvertrag) oder einem einzelnen Unternehmer (Haus- oder Firmentarifverträge) abgeschlossen. Tarifverträge greifen in die Marktbeziehungen zwischen Arbeitnehmern und Arbeitgebern ein, indem sie verbindliche Vorgaben für die Arbeitsverträge machen. Die Höhe der Arbeitsentgelte wird auf diese Weise der möglichen Konkurrenz der Arbeitnehmer untereinander entzogen. Während der Laufzeit der Verträge besteht Friedenspflicht, das heißt, es darf nicht gestreikt werden. Wird ein Tarifvertrag für „allgemeinverbindlich" erklärt, dann gilt er für alle Arbeitnehmer und Arbeitgeber im Tarifbereich.

Tilgung Rückzahlung eines Kredits oder Darlehens. Meist geschieht dies in Form von Raten. Die Tilgung von Darlehen für ein Wohnhaus oder einer Eigentumswohnung kann zehn Jahre oder länger dauern. Für den noch nicht getilgten Teil des Darlehens müssen Zinsen bezahlt werden.

Vollkommener Markt Es müssen viele Anbieter und viele Nachfrager vorhanden sein (Polypol). Die gehandelten Güter müssen homogen sein, d. h., sie dürfen sich nicht durch Qualität oder Geschmack unterscheiden. Es darf keine Bevorzugung eines bestimmten Anbieters durch den Nachfrager geben und umgekehrt. Darüber hinaus müssen alle Marktteilnehmer eine vollständige Marktübersicht (Markttransparenz) haben. In der Realität kommen vollkommene Märkte nur selten vor. Der Handel mit Wertpapieren an den Börsen kommt den Bedingungen des vollkommenen Marktes jedoch sehr nahe.

Wertpapierfonds Sie sind eine beliebte Form der Geldanlage. Investmentgesellschaften sammeln das Geld der Anleger und kaufen dafür eine Vielzahl von unterschiedlichen Aktien oder Festverzinslichen Wertpapieren (Anleihen). Die Vielzahl gleicht Schwankungen des einzelnen Papiers aus. Allerdings verlangen die Investmentgesellschaften für ihre Tätigkeit Gebühren.

Willenserklärung Äußerung einer Person, durch die sie bewusst eine Rechtsfolge herbeiführen will, z.B. eine Vertragsannahme oder eine Kündigung. Sie ist somit notwendiger Bestandteil eines jeden Rechtsgeschäfts.

Wirtschaftlichkeit Sie misst die Erlöse (Umsätze) eines Unternehmens im Verhältnis zu dessen Kosten (z.B. Verschleiß von Maschinen und Werkzeugen, Arbeitsentgelt und Material). Die Wirtschaftlichkeit zeigt somit an, wie rentabel ein Unternehmen ist. Sie erhöht sich, wenn die Erlöse steigen, oder auch, wenn die Kosten sinken.

Wirtschaftskreislauf Modell zur Erfassung, Darstellung und Untersuchung der Güter- und Geldbewegungen in einer Volkswirtschaft. Die Vorstellung vom Wirtschaftskreislauf hilft, Zusammenhänge in einer arbeitsteiligen Volkswirtschaft zu verstehen und zu veranschaulichen. Dabei wird das Bild eines geschlossenen Kreislaufs (z.B. eines Blutkreislaufs) auf die Wirtschaft übertragen: Zwischen Wirtschaftssektoren Haushalte, Unternehmen, Banken, dem Staat und dem Ausland fließen Geldströme und Güterströme bestimmter Stärke und Richtung. Jedem Güterstrom fließt ein gleich großer Geldstrom entgegen.

Register

A
Abzahlungsdarlehen 74
Agenturen für Arbeit 91, 100
Aktien 51, 57 f., 60–62
Angebot 27 f., 30, 38 f., 46, 58
Angebotskurve 27, 31
Anleihen 56–58, 60, 62
Annuitätendarlehen 74 f.
Arbeitgeberverbände 124–126, 135 f.
Arbeitsentgelt 22
Arbeitslosengeld 20, 25
Arbeitsmarkt 28
Arbeitspflicht 121
Arbeitsvertrag 122 f.
Arbeitszeit 122, 125
Assessment-Center 102 f.
Auktion 10
Ausbildungsbegleitende Hilfen 91
Ausbildungsberufe 84
Ausbildungsordnung 91, 113
Ausbildungsvergütung 136
Außerordentliche Kündigung 128, 136
Automatisierung 13, 84, 109 f., 124

B
Bankcard 52 f.
Bausparen 56 f., 62
Bedürfnisse 8, 20, 27
Befristetes Arbeitsverhältnis 118
Beratungsprotokoll 60
Berufliche Fortbildung 92 f.
Berufliche Weiterbildung 90 f.
Berufsausbildung 112
Berufsausbildungsverhältnis 90
Berufsausbildungsvertrag 130
Berufsbildungsgesetz (BiG) 90, 131
Berufsfelder 106
Berufsorientierung 106 f.
Berufswahl 46, 80
Betriebsbedingte Kündigung 129, 137
Betriebsbesichtigung 98
Betriebsverfassungsgesetz 93
Bewerbung 100, 106
Börse 58 f., 63
Börsenkurse 59

D
Darlehen 72
Darlehensvertrag 35
Dauerauftrag 53 f., 62
Deflation 50 f.
Deutscher Aktien-Index (DAX) 60
Dienstleistungen 8, 10 f.
Dienstleistungsgesellschaft 84, 124
Dispositionskredit 72, 76
Dividende 56 f.
Duale Hochschule 94
Duales System 90 f., 132 f.

E
E-Commerce 40
Effektiver Jahreszins 73
Einjährige Berufsfachschule 90
Einlagensicherung 51
Einstellungstest 104
Electronic Cash 62
Entgeltgruppen 128
Entgelttarifvertrag 127
Ersparnisse 24
Europäische Zentralbank (EZB) 50
Externe Kosten 32 f.

F
Fachhochschulen 96
Fachhochschulreife 83, 98 f.
Fachkarrieren 92 f.
Fachkompetenz 85
Fachschulreife 91
Fernabsatzvertrag 40
Flächentarifvertrag 128
Flexible Fertigungssysteme 112
Formvorschriften 35
Friedenspflicht 127
Führungskarriere 95
Fürsorgepflicht 122 f., 132, 138

G
Geheimzahl (PIN) 52
Geldströme 22, 24 f.
Geschäftsfähigkeit 36
Gesellenprüfung 91
Gewährleistungspflicht 39
Gewerkschaften 122, 124, 133
Gewinn 22, 27, 30, 120
Girokonto 40, 52 f.

Gleichbehandlung 123
Gleichgewichtspreis 30 f., 58
Güterströme 22, 24

H
Handlungskompetenz 85
Handwerk 88 f.
Handwerkskammer 91, 93
Hartz-IV-Leistungen 20, 24
Haushaltsplan 18, 21

I
Immobilienmarkt 28
Indexfonds 60
Industrie 4.0 110 f.
Industrie- und Handwerkskammer 91, 93
Inflation 51
Inflationsrate 50, 74, 124
Inkasso-Unternehmen 68
Insolvenz 71
Internetauktionen 10
Investitionen 26
Investitionsgut 12
Investitionsgütermarkt 28

J
Jugendarbeitsschutzgesetz (JArbSchG) 90 f., 130

K
Kapital 12 f.
Kapitalmarkt 28
Kaufkraft 8, 11, 27, 50
Kaufvertrag 34 f., 38 f., 46, 68
Kindergeld 21
Kompetenzen 81, 85, 89, 91, 101
Konsumentensouveränität 43
Konsumfreiheit 42 f.
Konsumgüter 10 f., 22
Konsumgütermarkt 28
Kontoauszug 52 f.
Kontonummer 53 f.
Kredit 24
Kreditfähigkeit 72
Kreditmärkte 50
Kreditvertrag 46, 72
Kreditwürdigkeit 70, 72
Kreislaufmodell 24

Kündigung 34, 91, 122, 128
Kündigungsgründe 137

L
Lastschrift 52, 62
Lebenslauf 100, 104, 106
Lebensmittelkennzeichnung 44
Leiharbeit (Zeitarbeit) 118
Leihvertrag 35, 46
Lernfelder 89
Liquidität 56
Lohnpfändung 69

M
Magisches Dreieck 56
Mahnbescheid 68 f., 70, 76
Mahnverfahren 68
Mangelhafte Lieferung 39, 130
Märkte 26, 28
Marktformen 28
Marktpreise 30, 32
Markttransparenz 28
Marktversagen 33, 66
Meisterausbildung 88 f., 97
Mehrwertsteuer 56
Methodenkompetenz 87
Mietvertrag 35, 46
Minijob 118
Minimalprinzip 11
MINT-Berufe 95
Monopol 28 f.

N
Nacherfüllung 39
Nachfrage 26–28, 30, 58
Nachfragekurve 26, 31, 46
Nachhaltige Geldanlagen 56
Nachhaltiger Konsum 16
Nährwertkennzeichnung 44

O
Obhutspflicht 131, 136
Ökonomische Modelle 23, 29, 31
Ökonomisches Prinzip 11, 20, 66
Oligopol 28 f.
Online-Banking 54, 62
Online-Bewerbung 100 f., 106
Online-Konto 52
Ordentliche Kündigung 129, 136

P
Pachtvertrag 35, 46
Peergroup 27
Personenbedingte Kündigung 129, 137
Pfandkredit 70
Pfändung 69
Polypol 28 f.
Potenzialanalyse 81
Preisangabeverordnung 44
Preisbildung 30
Prekäre Beschäftigung 118
Probezeit 91, 122
Produktionsfaktoren 12 f.
Produktionsgüter 10–12
Produktivität 108
Projektarbeit 84 f.

R
Rahmentarifvertrag 126
Ratenkredit 72, 76
Rationalisierung 13, 84, 109
Rechtsfähigkeit 36
Rechtsgeschäfte 34–36
Rendite 50, 56 f.

S
Sachgüter 8, 10 f.
Saldo 21
Schenkung 36
Schlanke Produktion 108
Schufa (Schutzgemeinschaft für allgemeine Kreditsicherung) 72
Schuldnerberatungsstelle 71
Schuldnerverzug 68
Skonto 55
Sorgfaltspflicht 121
Sozialauswahl 129
Sozialkompetenz 85
Sparen 50
Sparkonto 56, 62
Staatskonsum 24
Statistischer Warenkorb 51
Stiftung Warentest 42 f.

T
Tagesgeldkonto 56, 60, 62
Tarifautonomie 126
Tarifpartner 125
Tarifverhandlungen 135
Tarifvertrag 124 f., 130
Taschengeld 18 f., 52 f., 66
Taylorismus 108 f.
Tilgung 21
Treuepflicht 121, 136

U
Überweisung 52–55, 62
Unfallgefahren 130
Urlaub 122 f., 125, 130
Urlaubsanspruch 130

V
Verbraucherinsolvenz 71
Verbraucherinsolvenzverfahren 71
Verbraucherpolitik 43
Vereinigungsfreiheit 124
Vergütungspflicht 121
Verhaltensbedingte Kündigung 129, 137
Verschwiegenheitspflicht 121 f., 136
Versteigerung 69 f.
Vertragsfreiheit 40
Vollkommener Markt 28
Vollstreckungsbescheid 68 f., 76
Vorstellungsgespräch 102–104

W
Warenkennzeichnungen 44 f.
Werbung 26
Wertpapierfonds 60, 62
Wettbewerb 29
Wettbewerbspolitik 43
Wettbewerbsverbot 121
Widerrufsrecht 40, 73
Willenserklärung 34 f., 38
Wirtschaften 10 f., 20
Wirtschaftlichkeit 13
Wirtschaftskreislauf 22–24
Wochenmarkt 28–30
Wohneigentum 74

Z
Zahlungsverkehr 52
Zeugnis 121, 131
Zuständige Stellen 90 f.
Zwangsvollstreckung 68 f., 76
Zweijährige Berufsfachschule 89

Bildquellen:
Coverbild: F1online/ Ojo Images; **6/7** picture alliance/Eibner-Presse; **8** Cornelsen/Peter Wirtz, Dormagen; **10** Cornelsen/Jürgen Kochendörfer; **12** Fotolia/Kzenon; **13 o** Fotolia/Herrndorff; **13 u** picture alliance/Daniel Karmann; **14** picture alliance/dieKLEINERT.d; **16** picture alliance/Stefan Puchner; **18** picture alliance/Arco Images G; **20** Fotolia/aletja; **22** Cornelsen/Peter Wirtz; **24** Cornelsen/Peter Wirtz; **26** picture alliance/Jens Büttner/ZB; **28** dpa-picture alliance; **30** picture alliance/Süddeutsche Zeitung; **32** picture alliance/Roland Mühlanger; **34** picture alliance/Bildagentur-o; **36** Fotolia/Nejron Photo; **40** picture alliance: Cultura/Ima; **42** Fotolia/Kurhan; **44** Cornelsen/Peter Wirtz; **45** © Bundesministerium für Umwelt, Naturschutz, Bau und Reaktorsicherheit; **48/49** Picture alliance/Wolfram Steinberg; **52** Picture alliance/Arco Images G; **53** Cornelsen/Jürgen Kochendörfer; **55** © DG-Verlag; **58** Picture alliance/dpa; **64/65** Fotolia/photo 5000; **66** Cornelsen/Peter Wirtz; **69** Cornelsen/Jürgen Kochendörfer; **70** Picture alliance/Keystone; **74** Picture alliance/Westend61; **78/79** picture alliance/ZB; **82** Cornelsen/Peter Wirtz **86/87** www.amh-online.de; **88** Cornelsen/Jürgen Kochendörfer; **90 o** Landkreis Esslingen, Pressestelle; **90 u** Cornelsen/Peter Wirtz; **92** Cornelsen/Jürgen Kochendörfer; **98** picture alliance/Ulrich Baumgarten; **102** picture alliance/dpa; **104** Fotolia/Gerhard Seybert; **107** Shutterstock/antoniodiaz; **108** picture alliance: Bernd Weißbrod; **108** picture alliance: Uli Deck; **110 o** Daimler Benz Pressefoto; **110 u** Cornelsen/Jürgen Kochendörfer; **116/117** picture alliance: Paul Zinken; **125** ver.di berlin-brandenburg, Fachbereich 4, Karikatur: Bastian Klauke; **126** © ver.di; **131** Pressefoto BASF; **132 l** Fotolia/© highwaystarz; **132 r** picture alliance: Daniel Bockwoldt.